*Die Märchen sollten wieder stärker ins Gespräch kommen.
Die Menschen unserer Zeit berauben sich einer
Fülle von Erlebnismöglichkeiten,
wenn sie dem Märchen aus dem Weg gehen*
– Novalis –

Sebastian Bartoschek

Alexa Waschkau

Psycho im Märchenwald

Ein Spaziergang durch
24 Märchen der Gebrüder Grimm

1. Auflage November 2014
2. Auflage Mai 2015

Copyright © 2014 by Edition Roter Drache.
Edition Roter Drache, Haufeld 1, 07407 Remda-Teichel.
email: edition@roterdrache.org; www.roterdrache.org.
Buchgestaltung: Alice Kelpin.
Umschlaggestaltung: Milan Retzlaff, www.man-at-media.de
© Waldbild by Peter Habereder / PIXELIO
© Wolf by Caroline Lang / PIXELIO
© Fliegenpilz by Rolf Handke / PIXELIO
Die 24 Initiale stammen von Knut Junker.
Korrektorat: Alice Kelpin.
Gesamtherstellung: Print-Group, Berlin.

Alle Rechte der Verbreitung in deutscher Sprache und der Übersetzung, auch durch Film, Funk und Fernsehen, fotomechanische Wiedergabe, Ton- und Datenträger jeder Art und auszugsweisen Nachdrucks sind vorbehalten.

ISBN 978-3-939459-83-5

Inhalt

Einführung von Alexa Waschkau	7
Einführung von Sebastian Bartoschek	17

Willkommen im Märchenwald

1. Der Froschkönig oder der eiserne Heinrich	**21**
Heldinnen küssen keine Frösche	24
Frösche sind die besseren Arbeitgeber	27
2. Brüderchen und Schwesterchen	**30**
„Frommes Schwesterchen" versus „böse Hexe"	35
Was macht die Stiefmutter böse	37
3. Rapunzel	**40**
Feldsalat, Feldsalat, lass dein Haar herunter...	44
Liebe heilt ausgestochene Augen	48
4. Hänsel und Grethel	**50**
Von ausgesetzten Kindern & menschenfressenden Hexen	56
Wann Sie Ihre Kinder aussetzen sollten	60
5. Von dem Fischer un syner Fru	**63**
Von dem Fischer und seiner Frau (hochdeutsch)	69
Der Buttje und die Päpstin	76
Wenn der Papst nur die Silbermedaille gewinnt	78
6. Aschenputtel	**80**
So oft verfilmt, wie es verschiedene Versionen gibt	86
Von Hunden und Ochsenfröschen	89
7. Von dem Mäuschen, Vögelchen und der Bratwurst	**92**
Eine Tierfabel mit Wurst	94
Die Neugier ist der Bratwurst Tod	96
8. Frau Holle	**98**
Erziehung muss sein	101
Betrachtungen des Lokus	103
9. Rothkäppchen	**105**
Sekt, Sex und Wilde Männer	108
Wenn Sex einmal nicht lustig ist	112
10. Das Mädchen ohne Hände	**115**
Inzucht – Kein Spiel für die ganze Familie	120
Gehört sich Gehorsam?	122
11. Der Räuberbräutigam	**124**
Willkomen im Haus der tausend Leichen	127
Kinder, schaut mehr Fernsehen!	128

12. Die sechs Schwäne	**131**
Schwanenzauber	135
Welchen Wert hat ein Hexenleben?	137
13. Dornröschen	**139**
Adel verpflichtet – auch zum Trendsetting	142
Die Ohrfeige und Bugs Bunny	146
14. König Drosselbart	**148**
Wer nicht hören will, ...	152
Manchmal ist es so einfach	154
15. Sneewittchen	**156**
Schneewittchen ist überall	163
Botox für die Alte	170
16. Rumpelstilzchen	**172**
Verkaufe niemals dein Kind an Fremde	175
Kleines Arschloch – ich mag dich	177
17. Die zwölf Jäger	**181**
Der letzte Wille eines Sterbenden ist heilig	184
Ehefrau x 12 > Königvater	185
18. Jorinde und Joringel	**187**
Vögeln ist nicht zweideutig	190
Milch, Sex und eine Nachtigall	193
19. Die Wassernixe	**196**
Kurz, aber gefährlich	197
Das war wohl nix, Nixe!	198
20. Hans im Glück	**199**
Ein Märchen ist etwas anderes	203
Gut ist, wenn es dir gefällt	205
21. Die Gänsemagd	**207**
Germanische Pferdeköpfe, Blutmagie und Wetterzauber	212
Können Pferde cheaten?	214
22. Die zertanzten Schuhe	**216**
Toll treiben es die Prinzessinnen	219
Wen Vater hasst, den liebe ich	220
23. Die Sternthaler	**222**
Aus dunkler Erinnerung	223
Psychologen wissen nichts von Liebe!	224
24. Schneeweißchen und Rosenroth	**226**
Das märchenhafteste aller Märchen	231
Nochmal ein Kessel Buntes	233
Die Autoren	**235**

Einführung
von Alexa Waschkau

Dem europäischen Volksmärchen wohnt eine eigenartige Wirkungskraft inne. Es übt seine Macht nicht nur an den Kindern jeder neuen Generation. Auch der Erwachsene erfährt hin und wieder seinen Zauber.

Max Lüthi

Liebe Leser, erschrecken Sie nicht, aber wir starten mit einer kleinen Aufgabe in dieses Buch. Vervollständigen Sie doch einmal folgendes Zitat: „Hätt' ich ein Kind, so weiß wie Schnee" ... Dämmert es schon? Man kann an dieser Stelle die Behauptung wagen, dass Sie vielleicht nicht den genauen Wortlaut der Fortsetzung aufsagen konnten, der da lautet „so rot wie Blut und so schwarz wie das Holz an dem Rahmen!". Aber zumindest die Farben Rot und Schwarz dürften Ihnen sofort durch den Kopf geschossen sein. Das wäre auch nicht weiter verwunderlich, denn das Märchen SCHNEEWITTCHEN, aus dem dieser Satz stammt, ist eines der bekanntesten überhaupt, neben DORNRÖSCHEN, ASCHENPUTTEL und HÄNSEL UND GRETHEL. Wer das Glück hatte, mit diesen und anderen Erzählungen von wackeren Prinzen, schönen Prinzessinnen und bösen Zauberinnen aufzuwachsen, der wird sich auch noch im Erwachsenenalter an solche Formeln wie Schneewittchens oben zitiertem Geburtsspruch erinnern.

Märchen leben davon, erinnert zu werden. Sie sind formelhaft, eindimensional und die Figuren so knapp beschrieben, dass sie holzschnittartig wirken. Dieser letzte Satz liest sich so, als würde man scharfe Kritik an Schneewittchen und Co. üben. Tatsächlich ist aber das genaue Gegenteil der Fall, denn eben in diesen Merkmalen liegt auch die Faszination der Märchen, die bis heute in rund 160 Sprachen übersetzt wurden und damit ihren festen Platz in der Kultur vieler Länder haben. Man kann fast sagen, mitten in der Realität sind wir von Märchen umgeben. Man muss nur die Augen offenhalten, dann begegnen einem die Märchenmotive an jeder Straßenecke.

Bevor wir uns hineinstürzen, in die sprachlichen, kulturellen und psychologischen Anmerkungen zu einigen ausgewählten Märchen, müssen wir zunächst einmal festlegen, worüber wir hier genau sprechen. Auch wenn es etwas trocken klingt, vor der Praxis braucht es noch ein wenig Theorie.

Wenn man eine kurze Definition sucht, ist ein Märchen eine mündlich überlieferte, also erzählte Geschichte. Das Wort selbst stammt aus von dem mittelhochdeutschen „maere" ab, was so viel wie Kunde, Nachricht oder Bericht bedeutet. Die Endsilbe „chen" meint eine Verkleinerung, einen Diminutiv. Wir haben es also mit einen kleinen, mündlichen Bericht zu tun.

Bei den Worten „Bericht" oder „Nachricht" denkt man heute an die Wiedergabe von Fakten, an eine wahrheitsgetreue Aufzeichnung oder Weitergabe von Informationen. Kaum jemand würde auf die Idee kommen, dass es in einer solchen kleinen Nachricht um außergewöhnliche, ja fantastische Geschehnisse ginge, um sprechende Tiere oder magische Spiegel. Und trotzdem ist „das Wundersame" ein fester Bestandteil der Märchen.

Doch dazu später mehr, denn mit dieser knappen Beschreibung kommen wir nicht weit, wenn wir uns intensiver mit Märchen beschäftigen wollen. Wir müssen nämlich festlegen, um welche Art von Märchen es genau gehen soll.

Die oben erwähnten Geschichten gehören zu den *Kinder- und Hausmärchen* und damit in den Bereich des europäischen Volksmärchens. In dieser Bezeichnung stecken wichtige Informationen, nämlich zum einen der geografische Raum, in dem sie aufgezeichnet wurden und die Tatsache, dass es sich um Erzählungen aus dem Volk handelt, deren ursprünglicher Verfasser unbekannt ist. Darin unterscheidet sich das Volksmärchen von sogenannten Kunstmärchen, die von namentlich bekannten Autoren geschrieben wurden.

Zu den berühmtesten Verfassern von Kunstmärchen gehören Wilhelm Hauff und Hans Christian Andersen. Hauff begann seine Karriere als Hauslehrer, machte sich aber als Schriftsteller bald einen Namen. Besonders *Der Mann im Mond* von 1825, eine Satire auf Heinrich Claurens *Mimili*, und der historische Roman *Lichtenstein*, der ein Jahr später veröffentlicht wurde, fanden große Beachtung. 1827 starb der gebürtige Stuttgarter mit nur 25 Jahren an Typhus.

Der Däne Hans Christian Andersen (1805-1875) wurde durch seine Kunstmärchen weltberühmt. Vor allem die *Kleine Meerjungfrau* ist aus Literatur, Film und Fernsehen nicht mehr wegzudenken. Viele werden die tschechische Verfilmung des Stoffes aus dem Jahr 1976 kennen und wer nach Kopenhagen fährt, sollte es nicht verpassen, sich die Bronzestatue des märchenhaften Fabelwesens anzuschauen, die seit 1913 dort auf einem Felsen sitzt und zum Wahrzeichen der Stadt geworden ist. Auf die Besonderheiten der Kunstmärchen, ihre Motive und ihren Stil werden wir nachher noch einmal zurückkommen.

Nicht nur vom Kunstmärchen unterscheidet sich das Volksmärchen, sondern auch von einer anderen Gattung von kurzen, mündlichen Erzählungen – der Sage nämlich. Über die Sage in ihren vielen Arten, Farben und Formen könnte man eigentlich eine eigene Abhandlung schreiben, was ja auch schon viele Erzählforscher, Germanisten und Kulturwissenschaftler getan haben. Wer sich über Sagen informieren will, kann durch einen wahren Blätterwald an Literatur spazieren, daher sollen an dieser Stelle ein paar wenige Erläuterungen genügen.

Man ahnt es schon, zuerst schauen wir wieder auf den Begriff und seinen Ursprung. Die Brüder Jacob und Wilhelm Grimm prägten die Bezeichnung „Sage", die sich vom althochdeutschen „saga" für „das Gesagte" ableiten lässt, ganz entscheidend. Die mündlichen Erzählungen selber, stammen – wie auch die meisten Volksmärchen – natürlich aus wesentlich älterer Zeit als der der sammelwütigen Sprach- und Kulturforscher aus dem 19. Jahrhundert. Bevor durch sie die „Sage" als Begriff und Gattung auch in der Literatur populär wurde, sprach der Volksmund mitunter auch einfach von „alten Wahrheiten".

Und genau das – die Bezeichnung als „Wahrheit" – macht den entscheidenden Unterschied zum Märchen aus. Während bei Letzterem eine in sich abgeschlossene, fantastische Welt entsteht, spielt die Sage eher in unserer Welt, in unserem Alltag. Sie hat, im Gegensatz zum Märchen, den Anspruch, wahr zu sein. Das soll natürlich nicht heißen, dass sich in den Sagen keine Nixen, Dämonen, Teufel und Geister tummeln. Es ist das Verhältnis der handelnden Figuren zum Element des Übernatürlichen, das vollkommen anders ist. Während die Prinzessin im Märchen es vollkommen normal findet, dass Tiere sprechen, sich Gegenstände vor ihren Augen verwandeln und sie jederzeit Gefahr läuft, von einer bösen Hexe verzaubert zu werden, bekommt der Protagonist einer Sage (verständlicherweise) den Schock seines Lebens, wenn er einen Geist oder gar den Teufel höchstpersönlich trifft.

Mal könnte das Spielchen der Abgrenzung von anderen Gattungen noch eine ganze Weile weitertreiben. Da gibt es noch die Legende – eine Erzählung über das Leben von Heiligen, den Mythos, der sich mit der Götterwelt beschäftigt, den Schwank, der humorvolle Begebenheiten schildert und die Fabel, in der Tiere die Akteure sind. Bei diesen kurzen Hinweisen soll es hier bleiben.

Was aber nicht fehlen darf, ist der Blick auf den Stil und die Sprache des Volksmärchens sowie die Zeit, in der sie von den Brüdern Grimm gesammelt und niedergeschrieben wurden. Denn mit ein wenig Hintergrundwissen wird die Einordnung der einzelnen, hier ausgewählten Märchen leichter.

Wer ein wenig über die Eigenschaften des Europäischen Volksmärchens erfahren möchte, kommt an Max Lüthi nicht vorbei. Eigens für den 1909 in Bern geborenen Literaturwissenschaftler wurde 1968 an der Uni Zürich ein Lehrstuhl für Europäische Volksliteratur geschaffen. Sein Promotionsthema war *Die Gabe im Märchen und in der Sage*. Bis 1984 hat Lüthi an der Enzyklopädie des Märchens mitgearbeitet, ein Mammutprojekt, das noch immer nicht abgeschlossen ist und das seit 1982 von Rolf Wilhelm Brednich herausgegeben wird. Der Volkskundler dürfte Ihnen, liebe Leser als Herausgeber der Sagensammlung *Die Spinne in der Yucca-Palme* sowie der Folgebände bekannt sein.

Lüthi hat sich um die Beschreibung von Aufbau, Sprache, Stil und Herkunft des Märchens, insbesondere des europäischen Volksmärchens verdient gemacht.

Einige seiner Erkenntnisse und der seiner Vorgänger und Kollegen sollen an dieser Stelle nicht fehlen, um die Grundlage für die folgenden Kapitel zu schaffen. Die Tatsache, dass Märchen immer „gut ausgehen", ist sprichwörtlich und findet sich in vielen Redewendungen unserer Alltagskultur wieder. Am Ende bekommt der Prinz die Prinzessin, die böse Hexe ihre Strafe und der Held seine wohlverdiente Belohnung. Aber wie läuft der Plot bis zum „und wenn sie nicht gestorben sind" ab? Die Antwort auf diese Frage lautet: Nach einem festen Schema, das eingängig und formelhaft ist.

Am Beginn der Handlung kann eine Notlage stehen, wie z. B. bei HÄNSEL UND GRETHEL, die von den Eltern ausgesetzt werden, da sie von ihnen nicht mehr versorgt werden können. Dem oder den Helden kann aber auch eine Aufgabe gestellt werden, wie im Märchen *Die drei Brüder*, in dem die Protagonisten sich in der Welt verdingen müssen, damit der Vater unter ihnen den Erben des Hauses auswählen kann. Manchmal ist es auch einfach die pure Abenteuerlust, die den Helden hinaus treibt. Kurz wird eine wie auch immer geartete Schwierigkeit beschrieben, die bewältigt werden muss.

Die nächste strukturelle Eigenschaft, die Lüthi auf der Grundlage seiner Erzählforscherkollegen beschreibt, ist die Einteilung in zwei oder gar drei Abschnitte. Vor allem der Dreierrhythmus dürfte Vielen bekannt sein, z. B. aus Aschenputtel, das dreimal dem Prinzen begegnet und beim dritten Mal den berühmten Schuh verliert. Und am Ende des Märchens, na, Sie wissen schon.

Die Sprache des Volksmärchens hat – ebenso wie der Aufbau – einen hohen Wiedererkennungswert. Überall begegnen uns auch hier Formeln, Verse und Sprüche, die einen ganz eigenen Stil prägen. Ein Beispiel: In DIE GÄNSEMAGD spricht die als ebensolche verkleidete Prinzessin jeden Morgen beim Hinaustreiben der Gänse aus der Stadt zum abgeschlagenen (!) Kopf ihres Pferdes:

„O du Falada, da du hangest",

Und der Kopf antwortet mit dem Sprüchlein:

„O du Jungfer Königin, da du gangest,
wenn das deine Mutter wüßte,
ihr Herz tät' ihr zerspringen."

Das Tier, vermeintlich durch seinen grausamen Tod von einer hochmütigen Magd der Prinzessin zum Schweigen gebracht, verrät natürlich trotzdem zum Schluss, dass die Verräterin nur den Platz der rechtmäßigen Königin an der Seite des jungen Königs eingenommen hat und – ja genau – die Magd entgeht nicht ihrer Strafe und die Heldin herrscht zum Schluss zusammen mit dem König in Frieden und Eintracht.

Dass auch Sprache und Stil des Märchens formelhaft sind, mag nicht verwundern, wenn man bedenkt, dass die Märchen mitten aus dem Volk gegriffen sind, bzw. einer Tradition mündlicher Weitergabe entstammen. Im Falle der Kinder- und Hausmärchen ist allerdings die Frage, wie viel „Stimme des Volkes" noch in den Volksmärchen steckt, die von Jacob und Wilhelm Grimm gesammelt und vor allem von Wilhelm Grimm spätestens ab der 2. Auflage von 1819 auch noch gehörig überarbeitet wurden. Doch dazu später mehr.

Ebenfalls auffällig ist, dass Personen, Gegenstände und die Natur flächenhaft wirken. Märchen zeichnen sich nicht gerade durch langwierige und detaillierte Beschreibungen aus, es nennt und schildert nicht, wie Lüthi feststellt. Die einzelnen Figuren haben eine scharfe Kontur und grenzen sich stark voneinander ab. Sprich, es gibt die schöne Königstochter, die böse Stiefmutter, die eiserne Stadt, den großen Drachen und so weiter. Die Beschreibung geht nie in die Tiefe, sondern glänzt durch Sparsamkeit. Oder wie Lüthi sagt, das Märchen „kennt keine Schilderungssucht."[1]

Von dieser Eigenschaft weichen die Brüder Grimm sogar zum Teil ab, wenn sie einer Hexe rote Augen und einen wackelnden Kopf verpassen, statt, wie im Volksmärchen nur von einer „häßlichen Alten" zu sprechen.

Märchenheldinnen und -helden stehen allein da. Sie sind ausgegrenzt und müssen ihre Probleme so lange auf eigene Faust bewältigen, bis ein Helfer, sei es ein übernatürliches Wesen, ein Tier oder eine freundliche Seele eingreift und ihr oder ihm zur Seite steht. Und auch mit Sidekicks und Requisiten ist das Märchen geizig. Sie tauchen auf, um einen bestimmten Zweck zu erfüllen und verschwinden dann wieder in der Versenkung. Alles geschieht punktuell und nur, um die Handlung voranzutreiben.

Wenn wir einen genaueren Blick auf die Ausstattung werfen, so fallen ein paar Merkmale besonders auf. Märchen haben eine Vorliebe für Kontraste, sowohl was Farben, als auch was Materialen angeht. Lüthi beschreibt den Prozess des Metallisierens und Mineralisierens, der nicht nur unbelebte Gegenstände betrifft, sondern auch Pflanzen Tiere und Menschen. Alles kann im Märchen aus Gold, Silber, Glas, Eisen, Kupfer oder Diamant sein.[2]

Äußerst merkwürdig verhält es sich zudem mit dem Faktor Zeit im Märchen. Er fehlt nämlich im Prinzip, das Märchen ist also zeitlos. Menschen und Tiere

---

[1] Vgl. Max Lüthi, Das europäische Volksmärchen. Form und Wesen, A. Francke Verlag Tübingen und Basel, UTB 11. unveränderte Auflage 2005, S. 25
[2] Vgl. Max Lüthi, Das europäische Volksmärchen. Form und Wesen, A. Francke Verlag Tübingen und Basel, UTB 11. unveränderte Auflage 2005, S. 27

werden in ihrem Zustand beschrieben – sie können jung, alt oder sogar uralt sein, aber genau das bleiben sie dann auch. Selbst bei jahrelanger Verzauberung, bleibt alles beim Alten – man denke nur an die hundert Jahre Schlaf in „Dornröschen". Wird der Zauber unwirksam, stellt man fest, dass für die Opfer überhaupt keine Zeit vergangen ist.

Da wir gerade mit Max Lüthi einen „Helden der Erzählforschung" genannt haben, kommen wir nicht darum herum, noch zwei weitere zu erwähnen. Der Finne Antti Aarne und der US-Amerikaner Stith Thompson haben zu Beginn des 20. Jahrhunderts ganze Arbeit geleistet, um die Fülle von Volksmärchen aus Deutschland, Finnland und Dänemark zu beschreiben und nach einzelnen Motiven zu katalogisieren. Den Anfang machte Aarne im Jahr 1910 mit seinem *Verzeichnis der Märchentypen mit Hülfe von Fachgenossen*, Thompson legte 1927 nach und ergänzte Aarnes Vorarbeit. Im Jahr 1961 war dann schließlich mit *The Types of the Folktale. A classification and bibliography* das entstanden, was in Fachkreisen bis 2004 abgekürzt AaTh hieß. Nach einer Überarbeitung durch den Erzählforscher Hans-Jörg Uther nennt man das Nachschlagewerk nun Aarne-Thompson-Uther oder schlicht ATU.

Der Clou an der Sache ist, dass man dank Aarne und Thompson zum Beispiel recht schnell nachvollziehen kann, welches Motiv in welchen Märchen vorkommt. Wenn man also beispielsweise wissen will, wie oft und wo so etwas wie ein verzauberter Prinz in verschiedenen Volksmärchen vorkommt, muss man sich die entsprechende Motiv-Gruppe im Aarne-Thompson-Uther-Index ansehen.

Die Motive sind im ATU unter bestimmten Überschriften zusammengefasst, die sich an den herausstechenden Merkmalen einer Märchengruppe orientieren. Da haben wir zum Beispiel die große Gruppe der Zaubermärchen, die von Nummer 300 bis 749 reicht. Zaubermärchen heißen die Geschichten deshalb, weil sie Magie und Übernatürliches in ihren Motiven haben. Diese Einteilung alleine wäre aber etwas grob, deshalb ist diese Gruppe noch weiter verfeinert und es gibt noch „Übernatürliche Gegenspieler", „Übernatürliche oder verzauberte Verwandte", „Übernatürliche Aufgaben", „Übernatürliche Helfer" und einige mehr. Es kann ganz spannend sein, sich die Querverbindungen der Motive der verschiedenen Märchen anzusehen und dort, wo es sich anbietet, werden wir das auch in den folgenden Kapiteln tun.

Die Kunst des Weglassens von ausufernder Beschreibung und Ausstattung, von der wir weiter oben gesprochen haben, hat wesentliche Vorteile, wenn man eine Geschichte mündlich zum Besten geben möchte. Darüber hinaus führt das Geizen mit Adjektiven dazu, dass sich jeder Hörer (und schließlich Leser) sein eigenes Bild von der Szenerie macht. Wir als „Konsumenten" sind ziemlich geschickt darin, die Lücken zu füllen und damit eine ganz eigene Version des Märchens zu schaffen. Sicherlich spielt auch dieses Stilelement eine eigene Rolle in der neverending story der Märchenerfolge in Literatur, bildender Kunst, Film und Fernsehen. Es ist verlockend, sich noch viel tiefer in die Analyse von Form und Stil des europäischen Volksmärchens zu stürzen und wem dieser kurze Parforceritt nicht genügt, dem seien die Abhandlungen Lüthis wärmstens ans Herz gelegt. Auch bei der Betrachtung der hier ausgewählten Märchen selbst, wird sicher das ein oder andere noch zur Sprache kommen.

Das alles soll aber nicht heißen, dass es zu Beginn des 19. Jahrhunderts und der Sammeltätigkeit der Grimms nur eine Version jedes Märchens gegeben hat. Beileibe nicht. Auch in dieser Hinsicht haben Jacob und Wilhelm ausgewählt, zusammengestellt und verändert. Das Ergebnis ist eine romantisch getönte und von Bürgerlichkeit durchdrungene Version des „Volksmärchens", die es in den Kanon der Kinder- und Hausmärchen geschafft hat. Damit haben die beiden unser heutiges Bild von Märchen so entscheidend geprägt, dass die meisten von uns gar nicht mehr wissen, dass es viele kleine Schnipsel der bekannten Geschichten gibt, die nur in den Anmerkungen der Verfasser selbst auftauchen. Warum das alles, wenn man doch eigentlich streng wissenschaftlich gesehen, 1:1 das aufzeichnen müsste, was die Märchenerzähler von sich geben? Jacob Grimm hätte dem sicher zugestimmt, denn ihm ging das Umschreiben, Ergänzen und Aufhübschen der Volkserzählungen vollkommen gegen den Strich. Mit dieser Einstellung schwamm er zu Beginn des 19. Jahrhunderts allerdings ziemlich gegen den Strom. Als sich die Hessischen Juristen Jacob und Wilhelm Grimm, inspiriert durch eine Idee des Schriftstellers Clemens Brentano an die Volksmärchensammelei machten, war es gute Tradition, beim Umgang mit den Volkserzählungen seine eigene Schreibkunst einfließen zu lassen. Der Grund hierfür liegt vielleicht in der merkwürdigen Beziehung der Schriftsteller zu diesen Stoffen, die irgendwo zwischen Verehrung und Verachtung rangiert. Das 18. Jahrhundert, die große Zeit der Aufklärung hat die „Ammenmärchen" noch lächerlich gemacht und mit Füßen getreten. Doch es zeichnet sich eine neue Entwicklung ab, nämlich die Stimme des Volkes in Liedern, Sagen und eben auch Märchen auf ein Podest zu heben und zur eigentlichen Kunst zu verklären. Jacob Grimm beispielsweise kam alles künstlerisch geniale, das den Volksstoff verfälscht, fast schon dekadent vor.

Heiko Postma beschreibt in seinem Büchlein über die Grimms auf unterhaltsame Weise die Entwicklung von Jacob und Wilhelm zu Märchen- und Sagensammlern.[3] Die beiden Brüder, die – in Hanau geboren – aus einer Steinauer

---

[3] Vgl. Heiko Postma, „...dann leben sie noch heute! Über die Gelehrten, Volkskundler und Märchen=Sammler Jacob & Wilhelm Grimm (1785-1863 & 1786-1859), Von Büchern und Menschen 7, jmb-Verlag Hannover, 2008

Advokatenfamilie stammten, erhielten durch ihren Universitätsprofessor, den Rechtshistoriker Karl von Savigny, Zugang zu einem illustren Kreis, bestehend aus Achim von Arnim, dessen Frau Bettine, Gunda Brentano und jenem schon erwähnten Clemens Brentano. Auch den Grundstein für die Faszination für Alt- und Mittelhochdeutsche Literatur und Volksprosa hatte von Savigny gelegt, in dem er den beiden seine Bibliothek zugänglich machte. Im Prinzip hatte die Welt in diesem Augenblick zwei Juristen verloren, aber dafür zwei künftige Begründer einer neuen Fachrichtung, der Germanistik, gewonnen.

Zunächst einmal unterstützten sie Brentano und von Arnim bei der Veröffentlichung der Folgebände zu *Des Knaben Wunderhorn*, einer Sammlung von Volksliedern, die die Schriftsteller einige Jahre vorher begonnen hatten. Und sie kamen auf den Geschmack, das Studium in Marburg war beendet und die beiden Brüder waren wieder in Kassel, wo sie Jahre zuvor schon das Gymnasium besucht hatten. Weihnachten 1812 kam der erste Band der ersten Ausgabe der *Kinder-und Hausmärchen* (KHM) mit DER FROSCHKÖNIG ODER DER EISERNE HEINRICH als Nummer eins, 1815 folgte der zweite Band.

Leider verkaufte sich das Werk nicht unbedingt gut, die (fast) naturbelassenen Texte und der wissenschaftlich anmutende Anmerkungsapparat kamen beim Publikum nicht an. Zu sehr ins Detail gehen können wir an dieser Stelle nicht, was die Versionsgeschichte der *Kinder- und Hausmärchen* betrifft, die von einer handschriftlichen Urfassung von 1810 bis zur Ausgabe letzter Hand von 1857 reicht. Und natürlich bis heute unzählige Neuauflagen, Übersetzungen und Bearbeitungen umfasst.

Festhalten müssen wir allerdings, dass Wilhelm Grimm bei der Veröffentlichung der zweiten Auflage von 1819 das fortsetzt, was er schon beim zweiten Band vorsichtig begonnen hat, nämlich das sprachliche und inhaltliche Umgestalten und redigieren der „Originalversionen". Er nutzte dazu die Abwesenheit seines strengen Bruders Jacob aus. Den verschlug es in dieser Zeit, dank des Sieges über Napoleon in der Völkerschlacht von Leipzig 1813 beruflich erst nach Paris und dann zum Wiener Kongress. Erst im Dezember 1815 hatten Kassel und Bruder Wilhelm ihn wieder.

Natürlich fiel es Jacob auf, was Wilhelm klammheimlich mit den Texten und mit dem Anmerkungsapparat getrieben hatte und entsprechend ungehalten war er dann auch. Wilhelm war auf dem Weg, eine eigene „Märchensprache" zu entwickeln, setzte die schriftliche Version manchmal aus verschiedenen Fassungen zusammen und entwickelte sogar zum Teil aus einzelnen Motiven neue Märchen. All das widersprach nach Jacobs Meinung dem Gedanken der Erhaltung der Volkspoesie, in die man nicht mit Kunstfertigkeit hineinpfuschen sollte. Da sich die beiden nicht einig werden konnten, war Wilhelm von da an für die KHM zuständig und Jacob zog sich aus dem Projekt zurück.

Statt einen geplanten dritten Band zu veröffentlichen, fügte Wilhelm die Neuzugänge in die zweite Auflage der ersten beiden Bände ein und veröffentlichte den Anmerkungsapparat nicht mehr zusammen mit der Sammlung, sondern als einzelnes Werk. Er hatte schon lange eher das jüngere Publikum, sprich Kinder, im Sinn gehabt und legte auch dementsprechend Hand an die Texte, die somit (leicht) entschärft wurden. Wie sich das auf die verschiedenen Fassungen der Ausgaben auswirkte, werden wir an später noch an einzelnen Beispielen sehen.

Auch was die Quellen der Brüder Grimm und das Sammeln der Märchen selbst betrifft, gibt es viele Missverständnisse. Die Vorstellungen davon, wie die Entstehung der KHM von Statten ging reichen von „die Brüder Grimm haben die Märchen geschrieben" bis „Jacob und Wilhelm sind mit Papier und Feder von Bauernhof zu Bauernhof gewandert und haben das einfache Volk befragt". Und wie so oft liegt die Wahrheit irgendwo dazwischen.

Die Treue zum Mündlichen haben wir ja gerade zerpflückt und auch was die „Quellen aus dem Volk" angeht, muss man relativieren. Zunächst einmal haben einige der Märchenerzähler hugenottische Wurzeln und die von ihnen erzählten Geschichten damit einen französischen Einschlag. Dorothea Viehmann, die von den Grimms als Bäuerin aus dem Dorf Zwehrn vorgestellt wird, ist weder Bäuerin (vielmehr Frau eines Schneidermeisters), noch seit Generationen bei Kassel beheimatet, denn sie hat hugenottische Vorfahren. Ebenso wie Marie und Jeanette Hassepflug, die in Kassel als Märchenquelle dienten. Die Nähe der Grimmschen Märchen zu den französischen Feenmärchen ist damit nicht von der Hand zu weisen. Und tatsächlich finden sich einige der Märchen, die der Franzose Charles Perrault bereits Ende des 17. Jahrhunderts gesammelt und (stark bearbeitet, wir kennen das bereits) veröffentlicht hat, in den KHM wieder. Doch auch dazu später mehr.

Auch die Damen der Kasseler Apothekerfamilie Wild hatten französische Wurzeln und auch hier kann man nicht vom „einfachen Volk" sprechen, sondern eher vom Bürgertum. Eine der Töchter der Familie, Henriette Dorothea, wurde 1825 Wilhelm Grimms Frau.

Mit Friederike Mannel haben wir dann noch eine Pfarrertochter, mit Ferdinand Siebert einen Theologen und mit der Familie von Haxthausen sowie der Baroness Jenny von Droste-Hülshoff sogar den Adel unter den Märchenlieferanten. Bauernvolk sucht man also vergebens.

Geografisch stammen die Märchen – sieht man vom französischen Hintergrund ab, also aus verschiedenen Hessischen Gegenden, aus dem Weserbergland und dem Münsterland.

Was die hier zu Grunde gelegte Ausgabe betrifft, so nutzen wir zumeist die 7. Auflage von 1857, welche zugleich die letzte ist, an der die Grimms selbst maßgeblich beteiligt waren. Ist ein Märchen in dieser Ausgabe nicht mehr enthalten, nehmen wir die letzte, in der es auftaucht. Ab und zu ist auch ein Vergleich mit der sogenannten Urfassung angebracht, wenn ein Märchen unter denen gewesen ist, die Jacob Grimm 1810 an Brentano schickte, um den Grundstein für die Sammlung zu legen. Brentano bestätigte zwar den Erhalt der kleinen Zusammenstellung, aber mehr passierte auch nicht damit. Die Texte waren lange Zeit verschollen und wurden erst nach dem ersten Weltkrieg im Trappistenkloster Ölenberg im Elsaß wiederentdeckt. Daher spricht man auch mitunter von der „Ölenberger Fassung".

Mitnichten geht es hinter den Kulissen der KHM also derart romantisch-volksnah zu, wie die Brüder im Vorwort zu ihrem Werk die Szenerie ausmalen. Die Verklärung des Stoffes, der ein wenig oder auch ein wenig mehr nachgeholfen wurde, ist inzwischen ebenso Teil des „Mythos Grimm", wie die Märchen selbst. Den Schleier dieser Verklärung werden wir in den folgenden Kapitel vorsichtig lüften, um auf den Grund des Märchenbrunnens zu blicken.

Einführung
von Sebastian Bartoschek

Guten Tag, meine Damen, meine Herren, liebe schlafende Königstöchter und in Tiere verwandelte Hofknechte. Auch von meiner Seite heiße ich Sie recht herzlich willkommen in diesem Buch. Es freut mich immer einen Leser begrüßen zu können, der sich die Mühe macht, auch die Einleitungen zu lesen. Ich selbst gehöre selten dazu, sondern starte meist da, wo das Buch „richtig" los geht. Deswegen sollte ich Ihnen jetzt hier etwas bieten, dass Ihnen einen Wissensvorsprung vor den Lesern gibt, die so handeln, wie ich es normalerweise tun würde.

Ich verrate Ihnen ein Geheimnis. (Sie sollten sich den folgenden Satz geflüstert in einer nur von Mondlicht erhellten Hinterhofstrasse vorstellen, in einer Stadt, über der unheilvoll die Turmuhr des Schlosses trohnt.) Ich habe keine Ahnung von Märchen – und habe auch nichts für dieses Buch recherchiert.

Was Sie im folgenden erleben werden, sind daher Ausführungen, die es im Ausmaß der Gelehrsamkeit nicht mit meiner Mitautorin aufnehmen können – die ja immerhin Magistra der Europäischen Ethnologie, sprich Völkerkunde, ist, und deswegen nicht nur den Hintergrund jedes Märchens recherchiert hat, sondern genau dies Ihnen auch nahe bringen will und wird.

Ich hingegen bin Psychologe.

(Donnergrollen in der Ferne; erste Kunstpause)

Ich kenne den Menschen, zumindest in großen Teilen, und verdiene meine Wohnngsmiete damit, Menschen zu erklären, was sie wie ändern sollten, und woran sie das erkennen können.

Andere Psychologen, vor allem solche, die einer eher überholten Tradition, der so genannten Psychoanalyse, anhingen, haben diesen Antrieb unseres Berufsstandes genutzt, um aus Märchen alles Mögliche zu extrahieren, extrapolieren und extraschwafulieren. (Ja, letzteres eine Wortneuschöpfung; auch diese haben Sie nun den Nicht-Lesern dieser Einführung voraus.) Dabei kamen sie meist auf Irgendwas-mit-Sex oder Irgendwas-mit-Tod, meist in wilden Kombinationen und Ausschweifungen, wie sie selbst in Zeiten des Internets eher erstaunlich wären.

Dazu entwarfen sie die Idee der Archetypen. Das sollten so was wie weltweit verbreitete Charakterzüge, Grundideen, fast schon Entitäten sein, die sich auch in Märchen wiederfinden: der Schatten, der weise Mann, die hässliche Alte und ähnliches. Die Idee der Archetypen reizt mich bis heute, v.a. die Frage, wie diese eigentlich weltweite Verbreitung gefunden haben sollen, lange bevor es Kontakte zwischen den Menschen verschiedener Kontinente gab. C.G. Jung, einer der Vordenker dieser psychologischen Schule, prägte dafür den Begriff des „kollektiven Unbewußten", und da er gerade nicht hier ist, sage ich Ihnen, dass er keine schlüssige Idee hatte, wie das genau funktionieren soll. Wir würden wahrscheinlich heute von einer evolutionsgenetischen Komponente ausgehen. Naja, aber halten wir uns damit nicht zu lange auf. Denn ich werde nicht das tun, was Sie in genug anderen Büchern nachlesen können.

Nein? Was dann?

(zweite – und letzte – Kunstpause)

Ich habe mein Diplom in Psychologie 2004 in Bochum gemacht, mit einem klaren Fokus auf kognitive Prozesse der Persönlichkeit. Mit Modellen der Psyche, oder eben Persönlichkeit, die stark von verhaltenspsychologischen Aspekten geprägt sind, und bei denen wir Psychologen angefangen haben uns als Naturwissenschaftler zu verstehen. Statt des Schwafelns vergangener Kollegengenerationen ist unser Ansatz, Sachverhalte möglichst einfach und kurz beschreiben zu können.

Aus dieser Sicht eines modernen Psychologen werde ich einen Blick auf die Märchen der Gebrüder Grimm werfen, werde den historischen Kontext ignorieren und wahrscheinlich das ein oder andere Mal einem Sprachwissenschaftler seine verbliebenen grauen Haare ausfallen lassen, wenn ich versuche zu erklären, wieso uns das jeweilige Geschehen auch heute noch fesselt, und was wir daraus für unser Leben mitnehmen können.

Unter uns (ja, ich flüster' wieder vertraulich): ich weiß noch nicht einmal, ob ich bei jedem Märchen so etwas finden werde; aber irgendetwas werde ich überall schreiben müssen – also ärgern Sie sich nicht zu sehr, wenn Ihnen meine Deutung vielleicht etwas weit hergeholt oder am Märchen vorbei erscheint. (Und verraten Sie es vor allem nicht den Anderen – sprich denen, die dieses Vorwort nicht gelesen haben, das sich nun seinem Ende nähert.)

Nun aber Vorhang auf, die Frösche gesattelt, die Pferde in den Brunnen geworfen, und Gold zu Stroh gesponnen – von nun an wird es märchenhaft.

Willkommen im
Märchenwald

1. Der Froschkönig oder der eiserne Heinrich

In den alten Zeiten, wo das Wünschen noch geholfen hat, lebte ein König, dessen Töchter waren alle schön, aber die jüngste war so schön, daß die Sonne selber, die doch so vieles gesehen hat, sich verwunderte so oft sie ihr ins Gesicht schien. Nahe bei dem Schlosse des Königs lag ein großer dunkler Wald, und in dem Walde unter einer alten Linde war ein Brunnen: wenn nun der Tag recht heiß war, so ging das Königskind hinaus in den Wald und setzte sich an den Rand des kühlen Brunnens: und wenn sie Langeweile hatte, so nahm sie eine goldene Kugel, warf sie in die Höhe und fieng sie wieder; und das war ihr liebstes Spielwerk.

Nun trug es sich einmal zu, daß die goldene Kugel der Königstochter nicht in ihr Händchen fiel, das sie in die Höhe gehalten hatte, sondern vorbei auf die Erde schlug und geradezu ins Wasser hinein rollte. Die Königstochter folgte ihr mit den Augen nach, aber die Kugel verschwand, und der Brunnen war tief, so tief daß man keinen Grund sah. Da fieng sie an zu weinen und weinte immer lauter und konnte sich gar nicht trösten. Und wie sie so klagte, rief ihr jemand zu „was hast du vor, Königstochter, du schreist ja daß sich ein Stein erbarmen möchte." Sie sah sich um, woher die Stimme käme, da erblickte sie einen Frosch, der seinen dicken häßlichen Kopf aus dem Wasser streckte. „Ach, du bists, alter Wasserpatscher," sagte sie, „ich weine über meine goldene Kugel, die mir in den Brunnen hinab gefallen ist." „Sei still und weine nicht," antwortete der Frosch, „ich kann wohl Rath schaffen, aber was gibst du mir, wenn ich dein Spielwerk wieder heraufhole?" „Was du haben willst, lieber Frosch," sagte sie, „meine Kleider, meine Perlen und Edelsteine, auch noch die goldene Krone, die ich trage." Der Frosch antwortete „deine Kleider, deine Perlen und Edelsteine, und deine goldene Krone, die mag ich nicht: aber wenn du mich lieb haben willst, und ich soll dein Geselle und Spielkamerad sein, an deinem Tischlein neben dir sitzen, von deinem goldenen Tellerlein essen, aus deinem Becherlein trinken, in deinem Bettlein schlafen: wenn du mir das versprichst, so will ich hinunter steigen und dir die goldene Kugel wieder herauf holen." „Ach ja," sagte sie, „ich verspreche dir alles, was du willst, wenn du mir nur die Kugel wieder bringst." Sie dachte aber „was der einfältige Frosch schwätzt, der sitzt im Wasser bei seines Gleichen und quackt, und kann keines Menschen Geselle sein."

Der Frosch, als er die Zusage erhalten hatte, tauchte seinen Kopf unter, sank hinab und über ein Weilchen kam er wieder herauf gerudert, hatte die Kugel im Maul und warf sie ins Gras. Die Königstochter war voll Freude, als sie ihr schönes Spielwerk wieder erblickte, hob es auf und sprang damit fort. „Warte, warte," rief der Frosch, „nimm mich mit, ich kann nicht so laufen wie du." Aber was half ihm daß er ihr sein quack quack so laut nachschrie als er konnte! sie hörte nicht darauf, eilte nach Haus und hatte bald den armen Frosch vergessen, der wieder in seinen Brunnen hinab steigen mußte.

Am andern Tage, als sie mit dem König und allen Hofleuten sich zur Tafel gesetzt hatte und von ihrem goldenen Tellerlein aß, da kam, plitsch platsch, plitsch platsch, etwas die Marmortreppe herauf gekrochen, und als es oben angelangt war, klopfte es an der Thür und rief „Königstochter, jüngste, mach mir auf." Sie lief und wollte sehen wer draußen wäre, als sie aber aufmachte, so saß der Frosch davor. Da warf sie die Thür hastig zu, setzte sich wieder an den Tisch, und war ihr ganz angst. Der König sah wohl daß ihr das Herz gewaltig klopfte und sprach „mein Kind, was fürchtest du dich, steht etwa ein Riese vor der Thür und will dich holen?" „Ach nein," antwortete sie, „es ist kein Riese, sondern ein garstiger Frosch." „Was will der Frosch von dir?" „Ach lieber Vater, als ich gestern im Wald bei dem Brunnen saß und spielte, da fiel meine goldene Kugel ins Wasser. Und weil ich so weinte, hat sie der Frosch wieder heraufgeholt, und weil er es durchaus verlangte, so versprach ich ihm er sollte mein Geselle werden, ich dachte aber nimmermehr daß er aus seinem Wasser heraus könnte. Nun ist er draußen und will zu mir herein." Indem klopfte es zum zweitenmal und rief

> „Königstochter, jüngste,
> mach mir auf,
> weißt du nicht was gestern
> du zu mir gesagt
> bei dem kühlen Brunnenwasser?
> Königstochter, jüngste,
> mach mir auf."

Da sagte der König „was du versprochen hast, das mußt du auch halten; geh nur und mach ihm auf." Sie gieng und öffnete die Thüre, da hüpfte der Frosch herein, ihr immer auf dem Fuße nach, bis zu ihrem Stuhl. Da saß er und rief „heb mich herauf zu dir." Sie zauderte bis es endlich der König befahl. Als der Frosch erst auf dem Stuhl war, wollte er auf den Tisch, und als er da saß, sprach er „nun schieb mir dein goldenes Tellerlein näher, damit wir zusammen essen." Das that sie zwar, aber man *sah wohl daß sies nicht gerne that. Der Frosch ließ sichs gut schmecken, aber ihr blieb fast jedes Bißlein im Halse. Endlich sprach er "ich habe mich satt gegessen, und bin müde, nun trag mich in dein Kämmerlein und mach dein seiden Bettlein zurecht, da wollen wir uns schlafen legen." Die Königstochter fieng an zu weinen und fürchtete sich vor dem kalten Frosch, den sie nicht anzurühren getraute, und der nun in ihrem schönen reinen Bettlein schlafen sollte. Der König aber ward zornig und sprach "wer dir geholfen hat, als du in der Noth warst, den sollst du hernach nicht verachten." Da packte sie ihn mit zwei Fingern, trug ihn hinauf und setzte ihn in eine Ecke. Als sie aber im Bett lag, kam er gekrochen und sprach "ich bin müde, ich will schlafen so gut wie du: heb mich herauf, oder ich sags deinem Vater." Da ward sie erst bitterböse, holte ihn herauf und warf ihn aus allen Kräften wider die Wand, "nun wirst du Ruhe haben, du garstiger Frosch."*

Als er aber herab fiel, war er kein Frosch, sondern ein Königssohn mit schönen und freundlichen Augen. Der war nun nach ihres Vaters Willen ihr lieber Geselle und Gemahl. Da erzählte er ihr, er wäre von einer bösen Hexe verwünscht worden, und Niemand hätte ihn aus dem Brunnen erlösen können als sie allein, und morgen wollten sie zusammen in sein Reich gehen. Dann schliefen sie ein, und am andern Morgen, als die Sonne sie aufweckte, kam ein Wagen heran gefahren mit acht weißen Pferden bespannt, die hatten weiße Straußfedern auf dem Kopf, und giengen in goldenen Ketten, und hinten stand der Diener des jungen Königs, das war der treue Heinrich. Der treue Heinrich hatte sich so betrübt, als sein Herr war in einen Frosch verwandelt worden, daß er drei eiserne Bande hatte um sein Herz legen lassen, damit es ihm nicht vor Weh und Traurigkeit zerspränge. Der Wagen aber sollte den jungen König in sein Reich abholen; der treue Heinrich hob beide hinein, stellte sich wieder hinten auf und war voller Freude über die Erlösung. Und als sie ein Stück Wegs gefahren waren, hörte der Königssohn daß es hinter ihm krachte, als wäre etwas zerbrochen. Da drehte er sich um und rief

"Heinrich, der Wagen bricht."

"Nein, Herr, der Wagen nicht,
es ist ein Band von meinem Herzen,
das da lag in großen Schmerzen,
als ihr in dem Brunnen saßt,
als ihr eine Fretsche (Frosch) wast (wart)."

Noch einmal und noch einmal krachte es auf dem Weg, und der Königssohn meinte immer der Wagen bräche, und es waren doch nur die Bande, die vom Herzen des treuen Heinrich absprangen, weil sein Herr erlöst und glücklich war.

Heldinnen küssen keine Frösche

*D*as Märchen DER FROSCHKÖNIG ODER DER EISERNE HEINRICH ist die Nummer eins der Kinder- und Hausmärchen und es gehört auch zu den beliebtesten. Dabei mag manche von Ihnen schon allein der Zusatz im Titel verwundern. Das überrascht eigentlich auch nicht, denn der „eiserne Heinrich" der Diener des Königssohns, der so mit seinem Herren leidet, ist nämlich von einigen Herausgebern einfach wegrationalisiert worden.

In ihren Anmerkungen geben die Brüder Grimm an, das Märchen stamme aus Hessen. Dort haben sie, wie wir ja bereits erfahren haben, mehrere Quellen. Wahrscheinlich ist es jedoch die Familie Wild, die den Froschkönig beigesteuert hat. Die Formel am Anfang des Märchens ist bemerkenswert. „In alten Zeiten, wo das Wünschen noch geholfen hat [...]" klingt so, als wäre es eine typische Einleitung für die Märchen der Brüder Grimm, dabei taucht es nur selten auf, während immerhin fast die Hälfte der Märchen mit „Es war einmal" beginnt.

DER FROSCHKÖNIG ist eines der Märchen, die als Ölenberger Fassung vorhanden sind, das heißt, es gehörte zu den Geschichten, die zu Beginn der ganzen Sammelunternehmung an Brentano gingen.

Wenn man die beiden Versionen vergleicht, sieht man ziemlich schnell, wie sehr vor allem Wilhelm Grimm die Märchen im Laufe der Zeit ausgeschmückt hat.

Das geht schon beim Titel los. Der lautet in der Ur- oder Ölenberger Fassung nämlich *Die Königstochter und der verzauberte Prinz. Froschkönig*. Kein Wort vom eisernen Heinrich, obwohl er auch in dieser frühen Version vorkommt.

Die Urfassung ist wesentlich kürzer als von 1857 und kommt einem im Gegensatz dazu beinahe karg vor. Romantisch ist schon der Anfang nicht, in dem der Hörer (oder Leser) einfach mitten in die Handlung geworfen wird. „Die jüngste Tochter des Königs ging hinaus in der Wald, und setzte sich an einen kühlen Brunnen." Zack. Kein Wort von der Zeit, in der das Wünschen noch geholfen hat, davon, wie schön alle Töchter des Königs waren, die jüngste aber die schönste von allen. Das, was wir in der Einführung über Lüthis Analysen des Volksmärchens gehört haben, bietet die Urfassung bis zum Exzess. Volksmärchen ist, wenn man nichts mehr weglassen kann, sozusagen.

Auch die Gefühlszustände der Prinzessin sind nur in reduzierter Form vorhanden. Sie ist traurig, als ihr die goldene Kugel abhanden kommt und sie fürchtet sich „sehr vor dem kalten Frosch". Davon abgesehen kommt nur das zum Tragen, was auch die Handlung voranbringt und das vollkommen schnörkellos.

Die wesentlichen Elemente sind aber auch in der Urfassung erhalten. Prinzessin, Frosch, goldene Kugel, Prinz und Diener Heinrich verhalten sich wie in späteren Versionen. Auch der kleine Vers, mit dem der Frosch auf das Versprechen der Königstochter hinweist, ist dort zu finden. Nur das Zerspringen der eisernen Bande gibt es in einfacher und nicht in dreifacher Ausführung.

Märchenliebhabern sei es unbedingt empfohlen, die Urfassungen zu lesen, denn erst dadurch wird klar, wie sehr wir uns an die besondere Märchensprache der Brüder Grimm und Wilhelm Grimms im Besonderen, gewöhnt haben.

Besonders sympathisch wirkt die „Heldin" des Abenteuers, die Prinzessin, in keiner der Versionen. In der Urfassung läuft sie dem Frosch einfach davon, in der Version von 1857 denkt sie sogar abfällig darüber nach, dass ein solcher Frosch sicher keine gute Gesellschaft ist. Eigentlich haben wir es hier sogar mit einer fiesen, charakterschwachen Person zu tun und vielleicht liegt es daran, dass diese Königstochter nicht so sehr als Identifikationsfigur taugt, wie beispielsweise Schneewittchen. Das gilt allerdings mit einer kleinen Einschränkung: In diesem Märchen wird ein Reifungsprozess dargestellt. Die anfangs kindliche Prinzessin, die mit einer goldenen Kugel spielt und sich nicht an die Konventionen „Erwachsener" hält, indem sie ihrem Ekel vor dem Frosch nachgibt und ihn ausnutzt, muss im Laufe der Handlung durch die Erziehung des strengen Königs und Vaters lernen, dass sie nicht immer ihren Willen bekommt, sondern auch Pflichten hat. Vor allem wenn man ein Versprechen gegeben hat. So ganz ohne Gegenwehr klappt das zwar nicht, aber am Ende hat die Tochter ihre Lektion gelernt und wird die Frau des Prinzen.

Man muss eigentlich nicht extra betonen, dass schon der Frosch unter Märchenforschern als Metapher für einen Mann angesehen wird und es hier zwischen den Zeilen um nichts anderes als Sex geht.

Übrigens haben wir hier noch die Fassung, in der die Prinzessin den Frosch ziemlich brutal an die Wand wirft, woraufhin er zum Prinzen wird. Den berühmten Kuss, der in die Popkultur eingegangen ist, gibt es erst in Versionen ab Ende des 19. Jahrhunderts.

Die Brüder Grimm erwähnen in den Anmerkungen, das es sich beim Froschkönig um eines der ältesten Märchen in Deutschland handelt und beschreiben gleich zwei weitere Fassungen, eine aus dem „Hessischen" und eine aus dem „Paderbörnischen". In der hessischen Variante geht es statt um eine goldene Kugel um klares Wasser, das aus einem Brunnen geholt werden soll. Nacheinander werden die Königstöchter ausgeschickt, um es zu besorgen, es kommt aber nur trübe Brühe zum Vorschein. Der Frosch könnte es richten, knüpft aber, wie auch in der KHM-Fassung seine Hilfe an die Bedingung, der Gefährte der Prinzessin zu werden. Die dritte Prinzessin willigt auch zum Schein ein, haut aber mit dem klaren Wasser ab und der Frosch muss am Hofe erscheinen, um seine Belohnung einzufordern. Interessant ist, dass der Froschkönig drei Nächte bei der Königstochter verbringt, zwei am Fußende des Bettes und die dritte schließlich auf ihrem Kopfkissen. Die Verwandlung geschieht nicht durch einen Kuss oder einen Wurf an die Wand, sondern heimlich still und leise über Nacht. Ein Schelm, wer Böses dabei denkt.

In der Version aus dem Paderborner Land schließt sich noch ein ganz anderer Handlungsbogen an, in dem der Prinz sich um ein Haar eine falsche Braut nimmt und die Prinzessin sich als Mann verkleidet in sein Gefolge mischt, um das zu verhindern. In dieser Geschichte springt das eiserne Band nicht dem treuen Diener, sondern der Prinzessin und „echten" Braut vom Herzen, woraufhin der Königssohn sie erkennt.

Das eiserne Band ist ein Motiv, das auf mittelalterliche Lyrik zurückgeht. Schon alte Minnedichter bemühen diese Metapher, wenn es um Liebesqualen – oder zumindest Gefühle geht.

Unstrittig ist sicherlich die Einschätzung, dass es sich beim Froschkönig um ein Zaubermärchen handelt. Das Übernatürliche kommt hier in Gestalt eines sprechenden Frosches, der sich als verzauberter Prinz entpuppt. Und – typisch Volksmärchen – wundert sich kein Mensch über diesen Umstand, sondern lediglich der Ekel vor einem solchen Tier als Gefährten wird thematisiert.

Damit haben wir auch schon mit der Einordnung des Froschkönigmotivs in den ATU, den Aarne-Thompson-Uther begonnen. Genauer, das Zaubermärchen mit der ATU-Nummer 440 gehört zur Untergruppe „Übernatürliche oder verzauberte Verwandte" und hier „Ehemann", zur gleichen Untergruppe (425-449) übrigens, wie *Die Schöne und das Biest* und **Schneeweisschen und Rosenroth**.

Die ganze Froschküsserei, die sich in unsere Alltagskultur geschlichen hat, begann also mit einer relativ unspektakulären Verwandlung in der Nacht, bzw. einer Prinzessin, die eine Amphibie an die Wand klatschte. Da sieht man mal, wie sich Märchenmotive im Laufe der Zeit weiterentwickeln können.

Frösche sind die besseren Arbeitgeber

*E*in seltsames Märchen, oder? Ein Mädchen aus gutem Haus spielt mit ihrem überteuerten Spielzeug, lässt es fallen, geht auf einen Vertrag ein, den es nicht erfüllen will, aber schließlich muss. Als die Königstochter, die auch noch wunderschön ist, dann versucht den Frosch zu töten, kriegt sie dafür einen Prinzen und alle sind zufrieden.

Und jetzt warten Sie, lieber Leser, auf die elaborierte psychologische Deutung, und ich frage mich, ob es eine gute Idee war, gerade mit diesem Märchen zu beginnen. Aber gut. Hier sind wir nun, fangen wir an.

Zunächst einmal haben wir hier eine junge Dame, die offensichtlich weder besonders aufrichtig ist, noch in der Lage ist zu übersehen, was sie da eigentlich gerade vereinbart, als sie dem Froschkönig einwilligt ihre Nähe zu schenken. Man kann hier erkennen, dass für den Menschen, und auch für einen in einen Frosch verwandelten Menschen, soziale Werte, Nähe und letztlich wohl auch Sex, unterm Strich wichtiger und wertvoller sind als materielle Werte. Eigentlich ist dies auch die Hauptlehre, die die Königstochter aus dem Ganzen ziehen musste. Zwar war sie in der Lage Kleider, Perlen und Edelsteine ohne weiteres herzugeben, doch nicht ihre Nähe.

Zu Beginn des Märchens zeigt sich auch (scheinbar) eine Überlegenheit des unehrlich egoistisch Handelnden (Prinzessin) gegenüber dem ehrlich Verträge Aushandelnden (Frosch). Allerdings: vom Ende des Märchens her geschaut, muss man sich die Frage stellen, ob die Wertung so herum richtig ist. Denn der Froschkönig gibt ja zu, gewusst zu haben, dass er nur von eben jener Königstochter auf jene Bestimmung, Art und Weise, entzaubert werden kann.[1] Hat der Frosch also alles ganz gezielt manipuliert? Diese Frage bleibt letztlich philosophisch.

Klar ist aber, dass die Prinzessin ihren zukünftigen Gatten fast hätte an sich vorbei ziehen lassen, wenn ihr Vater nicht gewesen wäre. Wir treffen hier auf das klassisch patriachale Motiv eines Königs, der gerecht ist und zudem auch weiß, was gut für seine Tochter ist. Aus unserer heutigen Sicht hat diese Szene etwas verstörendes. Nun gut, Verträge sind zu halten – dies ist bis heute eine der Grundlagen unseres Zusammenlebens, auch dann wenn sie einer Vertragspartei nicht mehr gefallen. Aber dass ein Vater seine Tochter dazu zwingt einen ihr widerwärtig erscheinenden Partner, hier: einen Frosch, ins Bett zu nehmen, und ja, das Ganze hat definitiv einen sexuellen Kontext, ist für uns heute eine Undenk-

---

[1] Wieso er überhaupt erst in einen Frosch verzaubert wurde, erfahren wir übrigens nicht. Vielleicht hätte es uns diese Information einfacher gemacht zu entscheiden, welchen Charakter eigentlich dieser Froschkönig vor seiner Verwandlung gehabt hatte.

barkeit. Interessant ist dann aber die Wendung, die das Ganze nimmt, denn gerade weil die Königstochter den „kalten Frosch" nicht in ihrem „reinen Bettlein" duldet, und sie ihn eben gegen die Wand schleudert, erhält sie ihren Traumpartner. Allerdings wissen wir eigentlich nicht, was dieser Froschkönig eigentlich für ein Typ ist. Erst die Ausführungen zu seinem treuen Diener Heinrich lassen uns verstehen, dass er wohl ein Guter ist. Dies ist übrigens ein bekanntes Phänomen in der Sozialpsychologie: von Menschen in meinem Umfeld schließen Dritte auf mich, egal ob zu Recht oder zu Unrecht. Außerdem zeigt es aus arbeitspsychologischer Sicht, welchen großen Vorteil es hat, ein guter Arbeitgeber zu sein, denn wäre der Froschkönig nicht einst, vor seiner Verzauberung, so gut zu Heinrich gewesen, so wäre dieser wohl kaum in solcher Sorge gewesen, dass er sich hätte „eiserne Bande" ums Herz machen müssen, die uns wiederum zeigen, was für eine gute Partie der Königssohn ist.

Absprachen sind also einzuhalten, verletzen diese jedoch etwas, was wir in unserer Gesellschaft „die guten Sitten" nennen, so wird man dafür belohnt, wenn man diese doch bricht. Dies wird dann auch von den Autoritäten, hier dann dem Königsvater als Richter, gutgeheißen.

Sie werden mir zustimmen, dass das Verfügen eines Vaters über das Sexualleben seiner Tochter heute nicht mehr in der Form wünschenswert erscheint, dass er einer Tochter den (Bei)Schlaf mit irgendwem anordnet. Vielmehr erwarten wir heute eine schützende Haltung, zumal bei einem Mädchen, das bereit ist, buchstäblich alles zu versprechen und zuzusagen, damit sie eine goldene Kugel wieder erhält, die sie dann zu ihrer Freude hoch in die Luft wirft und wieder auffängt; ein Spiel das man eigentlich weniger bei einer reifen Königstochter erwarten würde.

Kehren wir aber noch einmal zu dem Aspekt zurück, wie eigentlich unser Froschkönig moralisch zu werten ist. Die Einleitung der Geschichte betont, wie leuchtend schön die Königstochter ist und dass der Brunnen im großen dunklen Wald liege. Ein Tiefenpsychologe hätte unglaublich viel Spaß an dieser Stelle. Das bin ich aber nicht[2]. Ich halte aber trotzdem fest, dass dunkel das Gegenteil von hell, und eher negativ besetzt ist. Und eben dort ist der Brunnen. Kann dieser Brunnen überhaupt etwas Gutes bergen? Gutes im Schlechten? Ist der Froschkönig dorthin verbannt worden, weil die Hexe, die ihn verzaubert hat, böse war, oder weil das was er getan hat, böse war, oder weil er die Prinzessin vor dem Bösen schützen soll? Das bleibt letztlich offen, wobei wir wieder sehr dankbar sein können, von dem treuen Heinrich zu hören, der immerhin Zweifel an

---

[2] Einige von ihnen wissen das schon. Sie lesen Einleitungen von Büchern ebenso wie Fußnoten.

der Ehrbarkeit seines Herren wegwischt. Aber wieso hat eigentlich der Vater der Tochter das Spielen in eben jenem Wald erlaubt?

Letztlich ist aus unserer heutigen Sicht das Märchen nicht mehr so einfach deutbar: jeder der drei Hauptcharaktere hat seine guten und schlechten Seiten. Eine einfach Moral oder Schlussfolgerung ist nicht ohne weiteres möglich. Wir sehen, dass sich die Vorstellungen zu Gehorsam, Sexualität und Ethik in unserer Gesellschaft weiter entwickelt haben, sich aber einige Aspekte trotzdem erhalten haben, nämlich die grundsätzliche Treue zu Verträgen und das Recht gar zu großes Unrecht auch dann anprangern zu dürfen, selbst wenn es gesetzlich in Ordnung erscheint.

Oder um es pathetisch zu sagen: wo Recht zu Unrecht wird, wird Widerstand zum persönlichen Recht.[3] Und diese Message wiederum ist bis heute in vielen unserer Gesetzen zu erkennen, denn wahrscheinlich würde ein Jurist die Handlung der Königstochter als Notwehr interpretieren – und die ist straffrei und legitim.

---

[3] Im Original sagte Bertolt Brecht: Wo Unrecht zu Recht wird, wird Widerstand zur Pflicht. Aber dies hier ist kein Buch über Politiktheorie, weswegen mir meine Form der Formulierung besser gefällt.

2. Brüderchen und Schwesterchen

rüderchen nahm sein Schwesterchen an der Hand und sprach „seit die Mutter todt ist, haben wir keine gute Stunde mehr; die Stiefmutter schlägt uns alle Tage, und wenn wir zu ihr kommen, stößt sie uns mit den Füßen fort. Die harten Brotkrusten, die übrig bleiben, sind unsere Speise, und dem Hündlein unter dem Tisch gehts besser: dem wirft sie doch manchmal einen guten Bissen zu. Daß Gott erbarm, wenn das unsere Mutter wüßte! Komm, wir wollen miteinander in die weite Welt gehen." Sie giengen den ganzen Tag über Wiesen, Felder und Steine, und wenn es regnete, sprach das Schwesterchen „Gott und unsere Herzen die weinen zusammen!" Abends kamen sie in einen großen Wald und waren so müde von Jammer, Hunger und dem langen Weg, daß sie sich in einen hohlen Baum setzten und einschliefen.

Am andern Morgen, als sie aufwachten, stand die Sonne schon hoch am Himmel und schien heiß in den Baum hinein. Da sprach das Brüderchen „Schwesterchen, mich dürstet, wenn ich ein Brünnlein wüßte, ich gieng und tränk einmal; ich mein, ich hört eins rauschen." Brüderchen stand auf, nahm Schwesterchen an der Hand, und sie wollten das Brünnlein suchen. Die böse Stiefmutter aber war eine Hexe und hatte wohl gesehen wie die beiden Kinder fortgegangen waren, war ihnen nachgeschlichen, heimlich, wie die Hexen schleichen, und hatte alle Brunnen im Walde verwünscht. Als sie nun ein Brünnlein fanden, das so glitzerig über die Steine sprang, wollte das Brüderchen daraus trinken: aber das Schwesterchen hörte wie es im Rauschen sprach „wer aus mir trinkt, wird ein Tiger: wer aus mir trinkt, wird ein Tiger." Da rief das Schwesterchen „ich bitte dich, Brüderchen, trink nicht, sonst wirst du ein wildes Thier und zerreißest mich." Das Brüderchen trank nicht, ob es gleich so großen Durst hatte, und sprach „ich will warten bis zur nächsten Quelle." Als sie zum zweiten Brünnlein kamen, hörte das Schwesterchen wie auch dieses sprach „wer aus mir trinkt, wird ein Wolf: wer aus mir trinkt, wird ein Wolf." Da rief das Schwesterchen „Brüderchen, ich bitte dich, trink nicht, sonst wirst du ein Wolf und frissest mich." Das Brüderchen trank nicht und sprach „ich will warten, bis wir zur nächsten Quelle kommen, aber dann muß ich trinken, *du magst sagen, was du willst: mein Durst ist gar zu groß." Und als sie zum dritten Brünnlein kamen, hörte das Schwesterlein, wie es im Rauschen sprach „wer aus mir trinkt, wird ein Reh: wer aus mir trinkt, wird ein Reh." Das Schwesterchen sprach „ach Brüderchen, ich bitte dich, trink nicht, sonst wirst du ein Reh und läufst mir fort." Aber das Brüderchen hatte sich gleich beim Brünnlein nieder gekniet, hinab gebeugt und von dem Wasser getrunken, und wie die ersten Tropfen auf seine Lippen gekommen waren, lag es da als ein Rehkälbchen.*

Nun weinte das Schwesterchen über das arme verwünschte Brüderchen, und das Rehchen weinte auch und saß so traurig neben ihm. Da sprach das Mädchen endlich „sei still, liebes Rehchen, ich will dich ja nimmermehr verlassen." Dann band es sein goldenes Strumpfband ab und that es dem Rehchen um den Hals, und rupfte Binsen und flocht ein weiches Seil daraus. Daran band es das Thierchen und führte es weiter, und gieng immer tiefer in den Wald hinein. Und als sie lange lange gegangen waren, kamen sie endlich an ein kleines Haus, und das Mädchen schaute hinein, und weil es leer war, dachte es „hier können wir bleiben und wohnen." Da suchte es dem Rehchen Laub und Moos zu einem weichen Lager, und jeden Morgen gieng es aus und sammelte sich Wurzeln, Beeren und Nüsse, und für das Rehchen brachte es zartes Gras mit, das fraß es ihm aus der Hand, war vergnügt und spielte vor ihm herum. Abends wenn Schwesterchen müde war und sein Gebet gesagt hatte, legte es seinen Kopf auf den Rücken des Rehkälbchens, das war sein Kissen, darauf es sanft einschlief. Und hätte das Brüderchen nur seine menschliche Gestalt gehabt, es wäre ein herrliches Leben gewesen.

Das dauerte eine Zeitlang, daß sie so allein in der Wildnis waren. Es trug sich aber zu, daß der König des Landes eine große Jagd in dem Wald hielt. Da schallte das Hörnerblasen, Hundegebell und das lustige Geschrei der Jäger durch die Bäume, und das Rehlein hörte es und wäre gar zu gerne dabei gewesen. „Ach," sprach es zum Schwesterlein, „laß mich hinaus in die Jagd, ich kanns nicht länger mehr aushalten," und bat so lange, bis es einwilligte. „Aber," sprach es zu ihm, „komm mir ja Abends wieder, vor den wilden Jägern schließ ich mein Thürlein; und damit ich dich kenne, so klopf und sprich mein Schwesterlein, laß mich herein: und wenn du nicht so sprichst, so schließ ich mein Thürlein nicht auf." Nun sprang das Rehchen hinaus, und war ihm so wohl und war so lustig in freier Luft. Der König und seine Jäger sahen das schöne Thier und setzten ihm nach, aber sie konnten es nicht einholen, und wenn sie meinten, sie hätten es gewiß, da sprang es über das Gebüsch weg und war verschwunden. Als es dunkel ward, lief es zu dem Häuschen, klopfte und sprach „mein Schwesterlein, laß mich herein." Da ward ihm die kleine Thür aufgethan, es sprang hinein und ruhete sich die ganze Nacht auf seinem weichen Lager aus. Am andern Morgen gieng die Jagd von neuem an, und als das Rehlein wieder das Hüfthorn hörte und das ho, ho! der Jäger, da hatte es keine Ruhe, und sprach „Schwester-

chen, mach mir auf, ich muß hinaus." Das Schwesterchen öffnete ihm die Thüre und sprach „aber zu Abend mußt du wieder da sein und dein Sprüchlein sagen." Als der König und seine Jäger das Rehlein mit dem goldenen Halsband wieder sahen, jagten sie ihm alle nach, aber es war ihnen zu schnell und behend. Das währte den ganzen Tag, endlich aber hatten es die Jäger Abends umzingelt, und einer verwundete es ein wenig am Fuß, so daß es hinken mußte und langsam fortlief. Da schlich ihm ein Jäger nach bis zu dem Häuschen und hörte wie es rief „mein Schwesterlein, laß mich herein," und sah daß die Thür ihm aufgethan und alsbald wieder zugeschlossen ward. Der Jäger behielt das alles wohl im Sinn, gieng zum König und erzählte ihm was er gesehen und gehört hatte. Da sprach der König „morgen soll noch einmal gejagt werden."

Das Schwesterchen aber erschrack gewaltig, als es sah daß sein Rehkälbchen verwundet war. Es wusch ihm das Blut ab, legte Kräuter auf und sprach „geh auf dein Lager, lieb Rehchen, daß du wieder heil wirst." Die Wunde aber war so gering, daß das Rehchen am Morgen nichts mehr davon spürte. Und als es die Jagdlust wieder draußen hörte, sprach es „ich kanns nicht aushalten, ich muß dabei sein; so bald soll mich keiner kriegen." Das Schwesterchen weinte und sprach „nun werden sie dich tödten, und ich bin hier allein im Wald und bin verlassen von aller Welt: ich laß dich nicht hinaus." „So sterb ich dir hier vor Betrübnis," antwortete das Rehchen, „wenn ich das Hüfthorn höre, so mein ich, ich müßt aus den Schuhen springen!" Da konnte das Schwesterchen nicht anders und schloß ihm mit schwerem Herzen die Thür auf, und das Rehchen sprang gesund und fröhlich in den Wald. Als es der König erblickte, sprach er zu seinen Jägern „nun jagt ihm nach den ganzen Tag bis in die Nacht, aber daß ihm keiner etwas zu Leide thut." Sobald die Sonne untergegangen war, sprach der König zum Jäger „nun komm und zeige mir das Waldhäuschen." Und als er vor dem Thürlein war, klopfte er an und rief „lieb Schwesterlein, laß mich herein." Da gieng die Thür auf, und der König trat herein, und da stand ein Mädchen, das war so schön wie er noch keins gesehen hatte. Das Mädchen erschrack als es sah daß nicht sein Rehlein sondern ein Mann herein kam, der eine goldene Krone auf dem Haupt hatte. Aber der König sah es freundlich an, reichte ihm die Hand und sprach „willst du mit mir gehen auf mein Schloß und meine liebe Frau sein?" „Ach ja," antwortete das Mädchen, „aber das Rehchen muß auch mit, das verlaß ich nicht." Sprach der König „es soll bei dir bleiben, so lange du lebst, und soll ihm an nichts fehlen." Indem kam es hereingesprungen, da band es das Schwesterchen wieder an das Binsenseil, nahm es selbst in die Hand und gieng mit ihm aus dem Waldhäuschen fort.

Der König nahm das schöne Mädchen auf sein Pferd und führte es in sein Schloß, wo die Hochzeit mit großer Pracht gefeiert wurde, und war es nun die Frau Königin, und lebten sie lange Zeit vergnügt zusammen; das Rehlein ward gehegt und gepflegt und sprang in dem Schloßgarten herum. Die böse Stiefmutter aber, um derentwillen *die Kinder in die Welt hineingegangen waren, die meinte nicht anders als Schwesterchen wäre von den wilden Thieren im Walde zerrissen worden und Brüderchen als ein Rehkalb von den Jägern todt geschossen. Als sie nun hörte daß sie so glücklich waren, und es ihnen so wohl gieng, da wurden Neid und Mißgunst in ihrem Herzen rege und ließen ihr keine Ruhe, und sie hatte keinen andern Gedanken, als wie sie die beiden doch noch ins Unglück bringen könnte. Ihre rechte Tochter, die häßlich war wie die Nacht, und nur ein Auge hatte, die machte ihr Vorwürfe und sprach „eine Königin zu werden, das Glück hätte mir gebührt." „Sei nur still," sagte die Alte und sprach sie zufrieden, „wenns Zeit ist, will ich schon bei der Hand sein."*

Als nun die Zeit heran gerückt war, und die Königin ein schönes Knäblein zur Welt gebracht hatte, und der König gerade auf der Jagd war, nahm die alte Hexe die Gestalt der Kammerfrau an, trat in die Stube, wo die Königin lag und sprach zu der Kranken „kommt, das Bad ist fertig, das wird euch wohlthun und frische Kräfte geben: geschwind, eh es kalt wird." Ihre Tochter war auch bei der Hand, sie trugen die schwache Königin in die Badstube und legten sie in die Wanne: dann schlossen sie die Thür ab und liefen davon. In der Badstube aber hatten sie ein rechtes Höllenfeuer angemacht, daß die schöne junge Königin bald ersticken mußte.

Als das vollbracht war, nahm die Alte ihre Tochter, setzte ihr eine Haube auf, und legte sie ins Bett an der Königin Stelle. Sie gab ihr auch die Gestalt und das Ansehen der Königin, nur das verlorene Auge konnte sie ihr nicht wieder geben. Damit es aber der König nicht merkte, mußte sie sich auf die Seite legen, wo sie kein Auge hatte. Am Abend, als er heim kam und hörte daß ihm ein Söhnlein geboren war, freute er sich herzlich, und wollte ans Bett seiner lieben Frau gehen und sehen was sie machte. Da rief die Alte geschwind „bei Leibe, laßt die Vorhänge zu, die Königin darf noch nicht ins Licht sehen und muß Ruhe haben." Der König gieng zurück und wußte nicht daß eine falsche Königin im Bette lag.

Als es aber Mitternacht war und alles schlief, da sah die Kinderfrau, die in der Kinderstube neben der Wiege saß und allein noch wachte, wie die Thüre aufgieng, und die rechte Königin herein trat. Sie nahm das Kind aus der Wiege, legte es in ihren Arm und gab ihm zu trinken. Dann schüttelte sie ihm sein Kißchen, legte es wieder hinein und deckte es mit dem Deckbettchen zu. Sie vergaß aber auch das Rehchen nicht, gieng in die Ecke, wo es lag, und streichelte ihm über den Rücken. Darauf gieng sie ganz stillschweigend wieder zur Thüre hinaus, und die Kinderfrau fragte am andern Morgen die Wächter ob jemand während der Nacht ins Schloß gegangen wäre, aber sie antworteten „nein, wir haben niemand gesehen." So kam sie viele Nächte und sprach niemals ein Wort dabei; die Kinderfrau sah sie immer, aber sie getraute sich nicht jemand etwas davon zu sagen.

Als nun so eine Zeit verflossen war, da hub die Königin in der Nacht an zu reden und sprach

„was macht mein Kind? was macht mein Reh?
Nun komm ich noch zweimal und dann nimmermehr."
Die Kinderfrau antwortete ihr nicht, aber als sie wieder verschwunden war, gieng sie zum König und erzählte ihm alles. Sprach der König „Ach Gott, was ist das! ich will in der nächsten Nacht bei dem Kinde wachen." Abends gieng er in die Kinderstube, aber um Mitternacht erschien die Königin wieder und sprach
„was macht mein Kind? was macht mein Reh?
Nun komm ich noch einmal und dann nimmermehr."
Und pflegte dann des Kindes, wie sie gewöhnlich that, ehe sie verschwand. Der König getraute sich nicht sie anzureden, aber er wachte auch in der folgenden Nacht. Sie sprach abermals
„was macht mein Kind? was macht mein Reh?
Nun komm ich noch diesmal und dann nimmermehr."
Da konnte sich der König nicht zurückhalten, sprang zu ihr und sprach „du kannst niemand anders sein, als meine liebe Frau." Da antwortete sie „ja, ich bin deine liebe Frau," und hatte in dem Augenblick durch Gottes Gnade das Leben wieder erhalten, war frisch, roth und gesund. Darauf erzählte sie dem König den Frevel, den die böse Hexe und ihre Tochter an ihr verübt hatten. Der König ließ beide vor Gericht führen, und es ward ihnen das Urtheil gesprochen. Die Tochter ward in Wald geführt, wo sie die wilden Thiere zerrissen, die Hexe aber ward ins Feuer gelegt und mußte jammervoll verbrennen. Und wie sie zu Asche verbrannt war, verwandelte sich das Rehkälbchen und erhielt seine menschliche Gestalt wieder; Schwesterchen und Brüderchen aber lebten glücklich zusammen bis an ihr Ende.

„Frommes Schwesterchen" versus „böse Hexe"

Im Märchen BRÜDERCHEN UND SCHWESTERCHEN, der Nummer 11 der Kinder- und Hausmärchen, haben wir es wieder mit einem Zaubermärchen der Gruppe „Übernatürliche oder verzauberte Verwandte" (ATU 450) zu tun.

In den Anmerkungen geben die Brüder Grimm zwei Erzählungen „aus den Maingegenden, die sich vervollständigen" als Quellen an. Ebenfalls in den Anmerkungen enthalten ist eine Variante, die von Hans Rudolf (von) Schröter (1798-1842) beigesteuert wurde. Schröter war ein in Hannover geborener Bibliothekar und Altertumsforscher, der sich besonders um die großherzogliche Altertumssammlung in Ludwigslust verdient machte.

In dieser Erzählung wird auch das Schwesterchen von der Stiefmutter verwandelt, in eine Ente nämlich. Es entspinnt sich ein Dialog in Versform zwischen den Geschwistern – Brüderchen möchte errettet werden, Schwesterchen bittet um Geduld. Auch nach den Lieben fragt das verzauberte Mädchen in Form eines Verses. In der Küche spricht es zum Koch die Worte:

„Was machen meine Mädchen, spinnen sie noch?
Was macht mein Glöckchen, klingt es noch?
Was macht mein kleiner Sohn, lacht er noch?"

Der Koch antwortet:

„Deine Mädchen spinnen nicht mehr,
dein Glöckchen klingt nicht mehr,
dein kleiner Sohn weint allzusehr."

Auffällig ist in diesem Märchen der häufige Bezug zur Frömmigkeit in der Figur des Schwesterchens, das einen starken Gegenpol zur bösen Stiefmutter darstellt. Vergleicht man die Fassungen der Ausgaben von 1812 und 1857, sieht man, dass dieser Gegensatz im Laufe der Zeit von Wilhelm Grimm noch stärker herausgearbeitet wurde (in der ersten Ausgabe beruft sich Schwesterchen nur zu Beginn auf Gott).

Die Stiefmutter ist in der späteren Version noch wesentlich „hexenartiger" dargestellt, als in der von 1812. Sie geht den Kindern nicht mehr bloß nach, sondern schleicht, wie Hexen es tun und schafft nicht mehr nur eine verwunschene Quelle, sondern verwünscht gleich sämtliche Quellen im Wald.

Ihr und der hässlichen Tochter wird in der Fassung von 1857 mehr Raum gegeben. Das Ende der beiden Bösewichte ist allerdings in beiden Versionen gleich.

Die Fassung des Märchens in der ersten Ausgabe der KHM ist wesentlich rudimentärer. Brüderchen trinkt gleich von der einen Quelle, die die Stiefmutter hergezaubert hat und wird verwandelt und der König stößt auf der Jagd schlicht auf Mädchen und Reh, die im Wald in einer Höhle leben und nimmt beide mit.

Die Jagdepisode scheint, laut den Anmerkungen einer der beiden zugrundeliegenden Erzählungen gefehlt zu haben. Die drei Quellen, die Brüderchen in unterschiedliche Tiere zu verwandeln drohen, sind als Motiv im Anhang zur Ausgabe von 1812 zu finden, mit dem Hinweis, das diese Geschichte nur als Fragment bekannt sei.

Auch an diesem Märchen kann man die Bearbeitungsschritte der Märchensammler gut ablesen, die nicht nur sprachlich, sondern auch inhaltlich erst den Kanon und die Erzählungen geschaffen haben, die uns heute als so selbstverständlich erscheinen.

Was macht die Stiefmutter böse

*W*ieso tun Menschen böse Dinge? Diese Frage bewegte wohl schon immer den Menschen. Und sie ist bis in unsere Tage aktuell. Die moderne Psychologie hat hierfür im Grunde zwei große Modelle, die einander mehr oder weniger unversöhnlich gegenüber stehen.

Auf der einen Seite gibt es diejenigen Psychologen, die behaupten, dass jeder von uns dazu in der Lage und Willens wäre, etwas Böses zu tun, wenn nur der Rahmen entsprechend wäre. Sie berufen sich dabei unter anderem auf einen Versuch zum Autoritätsgehorsam, bei der die überwiegende Anzahl der Versuchspersonen bereit gewesen wäre selbst tödliche Stromschläge einer ihnen unbekannten Dritten Person zuzufügen, wenn der Versuchsleiter eben dies (aus gutem Grund) verlangte[1]. In einem anderen bekannten Versuch steckte der US-Psychologe seine Versuchspersonen in ein gefaktes Gefängnis, teilte sie zufällig in Häftlinge und Wärter auf, und musste schließlich den Versuch abbrechen, weil die Wärter die Häftlinge anfingen massiv zu misshandeln. Gerade Zimbardo formte in den Folgejahren ein Modell, das im Kern besagt, dass jeder zu einer Bestie werden kann und wandte dies unter anderem auf den unsagbar brutalen Völkermord in Ruanda an. Dabei erschienen ihm als Schlüssel zu diesen Situationen die Entmenschlichung des Gegenübers, autoritäre Strukturen und Klarheit der Anweisungen.

Auf der anderen Seite glaubt man, dass es etwas gibt, das Menschen unterscheidet, und einige Menschen zu bösen Taten treibt, andere nicht. Anders als religiös verwurzelte Personen glauben Psychologen dabei nicht an so etwas wie einen Seele, die vom Teufel verdorben wird, sondern sprechen generell von der individuellen Persönlichkeit. Diese besteht wiederum aus verschiedenen Persönlichkeitseigenschaften, die, so der statistische Glaube[2], normal verteilt sind. Das bedeutet eine mittlere Ausprägung einer Persönlichkeitseigenschaft ist am häufigsten, genau genommen zu knapp 67% vorhanden. Diejenigen Personen, die eine Ausprägung in den extremsten knapp 5% haben, gelten uns dann als psychisch gestört. Und eine solche Persönlichkeitseigenschaft soll auch die „Psychopathie" sein, die sich eben genau durch das auszeichnet, was „dem Bösen" am nächsten kommt: die Unfähigkeit, die eigenen Bedürfnisse unterzuordnen, bei

---

[1] Um auch mal einen Namen fallen zu lassen: es geht hier um die Untersuchungen von Stanley Milgram zum Autoritätsgehorsam.
[2] Und viel mehr als ein Glaube ist es tatsächlich nicht. Allerdings wollen wir hier nicht in der Frage danach abgleiten, welche Verknüpfungen zwischen Mathematik, hier: Statistik, und der Realität angenommen werden dürfen und welche nicht. Halten wir einfach fest: es ist nicht so einfach, wie viele denken.

maximaler Bereitschaft, sich sein Verlangen zu erfüllen, koste es (die Anderen), was es wolle, gepaart mit emotionaler Kälte und der Fähigkeit, große Brutalität anzuwenden.

In gewisser Weise haben wir hier einen Streit, den wir öfter in der Psychologie finden, nämlich ob Anlage oder Umwelt das Wesen eines Menschen bestimmt. Was aber hat das mit dem Märchen „Brüderchen und Schwesterchen" zu tun? Vielleicht ja nichts, ich glaube aber schon einiges. (Sonst hätte ich Ihnen die ersten beiden Absätze ja wohl kaum zugemutet.)

Ausgangspunkt meiner Überlegungen war: was ist denn bitte die Stiefmutter für eine doofe Person? Dann fiel mir auf, dass wir über den Vater des Geschwisterpaares gar nichts erfahren. Wirklich nichts. Wir erfahren lediglich, dass die Stiefmutter eine eigene Tochter hatte, die „hässlich war wie die Nacht, und nur ein Auge" hatte. Nun, Schönheit liegt sicherlich im Auge[3] des Betrachters, und davon hat die eben jene Tochter ja nur eines[4], wir wissen auch nicht, was mit dem anderen Auge der Tochter passiert ist. Allerdings wirkt es aus unserem heutigen Blickwinkel[5] als genetische Komponente, die die Tochter von ihrer bösen Mutter erhalten hat. Also: kein Wort zum Vater. Interessant ist auch, dass die Motivation der Stiefmutter eine andere ist, als bei HÄNSEL UND GRETHEL. Dort werden zwei Kinder ausgesetzt, weil das Essen nicht für alle reichte, auch hier haben wir es mit einer Stiefmutter zu tun[6]. Während dort jedoch die Stiefmutter und der Vater selbst mit ihrer Entscheidung zu kämpfen haben, liegt der Fall bei BRÜDERCHEN UND SCHWESTERCHEN ganz anders. Wir erfahren, dass die Stiefmutter eine böse Hexe ist, die nachhaltig schaden will – aus „Neid und Mißgunst". Sie scheint also nicht anders zu können, als böse zu handeln, ein Charakterzug, den wir bei Hexen im Märchen fast ausschließlich antreffen.

Die Aussage ist klar: es gibt Menschen, die sind einfach nur schlecht. Und auch ihre Nachkommenschaft ist zwangsläufig schlecht. Sie können einfach nicht aus „ihrer Haut", oder wie wir heute sagen würden: sie tragen stabile Persönlichkeitseigenschaften in sich, die sie vielleicht ein kleines Stückchen, aber nie grundlegend ändern können. Solchen Straftätern attestieren wir heute „schädliche Neigungen", sie gelten vielen als untherapierbar und werden immer noch „in Sicherungsverwahrung" gebracht. Medien sprechen von ihnen als „Bestien", Politiker fordern immer wieder drakonische Strafen für sie. Insofern dürfte das Ende des Märchens manch ein konservatives Politikerherz höher schlagen las-

---

[3] Mir ist der Kalauer bewusst, ich will ihn aber nicht betonen.
[4] Jetzt habe ich ihn doch genutzt.
[5] Genug der Wortspiele zu Sehorganen. Werden wir wieder ernster.
[6] Was angesichts der hohen Sterblichkeitsrate im Kindbett über Jahrhunderte ein deutlich wahrscheinlicheres Szenario war, als es in unserer Zeit ist.

sen: die beiden Frauen, Stiefmutter und Tochter, entmenschlicht als Hexe und deren Nachkommenschaft betrachtet werden getötet, aber auch nicht „einfach so". Vielmehr bemüht sich der Geschichtenerzähler zu betonen, dass „beide vor Gericht" geführt wurden. Scheinbar war es Menschen stets wichtig zu betonen, wo eigentlich der Unterschied zwischen einem Mord aus niederen Beweggründen und der Tötung von Staatswegen liegt.

Dass das Märchen generell die Idee einer gegebenen Persönlichkeitsausprägung vertritt, sieht man auch an einer anderen Stelle: die Jagd auf das Reh/ den Bruder. Im ersten Moment fragte ich mich, wieso denn bitte der Bruder/ das Reh nicht einfach seine Hufe still hält und gefälligst im Haus bleibt, wenn die Jagd läuft. Schließlich wissen er und die Schwester doch um die Gefahr. Die Antwort: weil es in seiner Natur liegt. Das Reh scheint das unbändige Bedürfnis zu haben an der Jagd teilzunehmen, auch wenn es seinen Tod bedeuten kann, sonst stürb es „vor Betrübnis".

Und schließlich haben wir auch zu Beginn des Märchens erlebt, dass es angeborene Bedürfnisse zu geben scheint, die man nicht einfach überwinden kann. So schafft es das Brüderchen zwar zweimal auf das Trinken zu verzichten, doch muss einfach beim dritten Mal trinken[7]. Kleines Detail am Rande: das Zurückstellen der eigenen Bedürfnisse glückt nur dem Mann nicht, implizit wird hier die Werthaltung vermittelt, dass eben auch dies gegen die Natur des Mannes wäre.

Anders als wir mittlerweile aus den Versuchen von Milgram, Zimbardo und Co wissen, lehrt dieses Märchen also nur den Ansatz, dass es das Böse gibt, weil es böse Menschen gibt und diese im Zweifel eben selbst keine Menschen sind, sondern bspw. Hexen. Der Vorteil dieser Sichtweise ist der, dass man eine einfache Trennlinie dafür hat, wer gut ist und wer böse. Gut ist der, der Gutes tut. Dieses simple Credo wird dann noch in einen religiösen Rahmen, wenn auch nur sehr halbherzig, eingebunden, und schließlich werden sowohl Brüderchen als auch Schwesterchen von ihrem Leid erlöst.

---

[7] Wir können übrigens froh sein, dass das Geschwisterpaar die Brunnen nicht in einer anderen Reihenfolge aufgesucht hat, sonst hätten wir danach kein Schwesterchen mehr gehabt, das einen König hätte ehelichen können.

3. Rapunzel

Es war einmal ein Mann und eine Frau, die wünschten sich schon lange vergeblich ein Kind, endlich machte sich die Frau Hoffnung der liebe Gott werde ihren Wunsch erfüllen. Die Leute hatten in ihrem Hinterhaus ein kleines Fenster, daraus konnte man in einen prächtigen Garten sehen, der voll der schönsten Blumen und Kräuter stand; er war aber von einer hohen Mauer umgeben, und niemand wagte hinein zu gehen, weil er einer Zauberin gehörte, die große Macht hatte und von aller Welt gefürchtet ward. Eines Tags stand die Frau an diesem Fenster und sah in den Garten hinab, da erblickte sie ein Beet, das mit den schönsten Rapunzeln bepflanzt war: und sie sahen so frisch und grün aus, daß sie lüstern ward und das größte Verlangen empfand von den Rapunzeln zu essen. Das Verlangen nahm jeden Tag zu, und da sie wußte daß sie keine davon bekommen konnte, so fiel sie ganz ab, sah blaß und elend aus. Da erschrack der Mann und fragte „was fehlt dir, liebe Frau?" „Ach," antwortete sie, „wenn ich keine Rapunzeln aus dem Garten hinter unserm Hause zu essen kriege, so sterbe ich." Der Mann, der sie lieb hatte, dachte „eh du deine Frau sterben lässest, holst du ihr von den Rapunzeln, es mag kosten was es will." In der Abenddämmerung stieg er also über die Mauer in den Garten der Zauberin, stach in aller Eile eine Hand voll Rapunzeln und brachte sie seiner Frau. Sie machte sich sogleich Salat daraus und aß sie in voller Begierde auf. Sie hatten ihr aber so gut, so gut geschmeckt, daß sie den andern Tag noch dreimal so viel Lust bekam. Sollte sie Ruhe haben, so mußte der Mann noch einmal in den Garten steigen. Er machte sich also in der Abenddämmerung wieder hinab, als er aber die Mauer herabgeklettert war, erschrack er gewaltig, denn er sah die Zauberin vor sich stehen. „Wie kannst du es wagen," sprach sie mit zornigem Blick, „in meinen Garten zu steigen und wie ein Dieb mir meine Rapunzeln zu stehlen? das soll dir schlecht bekommen." „Ach," antwortete er, „laßt Gnade für Recht ergehen, ich habe mich nur aus Noth dazu entschlossen: meine Frau hat eure Rapunzeln aus dem Fenster erblickt, und empfindet ein so großes Gelüsten, daß sie sterben würde, wenn sie nicht davon zu essen bekäme."
Da ließ die Zauberin in ihrem Zorne nach und sprach zu ihm „verhält es sich so, wie du sagst, so will ich dir gestatten

Rapunzeln mitzunehmen so viel du willst, allein ich mache eine Bedingung: du mußt mir das Kind geben, das deine Frau zur Welt bringen wird. Es soll ihm gut gehen, und ich will für es sorgen wie eine Mutter." Der Mann sagte in der Angst alles zu, und als die Frau in Wochen kam, so erschien sogleich die Zauberin, gab dem Kinde den Namen Rapunzel und nahm es mit sich fort.

Rapunzel ward das schönste Kind unter der Sonne. Als es zwölf Jahre alt war, schloß es die Zauberin in einen Thurm, der in einem Walde lag, und weder Treppe noch Thüre hatte, nur ganz oben war ein kleines Fensterchen. Wenn die Zauberin hinein wollte, so stellte sie sich unten hin, und rief

*"Rapunzel, Rapunzel,
laß mir dein Haar herunter."*

Rapunzel hatte lange prächtige Haare, fein wie gesponnen Gold. Wenn sie nun die Stimme der Zauberin vernahm, so band sie ihre Zöpfe los, wickelte sie oben um einen Fensterhaken, und dann fielen die Haare zwanzig Ellen tief herunter, und die Zauberin stieg daran hinauf.

Nach ein paar Jahren trug es sich zu, daß der Sohn des Königs durch den Wald ritt und an dem Thurm vorüber kam. Da hörte er einen Gesang, der war so lieblich, daß er still hielt und horchte. Das war Rapunzel, die in ihrer Einsamkeit sich die Zeit damit vertrieb, ihre süße Stimme erschallen zu lassen. Der Königssohn wollte zu ihr hinaufsteigen und suchte nach einer Thüre des Thurms, aber es war keine zu finden. Er ritt heim, doch der Gesang hatte ihm so sehr das Herz gerührt, daß er jeden Tag hinaus in den Wald gieng und zuhörte. Als er einmal so hinter einem Baum stand, sah er daß eine Zauberin heran kam und hörte wie sie hinauf rief

*"Rapunzel, Rapunzel,
laß dein Haar herunter."*

Da ließ Rapunzel die Haarflechten herab, und die Zauberin stieg zu ihr hinauf. „Ist das die Leiter, auf welcher man hinauf kommt, so will ich auch einmal mein Glück versuchen." Und den folgenden Tag, als es anfieng dunkel zu werden, gieng er zu dem Thurme und rief

*"Rapunzel, Rapunzel,
laß dein Haar herunter."*

Alsbald fielen die Haare herab und der Königssohn stieg hinauf.

Anfangs erschrack Rapunzel gewaltig als ein Mann zu ihr herein kam, wie ihre Augen noch nie einen erblickt hatten, doch der Königssohn fing an ganz freundlich mit ihr zu reden und erzählte ihr daß von ihrem Gesang sein Herz so sehr sei bewegt worden, daß es ihm keine Ruhe gelassen, und er sie selbst habe sehen müssen. Da verlor Rapunzel ihre Angst, und als er sie fragte ob sie ihn zum Manne nehmen wollte, und sie sah daß er jung und schön war, so dachte sie „der wird mich lieber haben als die alte Frau Gothel," und sagte ja und legte ihre Hand in seine Hand. Sie sprach „ich will gerne mit dir gehen, aber ich weiß nicht wie ich herab kommen kann. Wenn du kommst, so bring jedesmal einen Strang Seide mit, daraus will ich eine Leiter flechten und wenn die fertig ist, so steige ich herunter und du nimmst mich auf dein Pferd." Sie verabredeten daß er bis dahin alle Abend zu ihr kommen sollte, denn bei Tag kam die Alte. Die Zauberin merkte auch nichts davon, bis einmal Rapunzel anfieng und zu ihr sagte „sag sie mir doch, Frau Gothel, wie kommt es nur, sie wird mir viel schwerer heraufzuziehen, als der junge Königssohn, der ist in einem Augenblick bei mir." „Ach du gottloses Kind," rief die Zauberin, „was muß ich von dir hören, ich dachte ich hätte dich von aller Welt geschieden, und du hast mich doch betrogen!" In ihrem Zorne packte sie die schönen Haare der Rapunzel, schlug sie ein paar mal um ihre linke Hand, griff eine Scheere mit der rechten, und ritsch, ratsch, waren sie abgeschnitten, und die schönen Flechten lagen auf der Erde. Und sie war so unbarmherzig daß sie die arme Rapunzel in eine Wüstenei brachte, wo sie in großem Jammer und Elend leben mußte.

Denselben Tag aber, wo sie Rapunzel verstoßen hatte, machte Abends die Zauberin die abgeschnittenen Flechten oben am Fensterhaken fest, und als der Königssohn kam und rief

    „Rapunzel, Rapunzel,
    laß dein Haar herunter,"

so ließ sie die Haare hinab. Der Königssohn stieg hinauf, aber er fand oben nicht seine liebste Rapunzel, sondern die Zauberin, die ihn mit bösen und giftigen Blicken ansah. „Aha," rief sie höhnisch, „du willst die Frau Liebste holen, aber der schöne Vogel sitzt nicht mehr im Nest und singt nicht mehr, die Katze hat ihn geholt und wird dir auch noch die Augen auskratzen. Für dich ist Rapunzel verloren, du wirst sie nie wieder erblicken." Der Königssohn gerieth außer sich vor Schmerz, und in der Verzweiflung sprang er den Thurm herab: das Leben brachte er davon, aber die Dornen, in die er fiel, zerstachen ihm die Augen. Da irrte er blind im Walde umher, aß nichts als Wurzeln und Beeren, und that nichts als jammern und weinen über den Verlust seiner liebsten Frau. So wanderte er einige Jahre im Elend umher und gerieth endlich in die Wüstenei, wo Rapunzel mit den Zwillingen, die sie geboren hatte, einem Knaben und Mädchen, kümmerlich lebte. Er vernahm eine Stimme, und sie däuchte ihn so bekannt: da gieng er darauf zu, und wie er heran kam, erkannte ihn Rapunzel und fiel ihm um den Hals und weinte. Zwei von ihren Thränen aber benetzten seine Augen, da wurden sie wieder klar, und er konnte damit sehen wie sonst. Er führte sie in sein Reich, wo er mit Freude empfangen ward, und sie lebten noch lange glücklich und vergnügt.

Feldsalat, Feldsalat, lass dein Haar herunter...

Am allermeisten begehrt der Mensch das, was er nicht haben kann. Das könnte der Untertitel des Märchens von RAPUNZEL sein, das an Stelle 12 der Kinder- und Hausmärchen steht. Das Zaubermärchen gehört mit der Nummer 310 zu denen der Gruppe „Übernatürliche Gegenspieler" und hat im Verlauf der verschiedenen Ausgaben der KHM so einiges an Bearbeitung durch Wilhelm Grimm erfahren.

Los geht es aber mit einigen Erklärungen zum merkwürdigen Namen der Titelheldin. Bei den Brüdern Grimm lautet der Name – sonnenklar – RAPUNZEL und damit ist das arme gefangene Mädchen im Turm nach dem Kraut benannt, das seinen Eltern zum Verhängnis wurde. Viele wissen heute gar nicht mehr, dass Rapunzel eine der vielen Bezeichnungen für den Gewöhnlichen Feldsalat (Valerianella locusta) ist. Die Pflanze ist in Österreich z. B. auch als „Vogerlsalat" bekannt und gehört zur Unterfamilie der Baldriangewächse. Als Salat zubereitet ist das Ganze tatsächlich ziemlich lecker, doch darum geht es hier eigentlich nicht. Die Rapunzeln (in den französischen und italienischen Vorlagen, zu denen wir noch kommen, ist es Petersilie) stehen für die Gelüste einer schwangeren, der sowohl die Betroffene, als auch der Ehemann hilflos gegenüberstehen.

Es gibt noch zwei weitere Pflanzen, die im Volksmund als Rapunzeln bezeichnet werden. Zum einen die Rapunzel-Glockenblume (Campanula rapunculus), deren Blätter und Wurzeln schmackhaft sind und verzehrt werden können. Die Glockenblume mit den hübschen blauen Blüten ist in West-, Mittel- und Süddeutschland verbreitet. Im Mittelalter wurde sie regelrecht als Küchenpflanze angebaut oder auch gesammelt. Da sie ebenfalls als Salat zubereitet werden kann, kommt sie als Pate für die Pflanze in Betracht, zumal das Wort Rapunzel auf das lateinische „rapunculus", also Rübchen zurückgeht. Weniger wahrscheinlich ist es dennoch, dass mit Rapunzel die „Teufelskralle" gemeint ist, obwohl auch sie verdickte, rübenartige Wurzeln hat.

Welche Pflanze es auch immer ist, nach der sich die Schwangere verzehrt, sie wächst auf jeden Fall im Nachbargarten und ist damit unerreichbar. Während es in der KHM-Fassung von 1812 noch über den Garten heißt

> Diese Leute hatten in ihrem Hinterhaus ein kleines Fenster, daraus konnten sie in den Garten einer Fee sehen, der voll von Blumen und Kräutern stand, allerlei Art, keiner aber durfte es wagen, in den Garten hineinzugehen.

haben wir in der späteren Fassung zusätzlich zur Gefahr durch die Besitzerin, die eine Zauberin ist, noch eine Mauer, die den Garten umschließt. Doch das ist nicht die delikateste aller Änderungen, die Wilhelm Grimm im Laufe der Zeit vorgenommen hat. Aber bevor wir dazu kommen, soll noch schnell der Name der Zauberin erklärt werden. Die strenge Herrin des Gartens und Turms wird im Märchen von Rapunzel als „Frau Gothel" bezeichnet. Und das Wort „Gothel" wiederum geht wohl auf das süddeutsche „Godel" zurück und meint nichts anderes als Patin. Soweit so gut.

Die schöne Rapunzel ist 1812 noch ganz die naive Verführerin, die zwar vor dem Anblick des Überraschungsgastes erschrickt, den jungen Mann aber dann ganz attraktiv findet. Er gefällt ihr so gut, „daß sie mit ihm verabredete, er solle alle Tage kommen und hinaufgezogen werden. So lebten sie lustig und in Freuden eine geraume Zeit, und die Fee kam nicht dahinter". Der junge Prinz und das schöne Mädchen leben also in wilder Ehe, wenn man so will.

Wie auch in der hier abgedruckten Version von 1857 bekommt die Hexe dann doch irgendwann mit, was da läuft und in beiden Fassungen geschieht das, weil sich Rapunzel in ihrer Naivität (oder Dummheit) verplappert.

Interessant ist jedoch, dass sie in der Ausgabe von 1812 zur Fee meint: „sag' sie mir doch Frau Gothel, meine Kleiderchen werden mir so eng und wollen nicht mehr passen." Damit ist allen außer Rapunzel klar, was passiert ist. Das Mädel ist schwanger geworden. Der Ausgang freilich ist der gleiche, sie wird in die Wüste, äh, Wildnis geschickt, wo sie ihre Zwillinge bekommt. Mit dem vorherigen Hinweis auf die Schwangerschaft kommt das dann auch nicht mehr so plötzlich für den Leser bzw. Hörer. Und der Prinz wird ebenfalls von der Fee bestraft, bevor sich die beiden Liebenden wiederfinden.

Mit der Einführung von Heiratsversprechen, Frömmigkeit und Streichung der Schwangerschaftshinweise hat mal wieder die bürgerliche Moral bei der Umarbeitung der Märchen zugeschlagen. Und natürlich der Wunsch Wilhelms, die Geschichten für Kinder passender zu gestalten.

Laut den Anmerkungen halten sich die Brüder Grimm bei der Aufzeichnung des Märchens an eine Fassung von Friedrich Schulz aus seinen „Kleinen Romanen", vermuten aber, dass hinter dem Ganzen eine mündliche Erzählung steckt. Wenn es ein rein schriftliches Phänomen gewesen wäre, hätte es ja eigentlich auch in der Sammlung von Volksmärchen nichts zu suchen gehabt. Schulz wiederum, so stellt Max Lüthi fest[1], übernimmt fast vollständig eine französische Version, nämlich *Persinette* von Charlotte-Rose de Caumont de La Force. Diese Erzählung stammt aus dem Jahr 1697. Mademoiselle de La Force behauptete steif und fest,

---

[1] Vgl. Lüthi, Max, „Die Herkunft des Grimmschen Rapunzelmärchens", in: Fabula Band 3, Heft 1 (Jan 1960) Vgl. Lüthi, Max, „Die Herkunft des Grimmschen Rapunzelmärchens", in: Fabula Band 3 Heft 1 (Jan 1960)

dass sie die Urheberin der Geschichte sei, viel eher hat sie sich jedoch bei Giambattista Basile und seinem *Pentamerone* von 1634 bedient. Dort gibt es die Geschichte der *Petrosinella*, die als frühes Rapunzel gehandelt wird. Die Grundlage für all diese Erzählungen bietet jedoch ein französisches Volksmärchen.

Wie der Name schon vermuten lässt und wie es ja auch schon anklang, ist die besagte Pflanze in diesen beiden Fällen die Petersilie. Basiles Geschichte ist wesentlich launiger erzählt, als das Märchen, das wir heute aus den KHM kennen. Die Begegnung des Prinzen mit Petrosinella soll an dieser Stelle Ihnen, liebe Leser, nicht vorenthalten werden.

> So geschah es nun einmal, daß, als Petrosinella eines Tages während der Abwesenheit der Hexe den Kopf aus jener Öffnung hinaussteckte und ihre Flechten in der Sonne erglänzen ließ, der Sohn eines Prinzen vorüberkam, welcher beim Anblick dieser zwei goldenen Standarten, welche die Herzen zur Anwerbung unter Amors Fahnen herbeiriefen, und des unter den herrlich schimmernden Wellen hervorschauenden Sirenenangesichts sich in so hohe Schönheit auf das sterblichste verliebte. Nachdem er ihr nun eine Bittschrift von Seufzern zugesandt, wurde von ihr beschlossen, ihn zu Gnaden anzunehmen, und der Handel ging so rasch vonstatten, daß der Prinz freundliches Kopfnicken und Kußhände, verliebte Blicke und Verbeugungen, Danksagungen und Anerbietungen, Hoffnungen und Versprechungen, kosende Worte und Schmeicheleien in großer Menge zugeworfen erhielt. Als sie dies aber so mehrere Tage wiederholt hatten, wurden sie dermaßen miteinander vertraut, daß sie eine nähere Zusammenkunft miteinander verabredeten, und zwar sollte diese des Nachts, wann der Mond mit den Sternen Verstecken spielte, stattfinden, Petrosinella aber der Hexe einen Schlaftrunk eingeben und den Prinzen mit ihren Haaren emporziehen. Sobald dieser Verabredung gemäß die bestimmte Stunde erschienen war und der Prinz sich nach dem Turm begeben hatte, senkten sich auf einen Pfiff von ihm die Flechten herab, welche er rasch mit beiden Händen ergriff und nun rief: »Zieh!« Oben angelangt, kroch er durch das Fensterchen in die Stube, genoß in reichem Maß von jener Petersilienbrühe Amors und stieg, ehe noch der Sonnengott seine Rosse durch den Reifen des Tierkreises springen lehrte, wieder auf der nämlichen Goldleiter hinab, um nach Hause zurückzukehren.

Von Heiratsbekundungen ist bei Basile keine Rede, stattdessen gibt es ein dezentbarockes, vergnügliches Stelldichein. Allerdings fehlt auch der Hinweis auf eine Schwangerschaft der Heldin. In der italienischen Version wird das junge Paar von einer „Gevatterin" verpfiffen, kann aber durch eine List aus dem Turm fliehen.

Die Hexe verfolgt die beiden und wird von ihnen mit Hilfe von drei entwendeten Galläpfeln, die sich, wenn geworfen, in wilde Tiere verwandeln, aufgehalten.

Die Motive des Märchens, zum einen das Weggeben des ungeborenen Kindes, um Schwangerschaftsgelüste zu befriedigen oder Wünsche erfüllt zu bekommen, zum anderen die „Jungfrau" im Turm, sind in wesentlich älteren Erzählungen ganz unterschiedlicher Kulturkreise zu finden.

Ersteres spielt zum Beispiel in einer altnordeuropäischen Geschichte von Odin und Signy eine zentrale Rolle. Die schwangere Signy verspricht dem Gott ihr Kind als Gegenleistung für die Fähigkeit, das beste Bier brauen zu können. Auch in vielen anderen Märchen kommt das Motiv vor, man denke da nur an Rumpelstilzchen.

Das Motiv „Jungfrau im Turm", unter dem RAPUNZEL auch im Aarne-Thompson-Uther-Index gelistet ist, taucht bereits in der griechischen Mythologie auf. Der König Akrisios fürchtet einen Orakelspruch, nach dem er keine männlichen Erben haben würde, sein Enkel ihm aber zum Verhängnis werde. Daraufhin sperrt er seine Tochter Danae in ein Verließ bzw. einen Turm, um auf Nummer sicher zu gehen. Zeus entbrennt jedoch in Liebe zu dem Mädchen und verschafft sich trotz des Hindernisses – ganz romantisch als goldener Regen – Zugang zu ihr. Aus der Verbindung geht Perseus hervor.

RAPUNZEL ist ein schönes Beispiel dafür, dass die Märchen der Brüder Grimm nicht ursprünglich und in erster Linie für Kinder bestimmt waren. Zu den Geschichten für die netten Kleinen mussten sie erst noch durch Wilhelms (äußerst erfolgreiche) Überarbeitung gemacht werden.

Liebe heilt ausgestochene Augen

Die wichtigste Frage vorweg: was ist eine Rapunzel. Ich wusste es nicht. Es ist schlicht eine bestimmte Salatart. Und wuchs also im Garten einer Hexe. Falsch, einer Zauberin. Es ist interessant, dass die Alte in diesem Märchen nicht als Hexe sondern als Zauberin bezeichnet wird, denn dadurch erschließt sich die Möglichkeit sie nicht rundherum böse finden zu müssen. So erklärt sich wohl auch, dass die Eltern Rapunzel[2] ohne Murren und Knurren abgeben als sie zwölf wird. Keine dramatischen Rettungsversuche, kein schlechtes Gewissen über den seltsamen Deal „Kind gegen Salat". Amüsant, wenn auch gänzlich unpsychologisch, finde ich im Übrigen die Tatsache, dass in gewisser Weise hier berichtet wird, dass Frauen, so schwanger, seltsame Verlangenszustände entwickeln und ihre Männer gut daran tun, eben jenen zu entsprechen.

Dass Rapunzel im Alter von gerade zwölf Jahren in ihren Turm verfrachtet wird, kann sicherlich eine wunderbare Zahlensymbolik sein, aber nicht nur dem Entwicklungspsychologen dämmert, dass das Mädchen vor ihrer ersten Regel, oder um ein Fremdwort einzuschmeissen, ihrer Menarche, ihr neues und sicher abgeschlossenes Heim bezieht. Übrigens: während Rapunzel sich Gedanken darüber macht, wie sie aus dem Turm herausgelangt, scheint sie nicht der Frage nachgegangen zu sein, wie sie erstmal in den Turm hineingelangt ist – aber das nur am Rande. Rapunzel ist aber nicht nur „das schönste Kind unter der Sonne", sondern leider auch nicht die hellste Kerze auf der Torte. Oder wie wäre sonst zu erklären, dass sie ihrer Ziehmutter verrät, dass sie regelmäßigen Besuch von einem Königssohn bekommt? Vielleicht so, dass Rapunzel weiß, dass sie gegen die Regeln und Konventionen verstoßen hat, immerhin zeigt die folgende Geburt ihrer Kinder, dass sie nicht nur unverheiratet mit dem Königssohn zusammen gesungen hat. Deswegen überrascht es auch nicht, dass die Zauberin von ihr als „gottloses" Kind spricht, wiederum ein Satz, den man einer bösen Hexe nicht abgenommen hätte.

Wir lernen bis hierher also: ein Vertrag ist ein Vertrag. Halte dich an das, was dir die Erwachsenen sagen. Lass als junges Mädchen nicht einfach jemanden in deinen Turm[3]. Wenn Du es doch tust, droht dir Rache und Strafe.

Aber eben nicht nur dem Mädchen. Und an dieser Stelle ist das Märchen aus

---

[2] Das Mädchen, nicht der Salat.
[3] Ich denke, Sie lieber Leser, sind mühelos in der Lage, dies als Metapher für einen durchaus sexuellen Akt zu verstehen. Wenn nicht: dafür wurde diese Fußnote geschrieben.

heutiger Sicht überraschend unsexistisch. Anders als wir gerne oft suggerieren, wird das Ganze eben nicht nur der Frau angelastet (Verbannung in die Wüste) sondern auch der Mann bekommt seine Strafe (Augen ausgestochen).

Wieso aber das Happy End?

Weil es ein Märchen ist, mögen Sie nun entgegnen. Ok, sage ich, aber was ist die Message hinter diesem Happy End? Gibt es ein psychologisches Motiv? Und ich meine eines gefunden zu haben.

Denn wir alle begehen Fehler. Und es steht uns gut an, für diese Fehler zu leiden – zumindest in einer Geschichte, die eine bestimmte Moral vermitteln soll. Und schauen wir einmal genauer hin, was der Königssohn tut, nachdem ihm die Augen ausgestochen wurden und Rapunzel in die Wüstenei gebracht wurde. Er gibt nicht auf, er zieht sich nicht auf seinen Königshof zurück und versucht dort irgendwie mit seiner Lage klar zu kommen. Nein, er „tat nichts als Jammern und Weinen über den Verlust seiner liebsten Frau". Wohlgemerkt, er jammert nicht über den Verlust seiner Sehfähigkeit. Er trauert um sie, nicht um sich. Und er erkennt sie schließlich an ihrer Stimme, nicht an ihrem Aussehen. Ich sehe darin ein selbstloses Bekenntnis des Edelmannes zu den inneren Werten seiner Geliebten.

Und eben jenes wird belohnt.

Wahre Liebe, so kann die Aussage vielleicht gedeutet werden, findet sich nicht immer in den gesellschaftlich konventionell akzeptierten Rahmen – zumal diese befremdlich sein können, so wie ein Leben im Turm nicht wirklich ein dauerhaft tragfähiges Konzept ist. Dies fällt aber den Wächtern des Status quo schwer zu akzeptieren. In jedem Fall ist die Liebe aber nur dann wahr, wenn sie die resultierenden Widrigkeiten in Kauf nimmt, und man nicht aufhört füreinander zu fühlen und sich umeinander zu sorgen, wenn es ernste Probleme gibt. Dann, und nur dann, wartet am Ende die Erfüllung, die Erlösung, das „lange glücklich und vergnügt[e]" Leben.

Insofern ist RAPUNZEL ein Appell gegen den Egoismus in Beziehungen – und das gefällt natürlich einem Psychologen wie mir, der zwar nicht jede Salatart kennt, aber weiß, dass es stets besser ist sich um den Anderen zu sorgen, als allein seine eigenen Bedürfnisse zu sehen.

4. Hänsel und Grethel

or einem großen Walde wohnte ein armer Holzhacker mit seiner Frau und seinen zwei Kindern; das Bübchen hieß Hänsel und das Mädchen Grethel. Er hatte wenig zu beißen und zu brechen, und einmal, als große Theuerung ins Land kam, konnte er auch das tägliche Brot nicht mehr schaffen. Wie er sich nun Abends im Bette Gedanken machte und sich vor Sorgen herum wälzte, seufzte er und sprach zu seiner Frau „was soll aus uns werden? wie können wir unsere armen Kinder ernähren, da wir für uns selbst nichts mehr haben?" „Weißt du was, Mann," antwortete die Frau, „wir wollen Morgen in aller Frühe die Kinder hinaus in den Wald führen, wo er am dicksten ist: da machen wir ihnen ein Feuer an und geben jedem noch ein Stückchen Brot, dann gehen wir an unsere Arbeit und lassen sie allein. Sie finden den Weg nicht wieder nach Haus und wir sind sie los." „Nein, Frau," sagte der Mann, „das thue ich nicht; wie sollt ichs übers Herz bringen meine Kinder im Walde allein zu lassen, die wilden Thiere würden bald kommen und sie zerreißen." „O du Narr," sagte sie, „dann müssen wir alle viere Hungers sterben, du kannst nur die Bretter für die Särge hobeln," und ließ ihm keine Ruhe bis er einwilligte. „Aber die armen Kinder dauern mich doch" sagte der Mann.

Die zwei Kinder hatten vor Hunger auch nicht einschlafen können und hatten gehört was die Stiefmutter zum Vater gesagt hatte. Grethel weinte bittere Thränen und sprach zu Hänsel „nun ists um uns geschehen." „Still, Grethel," sprach Hänsel, „gräme dich nicht, ich will uns schon helfen." Und als die Alten eingeschlafen waren, stand er auf, zog sein Röcklein an, machte die Unterthüre auf und schlich sich hinaus. Da schien der Mond ganz helle, und die weißen Kieselsteine, die vor dem Haus lagen, glänzten wie lauter Batzen. Hänsel bückte sich und steckte so viel in sein Rocktäschlein, als nur hinein wollten. Dann gieng er wieder zurück, sprach zu Grethel „sei getrost, liebes Schwesterchen und schlaf nur ruhig ein, Gott wird uns nicht verlassen," und legte sich wieder in sein Bett.

Als der Tag anbrach, noch ehe die Sonne aufgegangen war, kam schon die Frau und weckte die beiden Kinder, „steht auf, ihr Faullenzer, wir wollen in den Wald gehen und Holz holen." Dann gab sie jedem ein Stückchen Brot und sprach „da habt ihr etwas für den Mittag, aber eßts nicht vorher auf, weiter kriegt ihr nichts." Grethel nahm das Brot unter die Schürze, weil Hänsel die Steine in der Tasche hatte. Danach machten sie sich alle zusammen auf den Weg nach dem Wald. Als sie ein Weilchen gegangen waren, stand Hänsel still und guckte nach dem Haus zurück und that das wieder und immer wieder. Der Vater sprach „Hänsel, was guckst du da und bleibst zurück, hab Acht und vergiß deine Beine nicht." „Ach, Vater," sagte Hänsel, „ich sehe nach meinem weißen Kätzchen, das sitzt oben auf dem Dach und will mir Ade sagen." Die Frau sprach „Narr, das ist dein Kätzchen nicht, das ist die Morgensonne, die auf den Schornstein scheint." Hänsel aber hatte nicht nach dem Kätzchen gesehen, sondern immer einen von den blanken Kieselsteinen aus seiner Tasche auf den Weg geworfen.

Als sie mitten in den Wald gekommen waren, sprach der Vater „nun sammelt Holz, ihr Kinder, ich will ein Feuer anmachen, damit ihr nicht friert." Hänsel und Grethel trugen Reisig zusammen, einen kleinen Berg hoch. Das Reisig ward angezündet, und als die Flamme recht hoch brannte, sagte die Frau „nun legt euch ans Feuer, ihr Kinder und ruht euch aus, wir gehen in den Wald und hauen Holz. Wenn wir fertig sind, kommen wir wieder und holen euch ab."

Hänsel und Grethel saßen am Feuer, und als der Mittag kam, aß jedes sein Stücklein Brot. Und weil sie die Schläge der Holzaxt hörten, so glaubten sie ihr Vater wäre in der Nähe. Es war aber nicht die Holzaxt, es war ein Ast, den er an einen dürren Baum gebunden hatte und den der Wind hin und her schlug. Und als sie so lange gesessen hatten, fielen ihnen die Augen vor Müdigkeit zu, und sie schliefen fest ein. Als sie endlich erwachten, war es schon finstere Nacht. Grethel fieng an zu weinen und sprach „wie sollen wir nun aus dem Wald kommen!" Hänsel aber tröstete sie, „wart nur ein Weilchen, bis der Mond aufgegangen ist, dann wollen wir den Weg schon finden." Und als der volle Mond aufgestiegen war, so nahm Hänsel sein Schwesterchen an der Hand und gieng den Kieselsteinen nach, die schimmerten wie neu geschlagene Batzen und zeigten ihnen den Weg. Sie giengen die ganze Nacht hindurch und kamen bei anbrechendem Tag wieder zu ihres Vaters Haus. Sie klopften an die Thür, und als die Frau aufmachte und sah daß es Hänsel und Grethel war, sprach sie „ihr bösen Kinder, was habt ihr so lange im Walde geschlafen, wir haben geglaubt ihr wolltet gar nicht wieder kommen." Der Vater aber freute sich, denn es war ihm zu Herzen gegangen daß er sie so allein zurück gelassen hatte.

Nicht lange danach war wieder Noth in allen Ecken, und die Kinder hörten wie die Mutter Nachts im Bette zu dem Vater sprach „alles ist wieder aufgezehrt, wir haben noch einen halben Laib Brot, hernach hat das Lied ein Ende. Die Kinder müssen fort, wir wollen sie tiefer in den Wald hineinführen, damit sie den Weg nicht wieder heraus finden; es ist sonst keine Rettung für uns." Dem Mann fiels schwer aufs Herz und er dachte „es wäre besser, daß du den letzten Bissen mit deinen Kindern theiltest." Aber die Frau hörte auf nichts, was er sagte, schalt ihn und machte ihm Vorwürfe. Wer A sagt muß auch B sagen, und weil er das erste Mal nachgegeben hatte, so mußte er es auch zum zweiten Mal.

Die Kinder waren aber noch wach gewesen und hatten das Gespräch mit angehört. Als die Alten schliefen, stand Hänsel wieder auf, wollte hinaus und Kieselsteine auflesen, wie das vorigemal, aber die Frau hatte die Thür verschlossen, und Hänsel konnte nicht heraus. Aber er tröstete sein Schwesterchen und sprach „weine nicht, Grethel, und schlaf nur ruhig, der liebe Gott wird uns schon helfen."

Am frühen Morgen kam die Frau und holte die Kinder aus dem Bette. Sie erhielten ihr Stückchen Brot, das war aber noch kleiner als das vorigemal. Auf dem Wege nach dem Wald bröckelte es Hänsel in der Tasche, stand oft still und warf ein Bröcklein auf die Erde. „Hänsel, was stehst du und guckst dich um," sagte der Vater, „geh deiner Wege." „Ich sehe nach meinem Täubchen, das sitzt auf dem Dache und will mir Ade sagen," antwortete Hänsel. „Narr," sagte die Frau, „das ist dein Täubchen nicht, das ist die Morgensonne, die auf den Schornstein oben scheint." Hänsel aber warf nach und nach alle Bröcklein auf den Weg.

Die Frau führte die Kinder noch tiefer in den Wald, wo sie ihr Lebtag noch nicht gewesen waren. Da ward wieder ein großes Feuer angemacht, und die Mutter sagte „bleibt nur da sitzen, ihr Kinder, und wenn ihr müde seid, könnt ihr ein wenig schlafen: wir gehen in den Wald und hauen Holz, und Abends, wenn wir fertig sind, kommen wir und holen euch ab." Als es Mittag war, theilte Grethel ihr Brot mit Hänsel, der sein Stück auf den Weg gestreut hatte. Dann schliefen sie ein, und der Abend vergieng, aber niemand kam zu den armen Kindern. Sie erwachten erst in der finstern Nacht, und Hänsel tröstete sein Schwesterchen und sagte, „wart nur, Grethel, bis der Mond aufgeht, dann werden wir die Brotbröcklein sehen, die ich ausgestreut habe, die zeigen uns den Weg nach Haus." Als der Mond kam, machten sie sich auf, aber sie fanden kein Bröcklein mehr, denn die viel tausend Vögel, die im Walde und im Felde umher fliegen, die hatten sie weggepickt. Hänsel sagte zu Grethel „wir werden den Weg schon finden," aber sie fanden ihn nicht. Sie giengen die ganze Nacht und noch einen Tag von Morgen bis Abend, aber sie kamen aus dem Wald nicht heraus, und waren so hungrig, denn sie hatten nichts als die paar Beeren, die auf der Erde standen. Und weil sie so müde waren daß die Beine sie nicht mehr tragen wollten, so legten sie sich unter einen Baum und schliefen ein.

Nun wars schon der dritte Morgen, daß sie ihres Vaters Haus verlassen hatten. Sie fiengen wieder an zu gehen, aber sie geriethen immer tiefer in den Wald und wenn nicht bald Hilfe kam, so mußten sie verschmachten. Als es Mittag war, sahen sie ein schönes schneeweißes Vöglein auf einem Ast sitzen, das sang so schön, daß sie stehen blieben und ihm zuhörten. Und als es fertig war, schwang es seine Flügel und flog vor ihnen her, und sie giengen ihm nach, bis sie zu einem Häuschen gelangten, auf dessen Dach es sich setzte, und als sie ganz nah heran kamen, so sahen sie daß das Häuslein aus Brot gebaut war, und mit Kuchen gedeckt; aber die Fenster waren von hellem Zucker. „Da wollen wir uns dran machen," sprach Hänsel, „und eine gesegnete Mahlzeit halten. Ich will ein Stück vom Dach essen, Grethel, du kannst vom Fenster essen, das schmeckt süß." Hänsel reichte in die Höhe und brach sich ein wenig vom Dach ab, um zu versuchen wie es schmeckte, und Grethel stellte sich an die Scheiben und knuperte daran. Da rief eine feine Stimme aus der Stube heraus

„knuper, knuper, kneischen,
wer knupert an meinem Häuschen?"

die Kinder antworteten

„der Wind, der Wind,
das himmlische Kind,"

und aßen weiter, ohne sich irre machen zu lassen. Hänsel, dem das Dach sehr gut schmeckte, riß sich ein großes Stück davon herunter, und Grethel stieß eine ganze runde Fensterscheibe heraus, setzte sich nieder, und that sich wohl damit. Da gieng auf einmal die Thüre auf, und eine steinalte Frau, die sich auf eine Krücke stützte, kam heraus geschlichen. Hänsel und Grethel erschracken so gewaltig, daß sie fallen ließen was sie in den Händen hielten. Die Alte aber wackelte mit dem Kopfe und sprach „ei, ihr lieben Kinder, wer hat euch hierher gebracht? kommt nur herein und bleibt bei mir, es geschieht euch kein Leid." Sie faßte beide an der Hand und führte sie in ihr Häuschen. Da ward gutes Essen aufgetragen, Milch und Pfannekuchen mit Zucker, Äpfel und Nüsse. Hernach wurden zwei schöne Bettlein weiß gedeckt, und Hänsel und Grethel legten sich hinein und meinten sie wären im Himmel.

Die Alte hatte sich nur so freundlich angestellt, sie war aber eine böse Hexe, die den Kindern auflauerte, und hatte das Brothäuslein bloß gebaut, um sie herbeizulocken. Wenn eins in ihre Gewalt kam, so machte sie es todt, kochte es und aß es, und das war ihr ein Festtag. Die Hexen haben rothe Augen und können nicht weit sehen, aber sie haben eine feine Witterung, wie die Thiere, und merkens wenn Menschen heran kommen. Als Hänsel und Grethel in ihre Nähe kamen, da lachte sie boshaft und sprach höhnisch „die habe ich, die sollen mir nicht wieder entwischen." Früh Morgens ehe die Kinder erwacht waren, stand sie schon auf, und als sie beide so lieblich ruhen sah, mit den vollen rothen Backen, so murmelte sie vor sich hin „das wird ein guter Bissen werden." Da packte sie Hänsel mit ihrer dürren Hand und trug ihn in einen kleinen Stall und sperrte ihn mit einer Gitterthüre ein; er mochte schreien *wie er wollte, es half ihm nichts. Dann gieng sie zur Grethel, rüttelte sie wach und rief „steh auf, Faullenzerin, trag Wasser und koch deinem Bruder etwas gutes, der sitzt draußen im Stall und soll fett werden. Wenn er fett ist, so will ich ihn essen." Grethel fieng an bitterlich zu weinen, aber es war alles vergeblich, sie mußte thun was die böse Hexe verlangte.*

Nun ward dem armen Hänsel das beste Essen gekocht, aber Grethel bekam nichts als Krebsschalen. Jeden Morgen schlich die Alte zu dem Ställchen und rief „Hänsel, streck deine Finger heraus, damit ich fühle ob du bald fett bist." Hänsel streckte ihr aber ein Knöchlein heraus, und die Alte, die trübe Augen hatte, konnte es nicht sehen, und meinte es wären Hänsels Finger, und verwunderte sich daß er gar nicht fett werden wollte. Als vier Wochen herum waren und Hänsel immer mager blieb, da übernahm sie die Ungeduld, und sie wollte nicht länger warten. „Heda, Grethel," rief sie dem Mädchen zu, „sei flink und trag Wasser: Hänsel mag fett oder mager sein, morgen will ich ihn schlachten und kochen." Ach, wie jammerte das arme Schwesterchen, als es das Wasser tragen mußte, und wie flossen ihm die Thränen über die Backen herunter! „Lieber Gott, hilf uns doch," rief sie aus, „hätten uns nur die wilden Thiere im Wald gefressen, so wären wir doch zusammen gestorben." „Spar nur dein Geblärre," sagte die Alte, „es hilft dir alles nichts."

Früh Morgens mußte Grethel heraus, den Kessel mit Wasser aufhängen und Feuer anzünden. „Erst wollen wir backen" sagte die Alte, „ich habe den Backofen schon eingeheizt und den Teig geknätet." Sie stieß das arme Grethel hinaus zu dem Backofen, aus dem die Feuerflammen schon heraus schlugen. „Kriech hinein," sagte die Hexe, „und sieh zu ob recht eingeheizt ist, damit wir das Brot hineinschießen können." Und wenn Grethel darin war, wollte sie den Ofen zumachen, und Grethel sollte darin braten, und dann wollte sies auch aufessen. Aber Grethel merkte was sie im Sinn hatte und sprach „ich weiß nicht wie ichs machen soll; wie komm ich da hinein?" „Dumme Gans," sagte die Alte, „die Öffnung ist groß genug, siehst du wohl, ich könnte selbst hinein," krappelte heran und steckte den Kopf in den Backofen. Da gab ihr Grethel einen Stoß daß sie weit hinein fuhr, machte die eiserne Thür zu und schob den Riegel vor. Hu! da fieng sie an zu heulen, ganz grauselich; aber Grethel lief fort, und die gottlose Hexe mußte elendiglich verbrennen.

Grethel aber lief schnurstracks zum Hänsel, öffnete sein Ställchen und rief „Hänsel, wir sind erlöst, die alte Hexe ist todt." Da sprang Hänsel heraus, wie ein Vogel aus dem Käfig, wenn ihm die Thüre aufgemacht wird. Wie haben sie sich gefreut, sind sich um den Hals gefallen, sind herumgesprungen und haben sich geküßt! Und weil sie sich nicht mehr zu fürchten brauchten, so giengen sie in das Haus der Hexe hinein, da standen in allen Ecken Kasten mit Perlen und Edelsteinen. „Die sind noch besser als Kieselsteine" sagte Hänsel und steckte in seine Taschen was hinein wollte, und Grethel sagte „ich will auch etwas mit nach Haus bringen" und füllte sich sein

Schürzchen voll. "Aber jetzt wollen wir fort," sagte Hänsel, "damit wir aus dem Hexenwald herauskommen." Als sie aber ein paar Stunden gegangen waren, gelangten sie an ein großes Wasser. "Wir können nicht hinüber," sprach Hänsel, "ich sehe keinen Steg und keine Brücke." "Hier fährt auch kein Schiffchen," antwortete Grethel, "aber da schwimmt eine weiße Ente, wenn ich die bitte, so hilft sie uns hinüber." Da rief sie

> "Entchen, Entchen,
> da steht Grethel und Hänsel.
> Kein Steg und keine Brücke,
> nimm uns auf deinen weißen Rücken."

Das Entchen kam auch heran, und Hänsel setzte sich auf und bat sein Schwesterchen sich zu ihm zu setzen. "Nein," antwortete Grethel, "es wird dem Entchen zu schwer, es soll uns nach einander hinüber bringen." Das that das gute Thierchen, und als sie glücklich drüben waren und ein Weilchen fortgiengen, da kam ihnen der Wald immer bekannter und immer bekannter vor, und endlich erblickten sie von weitem ihres Vaters Haus. Da fiengen sie an zu laufen, stürzten in die Stube hinein und fielen ihrem Vater um den Hals. Der Mann hatte keine frohe Stunde gehabt, seitdem er die Kinder im Walde gelassen hatte, die Frau aber war gestorben. Grethel schüttete sein Schürzchen aus daß die Perlen und Edelsteine in der Stube herumsprangen, und Hänsel warf eine Handvoll nach der andern aus seiner Tasche dazu. Da hatten alle Sorgen ein Ende, und sie lebten in lauter Freude zusammen. Mein Märchen ist aus, dort lauft eine Maus, wer sie fängt, darf sich eine große große Pelzkappe daraus machen.

Von ausgesetzten Kindern & menschenfressenden Hexen

*D*ie Brüder Grimm haben einen großen Fehler gemacht, als sie die Geschichte von Hänsel und Grethel aufgezeichnet haben. In Wirklichkeit war nämlich alles ganz anders. Die beiden Kinder haben aus ihrem Abenteuer gelernt und gehen, gekleidet in schicke Lederoutfits, regelmäßig und brutal auf Hexenjagd. Die Damen von der zaubernden Zunft sehen hingegen aus, wie dem Magazin *Orkus!* entsprungen und beherrschen die asiatische Kampfkunst ebenso gut wie das Besenreiten. Doch der Reihe nach.

In den Kinder- und Hausmärchen sind die Geschwister unter der Nummer 15 dabei. Der Aarne-Thompson-Uther-Index führt es mit einer „Sondernummer", wenn man so will. Die 327A steht für ein Zaubermärchen mit dem Motiv „Übernatürlicher Gegenspieler". Unter 327B findet man das Märchen *Der Okerlo*, das es nur in der ersten Ausgabe der KHM von 1812 gibt. Dort geht es um eine ausgesetzte Prinzessin, die es auf die Insel einer Menschenfresserin verschlägt. Das Mädchen kann zusammen mit einem Prinzen fliehen und alles endet in einer rauschenden Hochzeit.

Die Anmerkungen der Brüder Grimm zu Hänsel und Grethel verankern die mündliche Quelle in Hessen (vermutlich ist Dortchen Wild die Erzählerin), nennen aber einige andere europäische Volksmärchen, in den einzelne Motive ebenfalls auftauchen. Das Häuschen im Wald, der Menschenfresser als Gegenspieler, die ausgesetzten Kinder, all das findet sich in zahlreichen Variationen in Erzählungen vieler Länder wieder.

Einige davon haben sogar ihren Weg in die Sammlung der Grimms gefunden. In der handschriftlichen Urfassung erscheint das Märchen unter dem Titel *Das Brüderchen und das Schwesterchen* mit der Nummer 11. Jacob Grimm notierte „alias Hänsel und Gretchen" dazu, sowie einen Hinweis auf Perraults *Däumling*, der dann wiederum als *Daumesdick* mit der Nummer 37 in den KHM auftaucht.

In diesem Märchen ist es allerdings keine Hexe, die im Haus im Wald wartet, sondern ein Riese, ein Menschenfresser, der den Däumling und seine sechs Brüder verspeisen will. Wie auch in Hänsel und Grethel ist es zum Schluss die Dummheit, bzw. Unwissenheit des Gegenspielers, welche die Kinder rettet. Der Däumling setzt den Geschwistern die Kronen der Riesentöchter auf und diese werden dann statt der Jungs umgebracht. Die Bande flieht, der Däumling klaut dem Riesen seine Siebenmeilenstiefel und alle Schätze und wird Kurier des Königs. Was für eine Karriere. Das Verwechslungsmotiv ist übrigens ähnlich dem in *Der Okerlo*.

Nur in wenigen Details unterscheidet sich die Urfassung von der der 1857er Ausgabe. Etwas dialoglastiger ist das Märchen geworden, ein frommes Gebet Hänsels ist ergänzt worden und die Antwort der Kinder auf das „knuper, knuper, kneischen!" der Hexe hinzugefügt. Der Spruch „der Wind, der Wind, das himmlische Kind" geht wohl auf Dortchen Wild zurück.

Das Thema Kannibalismus und die Tabuisierung dieses Verhaltens lässt sich als literarisches Motiv mindestens bis in die Antike zurückverfolgen. Auch in Homers *Odyssee* kommt ein Riese vor, der Menschen frisst. Polyphem ist der Sohn des Meeresgottes Poseidon, hat nur ein Auge und verspeist ein paar Gefährten des Odysseus. Doch auch er wird überlistet, mit Hilfe von starkem Wein, einem glühenden Stab, mit dem er geblendet wird und Odysseus Wortwitz, der dem Riesen erzählt, sein Name sei „outis", also „Niemand". Polyphem hat also keine Chance auf Rettung, als er den anderen Zyklopen zuruft, „niemand habe ihn geblendet".

Polyphem hat noch etwas mit dem Riesen aus *Der Däumling* und der Hexe aus HÄNSEL UND GRETHEL gemeinsam. Er lebt von der Gemeinschaft getrennt, isoliert und in diesem Fall in einer Höhle.

Der Germanist Michael Maar sieht darin einen Hinweis auf eine menschliche Verhaltensweise aus grauer Vorzeit, die, tabuisiert und verfremdet, in solchen Erzählungen weiterlebt und so eine Projektionsfläche und einen Anstoß zur Auseinandersetzung bietet. Das Happy End der Märchen macht solche schwierigen, angstbesetzten Themen erst erträglich. Das Märchen von Hänsel und Grethel verortet er mit seiner ganzen Grausamkeit im Dreißigjährigen Krieg und konstatiert, dass die Mutter die beiden Kinder im übertragenen Sinne „fressen" will und in der Gestalt der Hexe (die, wie so typisch für Riesen und Hexen im Märchen, Menschenfleisch riechen kann) wieder auftaucht. Als die Hexe besiegt wird, ist auch die Mutter gestorben und Vater und Kinder leben glücklich und in Reichtum weiter.[1] In Perraults *Däumling* ist es der Vater, der gegen den Willen seiner Frau durchsetzt, die Kinder loszuwerden, die Grimmschen Märchen schreiben Verbrechen und Niedertracht eher dem weiblichen Teil der Familie oder eben den bösen Stiefmüttern zu.

Die Entstehung der Geschichte zu Beginn des 17. Jahrhunderts zu verankern, mag auf den ersten Blick schlüssig sein, denn der Dreißigjährige Krieg ist in der Tat eine Zeit voller Grausamkeiten, Hungersnöte und der Entvölkerung ganzer Landstriche. Die Verrohung der Gesellschaft ist eine ebenso schreckliche, wie aus dem menschlichen Überlebenswillen erklärbare Folge solcher Umstände. In der Not ist eben jeder sich selbst der Nächste. Mord, Überfälle und Plünderungen

---

[1] Vgl. Maar, Michael: Hexengewisper, Berenberg Verlag 2012

sind in zahlreichen Bild- und Schriftquellen der Zeit in grausigen Details erhalten. Vor diesem Hintergrund nimmt es dann auch nicht Wunder, dass die Eltern der beiden Protagonisten lieber selbst überleben, als mit ihren Kindern zusammen zu verhungern.

Das Problem mit dieser zeitlichen Einordnung ist allerdings – wie in den meisten Fällen – die Vielschichtigkeit und Veränderlichkeit mündlicher Überlieferung. Märchen sind zu lebendig und reisen zu gern von Land zu Land, um sich so einfach packen zu lassen, so verführerisch, wie das auch erscheinen mag.

Genau diese Eigenschaften sorgen aber auch dafür, dass wir uns auch heute noch auf Märchenstoffe stürzen, oft um die Motive fein säuberlich aufzutrennen und neu zusammenzusetzen. Wie auch zahlreiche andere bekannte Märchen, inspiriert auch HÄNSEL UND GRETHEL die Schriftsteller und Filmemacher unserer Zeit ebenso wie die Märchenerzähler des Biedermeier. Und damit wären wir wieder am Beginn dieses Kapitels und bei den Gothic-Kampfkünstlerinnen und Hexenjägern.

Der Norweger Tommy Wirkola hat sich das Märchen vorgenommen und für seinen 2013 erschienenen Kinofilm *Hansel & Gretel: Witch Hunters* (Hänsel und Gretel: Hexenjäger), etwas, sagen wir, moderner interpretiert. Gemma Arterton spielt Gretel und macht die Hexen in Outfits, die eher an Bikerklamotten, als an Märchenkostüme erinnern, mit routinierter Brutalität fertig. Ihr Sidekick Hansel – der nach dem Zuckerhausbesuch seiner Kindertage an Diabetes leidet – steht der Hexenjägerin allerdings in Nichts nach. Die beiden sind zu absoluten Experten geworden und wittern eine Hexe schon zehn Meter gegen den Wind.

Die Gegenspielerin des Duos, die Oberhexe Muriel, wird gespielt von Famke Janssen. Es wäre zu schade, wenn man der schönen Niederländerin den ganzen Film über die üblichen hässlichen Attribute einer Grimmschen Hexe verpassen würde und so sieht sie eben entweder wie eine Untote aus einem japanischen Horrorfilm oder „getarnt", wie ein Gothic-Model aus. Und aufs Zaubern allein verlässt sich eine Hexe heutzutage auch nicht mehr, wie Muriel und ihre Schwestern in aller Wehrhaftigkeit beweisen. Der Film ist trashig, aber ganz unterhaltsam – übrigens ebenso wie *Dead Snow* von Wirkola, der von Nazizombies handelt, jawohl, von Nazizombies.

Auch die Fantasyliteratur adaptiert gerne Märchenstoffe und lässt dabei der Kreativität freien Lauf. Ein aktuelles Beispiel aus Deutschland ist das 2014 bei Knaur erschienene *So finster, so kalt* von Diana Menschig. Der Titel ist eine Anspielung auf das Kinderlied über Hänsel und Grethel, das aus der Zeit um 1900 stammt. Die Geschichte von Merle allerdings, die im Hause ihrer Großmutter im Schwarzwald auf die Spur eines alten Geheimnisses gerät, ist modern, statt traditionell. Aber wer sagt denn überhaupt, dass die Hexe immer der Bösewicht sein muss? Wer Urban Fantasy mit Märcheneinschlag mag, dem wird das Buch auf jeden Fall unterhaltsame Stunden bereiten.

Ob nun Ausdruck von vorzeitlichem Kannibalismus oder von Kriegsgräueln aus dem 17. Jahrhundert, es lässt sich mit an Sicherheit grenzender Wahrscheinlichkeit sagen, dass wir noch lange nicht alle Geschichten über das Geschwisterpaar im Wald gehört, gesehen und gelesen haben.

Wann Sie Ihre Kinder aussetzen sollten

Vergessen Sie die Hexe! Wir brauchen Sie nicht, um einen psychologischen Blick auf HÄNSEL UND GRETHEL zu werfen[2]. Ich musste vielmehr sofort daran denken, dass wir hier das psychologische Gegenstück zu BRÜDERCHEN UND SCHWESTERCHEN haben – und damit die „andere" Antwort auf die Frage „Wieso tun Menschen schlimme Dinge?". Sollten sie das andere Märchen[3] nicht gelesen haben, hier die Kurzfassung: a) weil sie böse sind, b) weil die Situation sie böse handeln lässt. Und während wir es bei BRÜDERCHEN UND SCHWESTERCHEN mit allerlei von Natur aus bösen Gestalten zu tun hatten, liegt der Fall bei HÄNSEL UND GRETHEL anders.

Die Beiden werden zweimal von ihren Eltern, genauer: ihrem Vater und der Stiefmutter, im Wald ausgesetzt. Aber eben nicht, weil die beiden, oder auch nur einer von Grund auf böse wären. Nun gut, die Stiefmutter ist nicht eben das, was man sympathisch nennen würde, aber ihre Gründe sind (leider) nachvollziehbar. Es erscheint uns heute unvorstellbar, dass es keine andere Möglichkeit gegeben haben soll, als die eigenen Kinder auszusetzen, weil das Essen einfach nicht für alle reicht. In einem Sozialstaat wie dem unseren ein (glücklicherweise) unbekanntes Szenario. Was uns aus unserer heutigen Perspektive zudem überrascht, ist, dass die Eltern sich nicht dafür entscheiden, lieber selbst zu sterben, als die Kinder auszusetzen. Aber dieser Gedanke ist verklärt und zeigt wiederum, wie außerhalb unseres Vorstellungsvermögen diese Situation tatsächlich ist.

Mit kühler Ratio betrachtet ist es aber so: wenn das Essen nicht mehr reicht, und man durch vier teilt, sterben irgendwann alle. Nehmen die Eltern sich zurück, opfern sich, und die Kinder bleiben alleine, ist die Wahrscheinlichkeit ebenso gering, dass die Kleinen überleben, als wenn sie alleine im Wald bei vollen Kräften sind[4]. Es war also nach Abwägen eine nachvollziehbare Entscheidung die Kinder alleine im Wald zu lassen. Das Verwerfliche erscheint mir an der ganzen Geschichte immer wieder die Lüge, mit der die Eltern operieren. Wieso eigentlich? Wollen sie ihre Kinder nicht belasten? Wollen sie, dass ihre Kinder in den letzten Stunden, die sie haben, nicht verzweifeln, sondern immer noch glauben, dass alles gut wird? Nein. So ist es nicht. Wieso ich mir da so sicher bin? Weil sie ein Stück Holz im Wind flattern lassen, um sicherzustellen, dass ihre Kinder

---

[2] Na gut, vielleicht werde ich später ein paar Worte über sie verlieren. Vielleicht. Man wird sehen.

[3] Und vor allem die wunderbare psychologische Interpretation meinerseits.

[4] Nein, ich werde nicht das Szenario erörtern, dass die Eltern sich opfern und die Kinder dann Kannibalismus begehen. Wir sind hier in einem ernsthaft Sachbuch, meine Damen und Herren!

60 – *Hänsel und Grethel*

nur ja nicht realisieren, dass die Eltern sich abgesetzt haben. Es ist die unbarmherzige Konsequenz der Entscheidung des Aussetzens: es ist zu verhindern, dass die Kinder zurück kehren. Wir dürfen uns nichts vor machen, die Eltern belügen ihre Kinder eben nicht, um diese sondern um sich zu schützen.

Wieso aber töten die Eltern die Kinder nicht einfach?

Ja. Ich habe das gerade gefragt. Lassen wir die Frage mal kurz sacken.

Wieso?

Denn das Endergebnis wäre doch dasselbe, oder? Die Kinder wären tot. Zwar wohl kaum durch „wilde Tiere" gerissen, derer es in unseren Wäldern wohl eher keine gibt und gab, aber immerhin doch verhungert, was zur selben Konsequenz, dem Exitus, führen würde.

Es gibt einen Unterschied. Und den betrachten Sozialpsychologen in den letzten Jahren immer eingehender. Es ist die Frage, wann ein Verhalten gerade noch als moralisch legitim angesehen wird, und wann nicht. Ich werde jetzt hier nicht im Detail Studien ausbreiten, bei denen es immer wieder letztlich um das Szenario eines Zuges geht, der außer Kontrolle ist, und bei dem eine Person entscheiden soll, was sie tut: eine Weiche umlegen oder nicht. Und dieser fiktive Zug überrollt dann Menschen im Bahnhof auf den Gleisen, fährt durch Nebel, rast ungebremst in eine Menschenmenge, überfährt Betrunkene und derlei mehr. Die Quintessenz: es ist moralisch akzeptierter, wenn man durch das Unterlassen von Hilfe zum Ableben einer Person beiträgt, als wenn man sie aktiv tötet. Dass dieses Thema gesamtgesellschaftlich wichtig ist, merken wir zunehmend beim Thema der Sterbehilfe. Ich will hier nicht locker flockig in diesen wirklich hoch emotionalisierten Bereich einsteigen, weise aber kurz darauf hin, dass es (derzeit!) nach deutschem Recht etwas anderes ist, ob ich jemanden sterben lasse, oder aktiv den Todeswunsch einer Person erfülle.

Ja, nicht mehr so lustig. Kommen wir zurück zu unserem, letztlich dann wohl doch fiktivem, Märchen[5]. Wenden wir die Erkenntnisse von gerade an, so entgehen die Eltern einer letzten sozial-moralischen Verurteilung, wohlgemerkt aus heutiger Zeit der vollgefressenen Bäuche, eben weil sie nicht aktiv ihre Kinder töten, sondern weil sie „nur" aktive Hilfe unterbleiben lassen.

Zu guter Letzt dann doch noch ein kurzer Blick auf die Hexe: sie ist böse von Natur aus. Eine Hexe eben. Bei ihr gibt es Essen und Reichtum im Überfluss. Bei den Eltern gab es beides nicht. Ein Zufall? Ich glaube nicht. Ich glaube, dass hier noch kurz darauf hingewiesen wird, dass Reichtum alleine nicht hinreichende

---

[5] Oder haben Sie jemals durch ein schlecht gereimtes Gedicht eine Ente beeindruckt. Im Übrigen: diese ganze Entengeschichte geht mir ziemlich auf den Nerv. Was ist das? Der Catcontent vergangener Zeiten?

Bedingung ist, um einen Menschen glücklich, zufrieden, und in letzter Konsequenz „gut" zu machen. Unwillkürlich kann man sich doch fragen, wieso diese Hexe denn um alles in der Welt Kinder verspeisen muss, wo sie alles zu essen hat, was man sich nur wünschen kann, und keine paar dutzend Kilometer von ihrem Häuschen die Menschen verhungern. Die Hexe wird vom Märchenerzähler also auch genutzt, um im Kontrast die Eltern noch einmal besser darzustellen.

Und ja, sicher, die Hexe ist auch nutzbar, um Kindern zu erklären, dass man nicht zu Fremden ins Haus, heute: ins Auto, gehen sollte, egal was sie einem versprechen, weil es sonst übel enden kann. Merken Sie sich aber: der überwiegende Anteil von Missbrauchsfällen passiert in der Familie und dem Umfeld, und zu 90% sind die Täter Männer. Insofern ist die Hexe in diesem Märchen in doppelter Hinsicht unrepräsentativ.

Leider fällt mir kein humorvoller Abschluss zu diesem Märchen ein. Aber das wird bei den anderen Märchen bestimmt wieder anders.

5. Von dem Fischer un syner Fru

Dar wöör maal eens en Fischer un syne Fru, de waanden tosamen in'n Pißputt, dicht an der See, un de Fischer güng alle Dage hen un angeld: un he angeld un angeld.

So seet he ook eens by de Angel un seeg jümmer in dat blanke Water henin: un he seet un seet.

Do güng de Angel to Grund, deep ünner, un as he se heruphaald, so haald he enen grooten Butt heruut. Do säd de Butt to em „hör mal, Fischer, ik bidd dy, laat my lewen, ik bün keen rechten Butt, ik bün'n verwünschten Prins. Wat helpt dy dat, dat du my doot maakst? ik würr dy doch nich recht smecken: sett my wedder in dat Water un laat my swemmen." „Nu," säd de Mann, „du bruukst nich so veel Wöörd to maken, eenen Butt, de spreken kann, hadd ik doch wol swemmen laten." Mit des sett't he em wedder in dat blanke Water, do güng de Butt to Grund un leet enen langen Strypen Bloot achter sik. Do stünn de Fischer up un güng na syne Fru in'n Pißputt.

„Mann," säd de Fru, „hest du hüüt niks fungen?" „Ne," säd de Mann, „ik füng enen Butt, de säd he wöör en verwünschten Prins, do hebb ik em wedder swemmen laten." „Hest du dy denn niks wünschd?" säd de Fru. „Ne," säd de Mann, „wat schull ik my wünschen?" „Ach," säd de Fru, „dat is doch äwel, hyr man jümmer in'n Pißputt to waanen, dat stinkt un is so eeklig: du haddst uns doch ene lüttje Hütt wünschen kunnt. Ga noch hen un roop em: segg em wy wählt 'ne lüttje Hütt hebben, he dait dat gewiß." „Ach," säd de Mann, „wat schull ick door noch hengaan?" „I," säd de Fru, „du haddst em doch fungen, un hest em wedder swemmen laten, he dait dat gewiß. Ga glyk hen." De Mann wull noch nich recht, wull awerst syn Fru ook nich to weddern syn un güng hen na der See.

As he door köhm, wöör de See ganß gröön un geel un goor nich meer so blank. So güng he staan un säd

„Manntje, Manntje, Timpe Te,
Buttje, Buttje in der See,
myne Fru de Ilsebill
will nich so as ik wol will."

Do köhm de Butt answemmen un säd „na, wat will se denn?" „Ach," säd de Mann, „ik hebb dy doch fungen hatt, nu säd myn Fru ik hadd my doch wat wünschen schullt. Se mag nich meer in'n Pißputt wanen, se wull geern 'ne Hütt." „Ga man hen," säd de Butt, „se hett se all."

Do güng de Mann hen, un syne Fru seet nich meer in'n Pißputt, dar stünn awerst ene lüttje Hütt, un syne Fru seet vor de Döhr up ene Bänk. Do nöhm syne Fru em by de Hand un säd to em „kumm man herin, süh, nu is dat doch veel beter." Do güngen se henin, un in de Hütt was een lüttjen Vörplatz un ene lüttje herrliche Stuw un Kamer, wo jem eer Bedd stünn, un Kääk un Spysekamer, allens up dat beste mit Gerädschoppen, un up dat schönnste upgefleyt, Tinntüüg un Mischen (Messing), wat sik darin höört. Un achter was ook en lüttjen Hof mit Hönern un Aanten, un en lüttjen Goorn mit Grönigkeiten un Aaft (Obst). „Süh," säd de Fru, „is dat nich nett?" „Ja," säd de Mann, „so schall't blywen, nu wähl wy recht vergnöögt lewen." „Dat wähl wy uns bedenken" säd de Fru. Mit des eeten se wat un güngen to Bedd.

So güng dat wol 'n acht oder veertein Dag, do säd de Fru „hör, Mann, de Hütt is ook goor to eng, un de Hof un de Goorn is so kleen: de Butt hadd uns ook wol een grötter Huus schenken kunnt. Ik much woll in enem grooten stenern Slott wanen: ga hen tom Butt, he schall uns en Slott schenken." „Ach, Fru," säd de Mann, „de Hütt is jo god noog, wat wähl wy in'n Slott wanen." „I wat," säd de Fru, „ga du man hen, de Butt kann dat jümmer doon." „Ne, Fru," säd de Mann, „de Butt hett uns eerst de Hütt gewen, ik mag nu nich all wedder kamen, den Butt muchd et vördreten." „Ga doch," säd de Fru, „he kann dat recht good un dait dat geern; ga du man hen." Dem Mann wöör syn Hart so swoor, un wull nich: he säd by sik sülven „dat is nich recht," he güng awerst doch hen.

As he an de See köhm, wöör dat Water ganß vigelett un dunkelblau un grau un dick, un goor nich meer so gröön un geel, doch wöör't noch still. Do güng he staan un säd

„Manntje, Manntje, Timpe Te,
Buttje, Buttje in der See,
myne Fru de Ilsebill
will nich so as ik wol will."

„Na, wat will se denn?" säd de Butt. „Ach," säd de Mann half bedrööft, „se will in'n groot stenern Slott wanen." „Ga man hen, se stait vör der Döhr," säd de Butt.

Da güng de Mann hen und dachd he wull na Huus gaan, as he awerst daar köhm, so stünn door 'n grooten stenern Pallast, un syn Fru stünn ewen up de Trepp un wull henin gaan: do nöhm se em by de Hand un säd „kumm man herein." Mit des güng he mit ehr henin, un in dem Slott wöör ene groote Dehl mit marmelstenern

Asters (Estrich), un dar wören so veel Bedeenters, de reten de grooten Dören up, un de Wende wören all blank un mit schöne Tapeten, un in de Zimmers luter gollne Stöhl un Dischen, un krystallen Kroonlüchters hüngen an dem Bähn, un so wöör dat all de Stuwen un Kamers mit Footdeken: un dat Aeten un de allerbeste Wyn stünn up den Dischen as wenn se breken wullen. Un achter dem Huse wöör ook 'n grooten Hof mit Peerd- un Kohstall, un Kutschwagens up dat allerbeste, ook was door en grooten herrlichen Goorn mit de schönnsten Blomen un fyne Aaftbömer, un en Lustholt wol 'ne halwe Myl lang, door wören Hirschen un Reh un Hasen drin un allens wat man sik jümmer wünschen mag. „Na," säd de Fru, „is dat nu nich schön?" „Ach ja," säd de Mann, „so schall't ook blywen, nu wähl wy ook in das schöne Slott wanen, un wähln tofreden syn." „Dat wähl wy uns bedenken" säd de Fru, „un wählen't beslapen." Mit des güngen se to Bedd.

Den annern Morgen waakd de Fru to eerst up, dat was jüst Dag, un seeg uut jem ehr Bedd dat herrliche Land vör sik liggen. De Mann reckd sik noch, do stödd se em mit dem Ellbagen in de Syd un säd „Mann, sta up un kyk mal uut dem Fenster. Süh, kunnen wy nich König warden äwer all düt Land? Ga hen tom Butt, wy wählt König syn." „Ach, Fru," säd de Mann, „wat wähl wy König syn! ik mag nich König syn." „Na," säd de Fru, „wult du nich König syn, so will ik König syn. Ga hen tom Butt, ik will König syn." „Ach, Fru," säd de Mann, „wat wullst du König syn? dat mag ik em nich seggen." „Worüm nich?" säd de Fru, „ga stracks hen, ik mutt König syn." Do güng de Mann hen un wöör ganß bedröft dat syne Fru König warden wull. „Dat is nich recht un is nich recht," dachd de Mann. He wull nich hen gaan, güng awerst doch hen.

Un as he an de See köhm, do wöör de See ganß swartgrau, un dat Water geerd so von ünnen up un stünk ook ganß fuul. Do güng he staan un säd

> „Manntje, Manntje, Timpe Te,
> Buttje, Buttje in der See,
> myne Fru de Ilsebill
> will nich so as ik wol will."

„Na, wat will se denn?" säd de Butt. „Ach," säd de Mann, „se will König warden." „Ga man hen, se is't all," säd de Butt.

Do güng de Mann hen, un as he na dem Pallast köhm, so wöör dat Slott veel grötter worren, mit enem grooten Toorn un herrlyken Zyraat doran: un de Schildwacht stünn vor de Döhr, un dar wören so väle Soldaten un Pauken un Trumpeten. Un as he in dat Huus köhm, so wöör allens von purem Marmelsteen mit Gold, un sammtne Deken un groote gollne Quasten. Do güngen de Dören von dem Saal up, door de ganße Hofstaat wöör, un syne Fru seet up enem hogen Troon von Gold un Demant, un hadd ene groote gollne Kroon up un den Zepter in der Hand von purem Gold un Edelsteen, un up beyden Syden by ehr stünnen ses Jumpfern in ene Reeg, jümmer ene enen Kops lüttjer as de annere. Do güng he staan und säd „ach Fru, büst du nu König?" „Ja," säd de Fru, „nu bün ik König." Do stünn he un seeg se an, un as he se do een Flach (eine Zeit lang) so ansehn hadd, säd he „ach, Fru, wat lett dat schöön, wenn du König büst! nu wähl wy ook niks meer wünschen." „Ne, Mann," säd de Fru, un wöör ganß unruhig, „my waart de Tyd und Wyl al lang, ik kann dat nich meer uuthollen. Ga hen tom Butt, König bün ik, nu mutt ik ook Kaiser warden." „Ach, Fru," säd de Mann, „wat wullst du Kaiser warden?" „Mann," säd se, „ga tom Butt, ik will Kaiser syn." „Ach, Fru," säd de Mann, „Kaiser kann he nich maken, ik mag dem Butt dat nich seggen; Kaiser is man eenmal im Reich: Kaiser kann de Butt jo nich maken, dat kann un kann he nich." „Wat," säd de Fru, „ik bünn König un du bist man myn Mann, wullt du glyk hengaan? glyk ga hen, kann he König maken, kann he ook Kaiser maken, ik will un will Kaiser syn; glyk ga hen." Do mussd he hengaan. Do de Mann awer hengüng, wöör em ganß bang, un as he so güng, dachd he by sik „düt gait un gait nich good: Kaiser is to uutvörschaamt, de Butt wart am Ende möd."

Mit des köhm he an de See, do wöör de See noch ganß swart un dick un füng al so von ünnen up to geeren, dat et so Blasen smeet, un et güng so ein Keekwind äwer hen, dat et sik so köhrd; un de Mann wurr groen (grauen). Do güng he staan un säd

„Manntje, Manntje, Timpe Te,
Buttje, Buttje in der See,
myne Fru de Ilsebill
will nich so as ik wol will."

„Na, wat will se denn?" säd de Butt. „Ach, Butt," säd he, „myn Fru will Kaiser warden." „Ga man hen," säd de Butt, „se is't all."

Do güng de Mann hen, un as he door köhm, so wöör dat ganße Slott von poleertem Marmelsteen mit albasternen Figuren und gollnen Zyraten. Vör de Döhr marscheerden de Soldaten, un se blösen Trumpeten und slögen Pauken un Trummeln: awerst in dem Huse da güngen de Baronen un Grawen un Herzogen man so as Bedeenters herüm: do maakden se em de Dören up, de von luter Gold wören. Und as he herinköhm, door seet syne Fru up enem Troon, de wöör von een Stück Gold, un wör wol twe Myl hoog: un hadd ene groote gollne Kroon up, de wöör dre Elen hoog un mit Briljanten un Karfunkelsteen besett't: in de ene Hand hadde se den Zepter un in de annere Hand den Reichsappel, un up beyden Syden by eer door stünnen de Trabanten so in twe Regen, jümmer een lüttjer as de annere, von dem allergrötttesten Rysen, de wöör twe Myl hoog, bet to dem allerlüttjesten Dwaark, de wöör man so groot as min lüttje Finger. Un vör ehr stünnen so vele Fürsten un Herzogen. Door güng de

Mann tüschen staan un säd „Fru, büst du nu Kaiser?" „Ja," säd se, „ik bün Kaiser."
Do güng he staan un beseeg se sik so recht, un as he se so'n Flach ansehn hadd, so säd
he „ach, Fru, watt lett dat schöön, wenn du Kaiser büst." „Mann," säd se, „wat staist
du door? ik bün nu Kaiser, nu will ik awerst ook Paabst warden, ga hen tom Butt."
„Ach, Fru," säd de Mann, „wat wulst du man nich? Paabst kannst du nich warden,
Paabst is man eenmaal in der Kristenhait, dat kann he doch nich maken." „Mann,"
säd se, „ik will Paabst warden, ga glyk hen, ik mutt hüüt noch Paabst warden." „Ne,
Fru," säd de Mann, „dat mag ik em nich seggen, dat gait nich good, dat is to groff,
tom Paabst kann de Butt nich maken." „Mann, wat Snack!" säd de Fru, „kann he
Kaiser maken, kann he ook Paabst maken. Ga foorts hen, ik bünn Kaiser un du büst
man myn Mann, wullt du wol hengaan?" Do wurr he bang un güng hen, em wöör
awerst ganß flau, un zitterd un beewd, un de Knee un de Waden slakkerden em. Un
dar streek so'n Wind äwer dat Land, un de Wolken flögen, as dat düster wurr gegen
Awend: de Bläder waiden von den Bömern, un dat Water güng un bruusd as kaakd
dat, un platschd an dat Aever, un von feern seeg he de Schepen, de schöten in der
Noot, un danßden un sprüngen up den Bülgen. Doch wöör de Himmel noch so'n bitten blau in de Midd, awerst an den Syden door toog dat so recht rood up as en swohr
Gewitter. Do güng he recht vörzufft (verzagt) staan in de Angst un säd

„Manntje, Manntje, Timpe Te,
Buttje, Buttje in der See,
myne Fru de Ilsebill,
will nich so as ik wol will."

„Na, wat will se denn?" säd de Butt. „Ach," säd de Mann, „se will Paabst warden."
„Ga man hen, se is't all" säd de Butt.
Do güng he hen, un as he door köhm, so wöör dar as en groote Kirch mit luter
Pallastens ümgewen. Door drängd he sik dorch dat Volk: inwendig was awer allens
mit dausend un dausend Lichtern erleuchtet, un syne Fru wöör in luter Gold gekle-
det, un seet noch up enem veel högeren Troon, un hadde dre groote gollne Kronen up,
un üm ehr dar so veel von geistlykem Staat, un up beyden Syden by ehr door stünnen
twe Regen Lichter, dat gröttste so dick un groot as de allergröttste Toorn, bet to dem
allerkleensten Käkenlicht; un alle de Kaisers un de Königen de legen vör ehr up de
Kne un küßden ehr den Tüffel. „Fru," säd de Mann un seeg se so recht an, „büst du
nu Paabst?" „Ja," säd se, „ik bün Paabst." Do güng he staan un seeg se recht an, un
dat wöör as wenn he in de hell Sunn seeg. As he se do en Flach ansehn hadd, so segt
he „ach, Fru, wat lett dat schöön, wenn du Paabst büst!" Se seet awerst ganß styf as
en Boom, un rüppeld un röhrd sik nich. Do säd he „Fru, nu sy tofreden, nu du Paabst
büst, nu kannst du doch niks meer warden." „Dat will ik my bedenken" säd de Fru.

Mit des güngen se beyde to Bedd, awerst se wöör nich tofreden, un de Girighait leet se nich slapen, se dachd jümmer wat se noch warden wull.

De Mann sleep recht good un fast, he hadd den Dag veel lopen, de Fru awerst kunn goor nich inslapen, un smeet sik von een Syd to der annern de ganße Nacht un dachd man jümmer wat se noch wol warden kunn, un kunn sik doch up niks meer besinnen. Mit des wull de Sünn upgaan, un as se dat Morgenrood seeg, richt'd se sik äwer End im Bedd un seeg door henin, un as se uut dem Fenster de Sünn so herup kamen seeg, „ha," dachd se, „kunn ik nich ook de Sünn un de Maan upgaan laten?" „Mann," säd se un stödd em mit dem Ellbagen in de Ribben, „waak up, ga hen tom Butt, ik will warden as de lewe Gott." De Mann was noch meist in'n Slaap, awerst he vörschrock sik so, dat he uut dem Bedd füll. He meend he hadd sik vörhöörd un reef sik de Ogen uut un säd „ach, Fru, wat säd'st du?" „Mann," säd se, „wenn ik nich de Sünn un de Maan kan upgaan laten, un mutt dat so ansehn, dat de Sünn un de Maan upgaan, ik kann dat nich uuthollen, un hebb kene geruhige Stünd meer, dat ik se nich sülwst kann upgaan laten." Do seeg se em so recht gräsig an, dat em so'n Schudder äwerleep. „Glyk ga hen, ik will warden as de lewe Gott." „Ach, Fru," säd de Mann, un füll vör eer up de Knee, „dat kann de Butt nich. Kaiser un Paabst kann he maken, ik bidd dy, sla in dy un blyf Paabst." Do köhm se in de Booshait, de Hoor flögen ehr so wild üm den Kopp, da reet se sik dat Lyfken up, un geef em eens mit dem Foot un schreed „ik holl dat nich uut, un holl dat nich länger uut, wult du hengaan??" Do slööpd he sik de Büxen an un leep wech as unsinnig.

Buten awer güng de Storm, un bruusde dat he kuum up den Föten staan kunn: de Huser un de Bömer waiden um, un de Baarge beewden, un de Felsenstücken rullden in de See, un de Himmel wöör ganß pickswart, un dat dunnerd un blitzd, un de See güng in so hoge swarte Bülgen as Kirchentöörn un as Baarge, un de hadden bawen all ene witte Kroon von Schuum up. Do schre he, un kun syn egen Woord nich hören,

„Manntje, Manntje, Timpe Te,
Buttje, Buttje in der See,
myne Fru de Ilsebill
will nich so as ik wol will."

„Na, wat will se denn?" säd de Butt. „Ach," säd he, „se will warden as de lewe Gott." „Ga man hen, se sitt all weder in'n Pißputt."

Door sitten se noch bet up hüüt un düssen Dag.

Von dem Fischer und seiner Frau

(hochdeutsch)

Es war einmal ein Fischer und seine Frau, die wohnten zusammen in einem alten Pott dicht an der See, und der Fischer ging alle Tage hin und angelte, und er angelte und angelte. So saß er auch einmal mit seiner Angel und schaute immer in das klare Wasser hinein, und er saß und saß.

Da ging die Angel auf den Grund, tief, tief hinab, und wie er sie heraufholte, da zog er einen großen Butt heraus. Da sagte der Butt zu ihm: „Höre, Fischer, ich bitte dich, laß mich leben, ich bin kein richtiger Butt, ich bin ein verwünschter Prinz. Was hilft es dir, wenn du mich tötest? Ich würde dir doch nicht recht schmecken. Setz mich wieder ins Wasser und laß mich schwimmen!"

„Nun", sagte der Mann, „du brauchst nicht so viele Worte zu machen, einen Butt, der sprechen kann, werde ich doch wohl schwimmen lassen." Damit setzte er ihn wieder in das klare Wasser hinein, und der Butt schwamm zum Grund hinab und ließ einen langen Streifen Blut hinter sich. Der Fischer aber stand auf und ging zu seiner Frau in den alten Pott.

„Mann", sagte die Frau, „hast du heute nichts gefangen?"
„Nein", sagte der Mann, „ich habe einen Butt gefangen, der sagte, er sei ein verwünschter Prinz, da habe ich ihn wieder schwimmen lassen."
„Hast du dir denn nichts gewünscht?" sagte die Frau.
„Nein", sagte der Mann, „was sollte ich mir denn wünschen?"
„Ach", sagte die Frau, „es ist doch übel, hier immer in dem alten Pott zu wohnen, der stinkt und ist so eklig; du hättest uns doch eine kleine Hütte wünschen können. Geh noch einmal hin und rufe den Butt und sage ihm, wir wollen eine kleine Hütte haben. Er tut das gewiß."
„Ach", sagte der Mann, „was soll ich da noch mal hingehen?"
„I", sagte die Frau, „du hast ihn doch gefangen gehabt und hast ihn wieder schwimmen lassen, er tut das gewiß. Geh nur gleich hin!" Der Mann wollte noch nicht so recht; aber er wollte auch seiner Frau nicht zuwiderhandeln, und so ging er denn hin an die See. Als er da nun hinkam, war die See ganz grün und gelb und gar nicht mehr so klar. Da stellte er sich denn hin und rief:

> „Manntje, Manntje, Timpe Te,
> Buttje, Buttje in der See,
> myne Fru, de Ilsebill,
> will nich so, as ik wol will."

Da kam der Butt angeschwommen und sagte: „Na, was will sie denn?"

„Ach", sagte der Mann, „ich hatte dich doch gefangen, nun sagt meine Frau, ich hätte mir etwas wünschen sollen. Sie mag nicht mehr in dem alten Pott wohnen, sie wollte gerne eine Hütte."

„Geh nur hin", sagte der Butt, „sie hat sie schon."

Da ging der Mann hin, und seine Frau saß nicht mehr in dem alten Pott, aber es stand nun eine kleine Hütte da, und seine Frau saß vor der Tür auf einer Bank. Da nahm ihn seine Frau bei der Hand und sagte zu ihm: „Komm nur herein, siehst du, nun ist das doch viel besser."

Da gingen sie hinein, und in der Hütte war ein kleiner Vorplatz und eine kleine hübsche Stube und eine Kammer, wo für jeden ein Bett stand, und Küche und Speisekammer und ein Geräteschuppen waren auch da, und alles war auf das schönste und beste eingerichtet mit Zinnzeug und Messingzeug, wie sich das so gehört. Und hinter der Hütte, da war auch ein kleiner Hof mit Hühnern und Enten und ein kleiner Garten mit Gemüse und Obst.

„Siehst du", sagte die Frau, „ist das nicht nett?"

„Ja", sagte der Mann, „so soll es bleiben; nun wollen wir recht vergnügt leben."

„Das wollen wir uns bedenken", sagte die Frau. Und dann aßen sie etwas und gingen zu Bett.

So ging das wohl acht oder vierzehn Tage, da sagte die Frau: „Hör, Mann, die Hütte ist auch gar zu eng, und der Hof und der Garten sind so klein. Der Butt hätte uns wohl auch ein größeres Haus schenken können. Ich möchte wohl in einem großen steinernen Schloß wohnen. Geh hin zum Butt, er soll uns ein Schloß schenken!"

„Ach, Frau", sagte der Mann, „die Hütte ist ja gut genug, was sollen wir in einem Schloß wohnen?"

„I was", sagte die Frau, „geh du nur hin, der Butt kann das wohl tun."

„Nein, Frau", sagte der Mann, „der Butt hat uns erst die Hütte gegeben, ich mag nun nicht schon wieder kommen, das könnte den Butt verdrießen."

„Geh doch!" sagte die Frau. „Er kann das recht gut und tut das gern, geh du nur hin!" Dem Manne war das Herz so schwer, und er wollte nicht. Er sagte bei sich selbst: Das ist nicht recht, er ging aber doch hin.

Als er an die See kam, war das Wasser ganz violett und dunkelblau und grau und dick und gar nicht mehr so grün und gelb, doch war es noch still. Da stellte er sich hin und rief:

„Manntje, Manntje, Timpe Te,
Buttje, Buttje in der See,
myne Fru, de Ilsebill,
will nich so, as ik wol will."

„Na, was will sie denn?" sagte der Butt.

„Ach", sagte der Mann halb bekümmert, „sie will in einem großen Schlosse wohnen."

„Geh nur hin, sie steht schon vor der Tür", sagte der Butt.

Da ging der Mann fort und dachte, er wollte nach Hause gehen, aber als er da ankam, stand da nun ein großer, steinerner Palast, und seine Frau stand eben auf der Treppe und wollte hineingehen. Da nahm sie ihn bei der Hand und sagte: „Komm nur herein!" Darauf ging er mit ihr hinein, und in dem Schlosse war eine große Diele mit marmelsteinernem Boden, und da waren so viele Bediente, die rissen die großen Türen auf, und die Wände glänzten von schönen Tapeten, und in den Zimmern waren lauter goldene Stühle und Tische, und kristalline Kronleuchter hingen an der Decke, und in allen Stuben und Kammern lagen Teppiche. Und das Essen und der allerbeste Wein standen auf den Tischen, als wenn sie brechen sollten. Und hinter dem Hause war auch ein großer Hof mit Pferd- und Kuhstall und mit Kutschwagen auf das allerbeste, und da war auch noch ein großer, prächtiger Garten mit den schönsten Blumen und feinen Obstbäumen und ein Lustwäldchen, wohl eine halbe Meile lang, darin waren Hirsche und Rehe und Hasen, alles, was man sich nur immer wünschen mag.

„Na", sagte die Frau, „ist das nun nicht schön?"

„Ach ja", sagte der Mann, „so soll es auch bleiben, nun wollen wir in dem schönen Schlosse wohnen und wollen zufrieden sein."

„Das wollen wir uns bedenken", sagte die Frau, „und wollen es beschlafen." Und damit gingen sie zu Bett.

Am andern Morgen wachte die Frau zuerst auf, es wollte gerade Tag werden, und sie sah aus ihrem Bette das herrliche Land vor sich liegen. Der Mann reckte sich noch, da stieß sie ihn mit dem Ellenbogen in die Seite und sagte: „Mann, steh auf und guck mal aus dem Fenster! Sieh, könnten wir nicht König werden über all das Land? Geh hin zum Butt, wir wollen König sein!"

„Ach, Frau", sagte der Mann, „was sollen wir König sein! Ich mag nicht König sein!"

„Na", sagte die Frau, „willst du nicht König sein, so will ich König sein. Geh hin zum Butt, ich will König sein."

„Ach, Frau", sagte der Mann, „was willst du König sein? Das mag ich ihm nicht sagen."

„Warum nicht?" sagte die Frau. „Geh stracks hin, ich muß König sein."

Da ging der Mann hin und war ganz bekümmert, daß seine Frau König werden wollte. Das ist nicht recht und ist nicht recht, dachte der Mann. Er wollte gar nicht hingehen, ging aber doch hin.

Und als er an die See kam, da war die See ganz schwarzgrau, und das Wasser gärte so von unten herauf und roch ganz faul. Da stellte er sich hin und rief:

„Manntje, Manntje, Timpe Te,
Buttje, Buttje in der See,
myne Fru, de Ilsebill,
will nich so, as ik wol will."

„Na, was will sie denn?" sagte der Butt.
„Ach", sagte der Mann, „sie will König werden."
„Geh nur hin, sie ist es schon", sagte der Butt.
Da ging der Mann hin, und als er zum Palast kam, da war das Schloß viel größer geworden und hatte einen großen Turm und herrlichen Zierat daran, und die Schildwachen standen vor dem Tor, und da waren so viele Soldaten und Pauken und Trompeten.

Und als er in das Haus kam, da war alles von purem Marmelstein mit Gold und samtenen Decken und großen goldenen Quasten. Da gingen die Türen vom Saal auf, in dem der ganze Hofstaat war, und seine Frau saß auf einem hohen Thron von Gold und Diamant und hatte eine große goldene Krone auf und das Zepter in der Hand von purem Gold und Edelstein, und auf jeder Seite von ihr standen sechs Jungfrauen in einer Reihe, eine immer einen Kopf kleiner als die andere.

Da stellte er sich hin und sagte: „Ach, Frau, bist du nun König?"
„Ja", sagte die Frau, „nun bin ich König."
Da stand er da und sah sie an, und als er sie so eine Zeitlang angesehen hatte, da sagte er: „Ach, Frau, was steht dir das schön, wenn du König bist! Nun wollen wir auch nichts mehr wünschen."

„Nein, Mann", sagte die Frau und war ganz unruhig, „mir wird schon die Zeit und Weile lang, ich kann das nicht mehr aushalten. Geh hin zum Butt, König bin ich, nun muß ich Kaiser auch werden."

„Ach, Frau", sagte der Mann, „was willst du Kaiser werden!"
„Mann", sagte sie, „geh hin zum Butt, ich will Kaiser sein."
„Ach, Frau", sagte der Mann, „Kaiser kann er nicht machen, ich mag dem Butt das nicht sagen; Kaiser ist nur einer im Reich. Kaiser kann der Butt ja nicht machen, das kann und kann er nicht."

„Was", sagte die Frau, „ich bin König, und du bist bloß mein Mann, willst du gleich hingehen? Sofort gehst du hin. Kann er König machen, kann er auch Kaiser machen. Ich will und will Kaiser sein, gleich geh hin!" Da mußte er hingehen.

Als der Mann aber hinging, da war ihm ganz bang, und als er so ging, dachte er bei sich: Das geht und geht nicht gut. Kaiser ist zu unverschämt. Der Butt wird das am Ende doch müde. Und da kam er nun an die See, da war die See ganz schwarz und dick und fing schon an so von unten herauf zu gären, daß es Blasen gab, und da ging ein Windstoß darüber hin, daß es nur so schäumte, und dem Manne graute. Da stellte er sich hin und rief:

„Manntje, Manntje, Timpe Te,
Buttje, Buttje in der See,
myne Fru, de Ilsebill,
will nich so, as ik wol will."

„Na, was will sie denn?" sagte der Butt.
„Ach, Butt", sagte er, „meine Frau will Kaiser werden."
„Geh nur hin", sagte der Butt, „sie ist es schon."

Da ging der Mann fort, und als er ankam, da war das ganze Schloß von poliertem Marmelstein mit alabasternen Figuren und goldenem Zierat. Vor dem Tor marschierten die Soldaten, und sie bliesen Trompeten und schlugen Pauken und Trommeln.

Aber im Hause, da gingen die Barone und Grafen und Herzöge nur so als Bediente herum. Da machten sie ihm die Türen auf, die waren von lauter Gold. Und als er hereinkam, da saß seine Frau auf einem Thron, der war von einem Stück Gold und war wohl zwei Meilen hoch. Und sie hatte eine große goldene Krone auf, die war drei Ellen hoch und mit Brillanten und Karfunkelsteinen besetzt. In der einen Hand hatte sie das Zepter und in der anderen Hand den Reichsapfel, und auf beiden Seiten neben ihr, da standen die Trabanten so in zwei Reihen, einer immer kleiner als der andere, von dem allergrößten Riesen, der war zwei Meilen hoch, bis zu dem allerkleinsten Zwerg, der war nur so groß wie mein kleiner Finger. Und vor ihr standen viele Fürsten und Herzöge.

Da stellte sich der Mann dazwischen und sagte: „Frau, bist du nun Kaiser?"
„Ja", sagte sie, „ich bin Kaiser."

Da stand er da und sah sie so recht an, und als er sie eine Zeitlang angesehen hatte, da sagte er: „Ach, Frau, was steht dir das schön, wenn du Kaiser bist."

„Mann", sagte sie, „was stehst du da herum? Ich bin nun Kaiser, nun will ich aber auch Papst werden, geh hin zum Butt!"

„Ach, Frau", sagte der Mann, „was willst du denn noch? Papst kannst du nicht werden, Papst ist nur einer in der Christenheit, das kann er doch nicht machen."

„Mann", sagte sie, „ich will Papst werden, geh gleich hin, ich muß heute noch Papst werden."

„Nein, Frau", sagte der Mann, „das mag ich ihm nicht sagen! Das geht nicht gut, das ist zu grob, zum Papst kann dich der Butt nicht machen."

„Mann, was für ein Geschwätz", sagte die Frau, „kann er Kaiser machen, kann er auch Papst machen. Geh sofort hin! Ich bin Kaiser, und du bist bloß mein Mann, willst du wohl hingehen?"

Da kriegte er Angst und ging hin, ihm war aber ganz flau, und er zitterte und bebte, und die Knie und die Waden bibberten ihm. Da fuhr ein Wind über das Land, und die Wolken flogen, daß es dunkel wurde wie am Abend, die Blätter wehten von den Bäumen, und das Wasser ging und brauste, als ob es kochte, und schlug an das Ufer, und weit draußen sah er die Schiffe, die gaben Notschüsse ab und tanzten und sprangen auf den Wellen. Der Himmel war in der Mitte noch so ein bißchen blau, aber an den Seiten, da zog es herauf wie ein schweres Gewitter. Da stellte er sich ganz verzagt in seiner Angst hin und sagte:

„Manntje, Manntje, Timpe Te,
Buttje, Buttje in der See,
meine Frau, die Ilsebill,
will nicht so, wie ich wohl will."

„Na, was will sie denn?" sagte der Butt.
„Ach", sagte der Mann, „sie will Papst werden."
„Geh nur hin, sie ist es schon", sagte der Butt.

Da ging er fort, und als er ankam, war da eine große Kirche von lauter Palästen umgeben. Da drängte er sich durch das Volk. Innen war aber alles mit tausend und tausend Lichtern erleuchtet, und seine Frau war in lauter Gold gekleidet und saß auf einem noch viel höheren Thron und hatte drei große goldene Kronen auf, und rings um sie herum standen viele vom geistlichen Stand, und auf beiden Seiten neben ihr, da standen zwei Reihen Lichter, das größte so dick und so groß wie der allergrößte Turm bis hinunter zum allerkleinsten Küchenlicht, und alle die Kaiser und die Könige, die lagen vor ihr auf den Knien und küßten ihr den Pantoffel.

„Frau", sagte der Mann und sah sie so recht an, „bist du nun Papst?"
„Ja", sagte sie, „ich bin Papst."

Da stand er da und sah sie recht an, und das war, als ob er in die helle Sonne sähe. Als er sie nun eine Zeitlang angesehen hatte, da sagte er: „Ach, Frau, was steht dir das schön, daß du Papst bist!" Sie saß aber da so steif wie ein Baum und rüttelte und rührte sich nicht.

Da sagte er: „Frau, nun sei auch zufrieden, jetzt wo du Papst bist, jetzt kannst du doch nichts anderes mehr werden."

„Das will ich mir bedenken", sagte die Frau. Damit gingen sie beide zu Bett, aber sie war nicht zufrieden, und die Gier ließ sie nicht schlafen, sie dachte immer, was sie noch mehr werden könnte.

Der Mann schlief recht gut und fest, er war den Tag viel gelaufen, die Frau aber konnte gar nicht einschlafen und warf sich von einer Seite auf die andere, die ganze Nacht hindurch, und dachte nur immer, was sie wohl noch werden könnte, und konnte sich doch auf nichts mehr besinnen. Schließlich wollte die Sonne aufgehen, und als die Frau das Morgenrot sah, da richtete sie sich in ihrem Bett auf und sah sich das an, und als sie nun im Fenster die Sonne heraufkommen sah, da dachte sie: Ha, könnte ich nicht auch die Sonne und den Mond aufgehen lassen?

„Mann", sagte sie und stieß ihn mit dem Ellenbogen in die Rippen, „wach auf, geh hin zum Butt, ich will werden wie der liebe Gott." Der Mann war noch halb im Schlaf, aber er erschrak so, daß er aus dem Bette fiel. Er meinte, er hätte sich verhört, rieb sich die Augen aus und fragte: „Ach, Frau, was hast du gesagt?"

„Mann", sagte sie, „wenn ich nicht die Sonne und den Mond kann aufgehen lassen und muß das so mit ansehen, wie Sonne und Mond aufgehen – ich kann das nicht aushalten und habe keine ruhige Stunde mehr, daß ich sie nicht selber kann aufgehen lassen." Da sah sie ihn so recht grausig an, daß ihn ein Schauder überlief. „Sofort gehst du hin, ich will werden wie der liebe Gott."

„Ach, Frau", sagte der Mann und fiel vor ihr auf die Knie, „das kann der Butt nicht. Kaiser und Papst kann er machen, ich bitte dich, sei vernünftig und bleib Papst!"

Da kam sie in Wut, die Haare flogen ihr wild um den Kopf, sie riß sich das Leibchen auf und trat nach ihm mit dem Fuß und schrie: „Ich halte und halte das nicht länger aus. Willst du wohl gleich hingehen!" Da zog er sich die Hosen an und rannte los wie ein Verrückter.

Draußen aber ging der Sturm und brauste, daß er kaum noch auf seinen Füßen stehen konnte. Die Häuser und die Bäume wurden umgeweht, und die Berge bebten, und die Felsbrocken rollten in die See, und der Himmel war pechschwarz, und es donnerte und blitzte, und die See rollte daher in hohen schwarzen Wogen, so hoch wie Kirchtürme und Berge, und sie hatten alle darauf eine weiße Krone von Schaum. Da schrie er und konnte sein eigenes Wort nicht hören:

„Manntje, Manntje, Timpe Te,
Buttje, Buttje in der See,
meine Frau, die Ilsebill,
will nicht so, wie ich wohl will."

„Na, was will sie denn?" fragte der Butt.
„Ach", sagte er, „sie will wie der liebe Gott werden.
„Geh nur hin, sie sitzt schon wieder in dem alten Pott."
Und da sitzen sie noch bis heute und auf diesen Tag.

Der Buttje und die Päpstin

*W*ie Sie, liebe Leser, sicher gemerkt haben, ist das Märchen VON DEM FISCHER UN SYNER FRAU in den KHM (als Nummer 19) auf Plattdeutsch aufgeführt. Wir haben daher zusätzlich eine hochdeutsche Übersetzung beigefügt, denn nicht alle von uns sind ja der niederdeutschen Mundarten mächtig. Laut ATU handelt es sich bei der Erzählung (555) um ein Zaubermärchen der Gruppe „Übernatürliche Helfer". In diesem Fall ist das natürlich der Butt, der hier so lange Wünsche erfüllt, bis nichts mehr geht.

Die Grimms haben das Märchen noch vor Veröffentlichung der ersten Ausgabe der KHM von Achim von Arnim erhalten und der wiederum hat es 1806 von Philipp Otto Runge (1777-1810) bekommen = genau wie *Von dem Machandelbom* übrigens. Der Maler stammte aus Wolgast, also Schwedisch-Pommern und hatte das Märchen in vorpommerscher Mundart verschriftlicht und in seiner Heimat angesiedelt.

An der genauen Übersetzung des Anrufungsverses

Manntje, Manntje, Timpe Te,
Buttje, Buttje in der See,
mine Fru, de Ilsebill,
will nich so, as ik wol will.

scheiden sich übrigens die Geister. Unter den Gelehrten herrscht überwiegend Konsens darüber, dass die erste Zeile nur lautmalerischem Zweck dient. Bei „Manntje" könnte man noch an ein Männlein denken, aber den Ursprung von „Timpe Te" zu finden, dürft schwer fallen. Für mich las es sich als Kind immer als „Männlein, Männlein, zeige dich" aber eine solche Bedeutung der Worte ist nicht durch Belege zu untermauern. Danach wird es schon einfacher, denn mit „Buttje" ist einfach eine Verkleinerung des Butts, des Fisches gemeint. Teilweise liest man in der Literatur zu dem Märchen, dass wohl ein Plattfisch Pate für den zaubernden Butt gestanden hat.

Ein interessantes Detail in dieser Reihe möglicher und unmöglicher Wünsche ist das Motiv einer Frau, die Papst wird. Die Legende (der Begriff verweist auf eine Geschichte aus dem religiösen Themenkreis, meistens werden Geschichten über das Leben und Wirken von Heiligen und solchen, die es werden wollen, als Legenden bezeichnet) von der Päpstin (u. a. namentlich als Johanna, Johannes Anglicus oder Giovanni Femina erwähnt) an die dieses Motiv erinnert, lässt sich bis ins 13. Jahrhundert zurückverfolgen.

In einer der zahlreichen Varianten (die z. B. auch im Roman von Donna Woolfolk Cross von 1996 und der Verfilmung aus dem Jahr 2009 verwurstet wurde), zieht eine junge Frau hinaus in die Welt, um ihren Mann zu stehen. Zunächst als Mönch und (viel) später eben auch als Papst. Die ganze Zeit über schafft sie es, das Geheimnis ihres wahren Geschlechts zu hüten, bis ihr die Liebe (was sonst) das Genick bricht, sie schwanger wird und öffentlichkeitswirksam während einer Prozession ein Kind bekommt. Das ist das Ende von Johanna, nicht aber ihrer Geschichte, die heute noch z. T. in der Populärwissenschaft auf irgendein Körnchen Wahrheit untersucht wird.

Spannend ist der Gedanke zwar durchaus und die Kirchengeschichte sicher auch voll von Skandalen aller Art, aber der weibliche Papst ist mit großer Sicherheit tatsächlich ins Reich der Legenden zu verweisen.

Wenn der Papst nur die Silbermedaille gewinnt

In diesem Märchen kommt wirklich einiges zusammen. Da ist zum einen ein Spruch, der uns im Rahmen des Märchens tatsächlich sinnvoll vorkommt, der aber andererseits so viel Aberwitz versprüht, wie es nur geht[1]: „sei vernünftig und bleib Papst"! Dieser Spruch zeigt, wie schnell sich Menschen an völlig surreale Situationen gewöhnen und sie, zumindest ein Stück weit, als normal hinnehmen können. Und ich meine hier den Fischer, nicht seine Frau. Denn obwohl der Fokus in der Betrachtung dieser Geschichte meist auf des Fischers Frau liegt, sei kurz darauf hingewiesen, dass auch der Fischer sich relativ schnell an den jeweils neuen Stand seiner Frau gewöhnt. Wir hören jedes Mal, dass er kurz da steht, überlegt und sich dann denkt, ach ja, ist doch okay, so wie es jetzt ist. Interessanterweise gibt es hier die Zuordnung der negativen Charaktereigenschaften Gier und Neid auf das weibliche Geschlecht.

Andererseits waren zu damaliger Zeit die Toppositionen des damaligen Managements[2] ausschließlich Männern vorbehalten[3]. Deswegen hat der Geschichtenerzähler das Problem, dass das Märchen seltsam klingt, da er, vor dem Hintergrund seiner kulturellen Tradition, die negativen Eigenschaften der Frau zuordnen muss, diese aber in „Männerberufe" stecken muss, um den sozialen Aufstieg zu verdeutlichen. Dadurch entsteht ein seltsames „Geschmäckle", wenn der Fischer vor seine Frau als König oder als Papst tritt.

Auch interessant ist, dass wir es hier mit einer christlichen Moralgeschichte zu tun haben, die explizit verhindert ins Blasphemische abzugleiten. Zwar ist dies bei dem Wunsch der Frau Papst zu werden schon grenzwertig, doch wird ein Abgleiten ins Gotteslästerliche dadurch verhindert, dass die Frau sich eben nicht wünscht, Gott zu sein, sondern, so wie Gott zu sein. Und Gott ist wohl jemand, der ohne Reichtum auskommt, sodass der Butt das Fischerehepaar wieder in seinem alten Pott wohnen lässt.

Neben der Ablehnung von Gier und Neid vermittelt dieses Märchen aber auch etwas, was wir aus der Sozialpsychologie sehr gut experimentell belegt wissen, nämlich, dass Reichtum nicht glücklich macht, bzw. nur für eine kurze Zeit. So gibt es Untersuchungen von Lottogewinnern[4], die zeigen, dass Lottogewinner kurzfristig einen großen Glücksschub haben, dieser aber bei einer Folgeuntersuchung ein Jahr später nicht nur verpufft ist, sondern sich gegebenenfalls sogar ins Gegenteil verkehrt hat, da ein größeres Vermögen oft mit größeren Sorgen zur

---

[1] Und deswegen in der nächsten Kneipendiskussion zum Einsatz kommen sollte.
[2] König, Kaiser, Papst
[3] Zumindest bei Kaiser und Papst war es so, auch wenn es anderslautende Verschwörungstheorien gibt.
[4] Und wir sprechen hier nicht über 10,50 € für einen Dreier.

Sicherung dieses Vermögens einhergeht. Zudem passen sich die Ausgaben wie von Zauberhand oft den Einnahmen an.

Spannend ist aus psychologischer Sicht vielmehr die Frage, wieso wir eigentlich erwarten, dass reiche Menschen glücklicher sein sollten als weniger reiche Menschen. Dies liegt letztlich darin begründet, dass man glaubt, dass Reichtum dazu führt, dass sich die Anzahl der Freiheitsgrade erhöht. Reichtum kann hierzu führen, führt es aber oft nicht, vor allem dann nicht, wenn der Reiche statt diese Freiheitsgrade wahrzunehmen und auszunutzen, nach immer größeren Reichtum strebt. Wie bei der Fischersfrau zu beobachten, haben wir es dann schnell mit einer Art von suchtartigem Verhalten zu tun: der Kick hält immer kürzer an, die Gier nach immer mehr wird immer stärker. Dies liegt auch am Phänomen der aufwärts bzw. abwärts gerichteten Vergleiche. Wenn eine Person sich „nach unten" vergleicht, geht es ihr der Zufriedenheit nach besser, als wenn sie sich „nach oben" vergleicht. Dies ist das Prinzip, dessen sich viele TV-Formate, insbesondere in den privaten Sendern, bedienen. Es geht dann darum, zu sehen, dass es anderen noch schlechter als einem selbst geht und darüber für sich selbst ein besseres Selbstwertgefühl zu bekommen. Aufwärts gerichtete Vergleiche hingegen führen eher zu Unzufriedenheit, weil es einem eben nicht so geht, wie „denen da oben". Aus Befragungen von Silber- und Bronzemedaillegewinnern bei Olympischen Spielen wissen wir, dass der Bronzemedaillegewinner glücklicher ist als der Silbermedaillengewinner. Dies liegt eben daran, dass es so zu sein scheint, dass man auf dem zweiten Platz bedauert, nicht erster geworden zu sein, während man auf dem dritten Platz sich eher darüber freut, überhaupt in die Medaillenränge reingekommen und nicht vierter geworden zu sein.

Nie verstanden habe ich, wieso eigentlich der Fischer am Ende des Märchens sich nicht wieder in die nächsthöhere Stufe des Reichtums wünscht. Ich habe hierfür zwei Ideen. Zum einen, dass das Ganze abgeschlossen ist, nachdem es quasi keine Steigerungsstufe mehr gibt und aus irgendwelchen Gründen der Butt verschwunden ist. Zum anderen kann ich mir aber auch vorstellen, dass der Fischer nun nicht mehr seiner Frau nachgeben würde, weil er genau weiß, wo das Ganze mit ihr endet. Ich habe auch schon die Deutung gehört, dass nachdem sich die Situation am Tümpel ja fast katastrophenartig zugespitzt hatte, es schlicht keinen Tümpel mehr gibt, an dem der Butt um einen Gefallen gebeten werden kann. Ich hingegen glaube, dass die Verschlechterung der Lage des Tümpels sowie des Wetters in Wirklichkeit eine Widerspiegelung der inneren Befindlichkeit des Fischers ist, der sich immer unwohler mit der gesamten Situation fühlt und merkt wie aber- und wahnwitzig die Gelüste seiner Frau sind. Und wenn das nächste Mal ein Geschäftspartner mir mit einer völlig unrealistischen Forderung kommen wird, werde ich ruhig dasitzen, lächeln und sagen, sei vernünftig und bleib Papst.

6. Aschenputtel

inem reichen Manne dem wurde seine Frau krank, und als sie fühlte daß ihr Ende heran kam, rief sie ihr einziges Töchterlein zu sich ans Bett und sprach „liebes Kind, bleib fromm und gut, so wird dir der liebe Gott immer beistehen, und ich will vom Himmel auf dich herabblicken, und will um dich sein." Darauf that sie die Augen zu und verschied. Das Mädchen gieng jeden Tag hinaus zu dem Grabe der Mutter und weinte, und blieb fromm und gut. Als der Winter kam, deckte der Schnee ein weißes Tüchlein auf das Grab, und als die Sonne im Frühjahr es wieder herabgezogen hatte, nahm sich der Mann eine andere Frau.

Die Frau hatte zwei Töchter mit ins Haus gebracht, die schön und weiß von Angesicht waren, aber garstig und schwarz von Herzen. Da gieng eine schlimme Zeit für das arme Stiefkind an. „Soll die dumme Gans bei uns in der Stube sitzen!" sprachen sie, „wer Brot essen will, muß es verdienen: hinaus mit der Küchenmagd." Sie nahmen ihm seine schönen Kleider weg, zogen ihm einen grauen alten Kittel an, und gaben ihm hölzerne Schuhe. „Seht einmal die stolze Prinzessin, wie sie geputzt ist!" riefen sie, lachten und führten es in die Küche. Da mußte es von Morgen bis Abend schwere Arbeit thun, früh vor Tag aufstehn, Wasser tragen, Feuer anmachen, kochen und waschen. Obendrein thaten ihm die Schwestern alles ersinnliche Herzeleid an, verspotteten es und schütteten ihm die Erbsen und Linsen in die Asche, so daß es sitzen und sie wieder auslesen mußte. Abends, wenn es sich müde gearbeitet hatte, kam es in kein Bett, sondern mußte sich neben den Herd in die Asche legen. Und weil es darum immer staubig und schmutzig aussah, nannten sie es Aschenputtel.

Es trug sich zu, daß der Vater einmal in die Messe ziehen wollte, da fragte er die beiden Stieftöchter was er ihnen mitbringen sollte? „Schöne Kleider" sagte die eine, „Perlen und Edelsteine" die zweite. „Aber du, Aschenputtel," sprach er, „was willst du haben?" „Vater, das erste Reis, das euch auf eurem Heimweg an den Hut stößt, das brecht für mich ab." Er kaufte nun für die beiden Stiefschwestern schöne Kleider, Perlen und Edelsteine, und auf dem Rückweg, als er durch einen grünen Busch ritt, streifte ihn ein Haselreis und stieß ihm den Hut ab. Da brach er das Reis ab und nahm es mit. Als er nach Haus kam, gab er den

Stieftöchtern was sie sich gewünscht hatten, und dem Aschenputtel gab er das Reis von dem Haselbusch. Aschenputtel dankte ihm, gieng zu seiner Mutter Grab und pflanzte das Reis darauf, und weinte so sehr, daß die Thränen darauf niederfielen und es begossen. Es wuchs aber, und ward ein schöner Baum. Aschenputtel gieng alle Tage dreimal darunter, weinte und betete, und allemal kam ein weißes Vöglein auf den Baum, und wenn es einen Wunsch aussprach, so warf ihm das Vöglein herab was es sich gewünscht hatte.

Es begab sich aber, daß der König ein Fest anstellte, das drei Tage dauern sollte, und wozu alle schönen Jungfrauen im Lande eingeladen wurden, damit sich sein Sohn eine Braut aussuchen möchte. Die zwei Stiefschwestern als sie hörten daß sie auch dabei erscheinen sollten, waren guter Dinge, riefen Aschenputtel, und sprachen „kämm uns die Haare, bürste uns die Schuhe und mache uns die Schnallen fest, wir gehen zur Hochzeit auf des Königs Schloß." Aschenputtel gehorchte, weinte aber, weil es auch gern zum Tanz mitgegangen wäre, und bat die Stiefmutter sie möchte es ihm erlauben. „Du Aschenputtel," sprach sie, „bist voll Staub und Schmutz und willst zur Hochzeit? du hast keine Kleider und Schuhe, und willst tanzen!" Als es aber mit Bitten anhielt, sprach sie endlich „da habe ich dir eine Schüssel Linsen in die Asche geschüttet, wenn du die Linsen in zwei Stunden wieder ausgelesen hast, so sollst du mitgehen." Das Mädchen gieng durch die Hinterthüre nach dem Garten und rief

> *„ihr zahmen Täubchen, ihr Turteltäubchen,*
> *all ihr Vöglein unter dem Himmel,*
> *kommt und helft mir lesen,*
> *die guten ins Töpfchen,*
> *die schlechten ins Kröpfchen."*

Da kamen zum Küchenfenster zwei weiße Täubchen herein, und danach die Turteltäubchen, und endlich schwirrten und schwärmten alle Vöglein unter dem Himmel herein, und ließen sich um die Asche nieder. Und die Täubchen nickten mit den Köpfchen und fiengen an pik, pik, pik, pik, und da fiengen die übrigen auch an pik, pik, pik, pik, und lasen alle guten Körnlein in die Schüssel. Kaum war eine Stunde herum, so waren sie schon fertig und flogen alle wieder hinaus. Da brachte das Mädchen die Schüssel der Stiefmutter, freute sich und glaubte es dürfte nun mit auf die Hochzeit gehen. Aber sie sprach „nein, Aschenputtel, du hast keine Kleider, und kannst nicht tanzen: du wirst nur ausgelacht." Als es nun weinte, sprach sie „wenn du mir zwei Schüsseln voll Linsen in einer Stunde aus der Asche rein lesen kannst, so sollst du mitgehen," und dachte „das kann es ja nimmermehr." Als sie die zwei Schüsseln Linsen in die Asche geschüttet hatte, gieng das Mädchen durch die Hinterthüre nach dem Garten und rief

> *„ihr zahmen Täubchen, ihr Turteltäubchen,*
> *all ihr Vöglein unter dem Himmel,*
> *kommt und helft mir lesen,*
> *die guten ins Töpfchen,*
> *die schlechten ins Kröpfchen."*

Da kamen zum Küchenfenster zwei weiße Täubchen herein und danach die Turteltäubchen, und endlich schwirrten und schwärmten alle Vöglein unter dem Himmel herein, und ließen sich um die Asche nieder. Und die Täubchen nickten mit ihren Köpfchen und fiengen an pik, pik, pik, pik, und da fiengen die übrigen auch an pik, pik, pik, pik, und lasen alle guten Körner in die Schüsseln. Und eh eine halbe Stunde herum war, waren sie schon fertig, und flogen alle wieder hinaus. Da trug das Mädchen die Schüsseln zu der Stiefmutter, freute sich und glaubte nun dürfte es mit auf die Hochzeit gehen. Aber sie sprach „es hilft dir alles nichts: du kommst nicht mit, denn du hast keine Kleider und kannst nicht tanzen; wir müßten uns deiner schämen." Darauf kehrte sie ihm den Rücken zu und eilte mit ihren zwei stolzen Töchtern fort.

Als nun niemand mehr daheim war, gieng Aschenputtel zu seiner Mutter Grab unter den Haselbaum und rief

> *„Bäumchen, rüttel dich und schüttel dich*
> *wirf Gold und Silber über mich."*

Da warf ihm der Vogel ein golden und silbern Kleid herunter, und mit Seide und Silber ausgestickte Pantoffeln. In aller Eile zog es das Kleid an und gieng zur Hochzeit. Seine Schwestern aber und die Stiefmutter kannten es nicht, und meinten es müßte eine fremde Königstochter sein, so schön sah es in dem goldenen Kleide aus. An Aschenputtel dachten sie gar nicht und dachten es säße daheim im Schmutz und suchte die Linsen aus der Asche. Der Königssohn kam ihm entgegen, nahm es bei der Hand und tanzte mit ihm. Er wollte auch mit sonst niemand tanzen, also daß er ihm die Hand nicht los ließ, und wenn ein anderer kam, es aufzufordern, sprach er „das ist meine Tänzerin."

Es tanzte bis es Abend war, da wollte es nach Haus gehen. Der Königssohn aber sprach „ich gehe mit und begleite dich," denn er wollte sehen wem das schöne Mädchen angehörte. Sie entwischte ihm aber und sprang in das Taubenhaus. Nun wartete der Königssohn bis der Vater kam und sagte ihm das fremde Mädchen wär in das Taubenhaus gesprungen. Der Alte dachte „sollte es Aschenputtel sein," und sie mußten ihm Axt und Hacken bringen, damit er das Taubenhaus entzwei schlagen konnte:

aber es war niemand darin. Und als sie ins Haus kamen, lag Aschenputtel in seinen schmutzigen Kleidern in der Asche, und ein trübes Öllämpchen brannte im Schornstein; denn Aschenputtel war geschwind aus dem Taubenhaus hinten herab gesprungen, und war zu dem Haselbäumchen gelaufen: da hatte es die schönen Kleider abgezogen und aufs Grab gelegt, und der Vogel hatte sie wieder weggenommen, und dann hatte es sich in seinem grauen Kittelchen in die Küche zur Asche gesetzt.

Am andern Tag, als das Fest von neuem anhub, und die Eltern und Stiefschwestern wieder fort waren, gieng Aschenputtel zu dem Haselbaum und sprach

> *„Bäumchen, rüttel dich und schüttel dich,*
> *wirf Gold und Silber über mich."*

Da warf der Vogel ein noch viel stolzeres Kleid herab, als am vorigen Tag. Und als es mit diesem Kleide auf der Hochzeit erschien, erstaunte jedermann über seine Schönheit. Der Königssohn aber hatte gewartet bis es kam, nahm es gleich bei der Hand und tanzte nur allein mit ihm. Wenn die andern kamen und es aufforderten, sprach er „das ist meine Tänzerin." Als es nun Abend war, wollte es fort, und der Königssohn gieng ihm nach und wollte sehen in welches Haus es gieng: aber es sprang ihm fort und in den Garten hinter dem Haus. Darin stand ein schöner großer Baum an dem die herrlichsten Birnen hiengen, es kletterte so behend wie ein Eichhörnchen zwischen die Äste, und der Königssohn wußte nicht wo es hingekommen war. Er wartete aber bis der Vater kam und sprach zu ihm „das fremde Mädchen ist mir entwischt, und ich glaube es ist auf den Birnbaum gesprungen." Der Vater dachte „sollte es Aschenputtel sein," ließ sich die Axt holen und hieb den Baum um, aber es war niemand darauf. Und als sie in die Küche kamen, lag Aschenputtel da in der Asche, wie sonst auch, denn es war auf der andern Seite vom Baum herabgesprungen, hatte dem Vogel auf dem Haselbäumchen die schönen Kleider wieder gebracht und sein graues Kittelchen angezogen.

Am dritten Tag, als die Eltern und Schwestern fort waren, gieng Aschenputtel wieder zu seiner Mutter Grab und sprach zu dem Bäumchen

> *„Bäumchen, rüttel dich und schüttel dich,*
> *wirf Gold und Silber über mich."*

Nun warf ihm der Vogel ein Kleid herab, das war so prächtig und glänzend wie es noch keins gehabt hatte, und die Pantoffeln waren ganz golden. Als es in dem Kleid zu der Hochzeit kam, wußten sie alle nicht was sie vor Verwunderung sagen sollten. Der Königssohn tanzte ganz allein mit ihm, und wenn es einer aufforderte, sprach er „das ist meine Tänzerin."

Als es nun Abend war, wollte Aschenputtel fort, und der Königssohn wollte es begleiten, aber es entsprang ihm so geschwind daß er nicht folgen konnte. Der Königssohn hatte aber eine List gebraucht, und hatte die ganze Treppe mit Pech bestreichen lassen: da war, als es hinabsprang, der linke Pantoffel des Mädchens hängen geblieben. Der Königssohn hob ihn auf, und er war klein und zierlich und ganz golden. Am nächsten Morgen gieng er damit zu dem Mann, und sagte zu ihm „keine andere soll meine Gemahlin werden als die, an deren Fuß dieser goldene Schuh paßt." Da freuten sich die beiden Schwestern, denn sie hatten schöne Füße. Die Älteste gieng mit dem Schuh in die Kammer und wollte ihn anprobieren, und die Mutter stand dabei. Aber sie konnte mit der großen Zehe nicht hineinkommen, und der Schuh war ihr zu klein, da reichte ihr die Mutter ein Messer und sprach „hau die Zehe ab: wann du Königin bist, so brauchst du nicht mehr zu Fuß zu gehen." Das Mädchen hieb die Zehe ab, zwängte den Fuß in den Schuh, verbiß den Schmerz und gieng heraus zum Königssohn. Da nahm er sie als seine Braut aufs Pferd, und ritt mit ihr fort. Sie mußten aber an dem Grabe vorbei, da saßen die zwei Täubchen auf dem Haselbäumchen, und riefen

> *„rucke di guck, rucke di guck,*
> *Blut ist im Schuck (Schuh):*
> *Der Schuck ist zu klein,*
> *die rechte Braut sitzt noch daheim."*

Da blickte er auf ihren Fuß und sah wie das Blut herausquoll. Er wendete sein Pferd um, brachte die falsche Braut wieder nach Haus und sagte das wäre nicht die rechte, die andere Schwester sollte den Schuh anziehen. Da gieng diese in die Kammer und kam mit den Zehen glücklich in den Schuh, aber die Ferse war zu groß. Da reichte ihr die Mutter ein Messer und sprach „hau ein Stück von der Ferse ab: wann du Königin bist, brauchst du nicht mehr zu Fuß zu gehen." Das Mädchen hieb ein Stück von der Ferse ab, zwängte den Fuß in den Schuh, verbiß den Schmerz und gieng heraus zum Königssohn. Da nahm er sie als seine Braut aufs Pferd und ritt mit ihr fort. Als sie an dem Haselbäumchen vorbeikamen, saßen die zwei Täubchen darauf und riefen

> *„rucke di guck, rucke di guck,*
> *Blut ist im Schuck:*
> *der Schuck ist zu klein,*
> *die rechte Braut sitzt noch daheim."*

Er blickte nieder auf ihren Fuß, und sah wie das Blut aus dem Schuh quoll und an den weißen Strümpfen ganz roth heraufgestiegen war. Da wendete er sein Pferd, und brachte die falsche Braut wieder nach Haus. „Das ist auch nicht die rechte," sprach er, „habt ihr keine andere Tochter?" „Nein," sagte der Mann, „nur von meiner verstorbenen Frau ist noch ein kleines verbuttetes Aschenputtel da: das kann unmöglich die Braut sein." Der Königssohn sprach er sollte es heraufschicken, die Mutter aber antwortete „ach nein, das ist viel zu schmutzig, das darf sich nicht sehen lassen." Er wollte es aber durchaus haben, und Aschenputtel mußte gerufen werden. Da wusch es sich erst Hände und Angesicht rein, gieng dann hin und neigte sich vor dem Königssohn, der ihm den goldenen Schuh reichte. Dann setzte es sich auf einen Schemel, zog den Fuß aus dem schweren Holzschuh und steckte ihn in den Pantoffel, der war wie angegossen. Und als es sich in die Höhe richtete und der König ihm ins Gesicht sah, so erkannte er das schöne Mädchen, das mit ihm getanzt hatte, und rief „das ist die rechte Braut!" Die Stiefmutter und die beiden Schwestern erschraken und wurden bleich vor Ärger: er aber nahm Aschenputtel aufs Pferd und ritt mit ihm fort. Als sie an dem Haselbäumchen vorbei kamen, riefen die zwei weißen Täubchen

> *„rucke di guck, rucke di guck,*
> *kein Blut im Schuck:*
> *der Schuck ist nicht zu klein,*
> *die rechte Braut, die führt er heim."*

Und als sie das gerufen hatten, kamen sie beide herab geflogen und setzten sich dem Aschenputtel auf die Schultern, eine rechts, die andere links, und blieben da sitzen.

Als die Hochzeit mit dem Königssohn sollte gehalten werden, kamen die falschen Schwestern, wollten sich einschmeicheln und Theil an seinem Glück nehmen. Als die Brautleute nun zur Kirche giengen, war die älteste zur rechten, die jüngste zur linken Seite: da pickten die Tauben einer jeden das eine Auge aus. Hernach als sie heraus giengen, war die älteste zur linken und die jüngste zur rechten: da pickten die Tauben einer jeden das andere Auge aus. Und waren sie also für ihre Bosheit und Falschheit mit Blindheit auf ihr Lebtag gestraft.

So oft verfilmt, wie es verschiedene Versionen gibt

*D*a dies ein Buch ist und kein Musical, bleibt den Lesern an dieser Stelle das Anstimmen einer wohlbekannten Melodie erspart, die jedes Jahr zu Weihnachten durch deutsche Wohnzimmer schallt. Begleitet wird sie von schrägen Siebzigerjahre-Filmkostümen, verschneiten Wäldern, Prinz und Prinzessin und – man ahnt es schon – drei Haselnüssen.

Es gibt wohl kaum einen Märchenfilm, der in Deutschland solche Erfolge gefeiert hat, bis hin zu Zusammenkünften, bei denen Fans in entsprechender Gewandung die Story wieder aufleben lassen, wie die *Drei Haselnüsse für Aschenbrödel*. Die Produktion der CSSR und DDR aus dem Jahr 1973, mit der eingängigen Musik von Karel Svoboda gehört ganz eindeutig zu den absoluten Klassikern der tschechischen Märchenverfilmungen.

Die Filmgeschichte weicht an vielen Stellen vom Aschenputtel mit der KHM-Nummer 21 ab. Statt ganz fromm auf das Bäumchen auf dem Grab der Mutter zu vertrauen, hat Aschenbrödel (dieser Name taucht 1845 statt Aschenputtel in Ludwig Bechsteins Sammlung „Deutsches Märchenbuch" auf) eben drei Haselnüsse, die Wünsche erfüllen. Der Haselreis, aus dem im Grimmschen Märchen der Baum auf dem Grab wächst, kommt in der Ausgabe von 1812 übrigens noch nicht vor. Da erhält Aschenputtel auf dem Totenbett von der Mutter den Rat, es zu pflanzen.

Diese Nüsse sind magisch und werden, indem Aschenbrödel sie hinter sich auf den Boden wirft, zu drei schicksalsträchtigen Gewändern. Mit dem ersten trifft sie als Jäger verkleidet den Prinzen im Wald, mit dem zweiten tanzt sie mit dem Angebeteten auf dem Ball und im dritten schließlich heiratet sie. Tauben als übernatürliche Helfer gibts natürlich trotzdem. Und diese sorgen für die Einordnung von Aschenputtel in den ATU, nämlich unter der Nummer 510. Der Film bietet zudem noch das treue Pferd Nikolaus, den Hund Kasperle und die geheimnisvolle Eule Rosalie, die Aschenbrödels verbliebene Schätze in einer Schatulle bewacht, als reizende, tierische Nebendarsteller. Wie gesagt, zu Weihnachten kommt man fast nicht daran vorbei.

Vielen ist inzwischen die tschechische Filmversion fast geläufiger als das Märchen der Brüder Grimm. Und die wenigsten wissen, dass eigentlich ein Kunstmärchen auf der Basis von Aschenputtel dafür Pate gestanden hat.

Die Rede ist von Bozena Nêmkovás gleichnamigem Märchen, das zwischen 1842 und 1845 entstanden ist. Was in der Verfilmung allerdings fehlt, ist der Umstand, dass Frau Nêmková Motive aus DER FROSCHKÖNIG ODER DER EISERNE HEINRICH und FRAU HOLLE in ihrem Kunstmärchen untergebracht hat. So fällt Aschenbrödel zum Beispiel der Haselzweig mit den Nüssen in einen Brunnen und wird von einem Frosch wiedergebracht, der ihr den Tipp gibt, eine Nuss zu öffnen „und was du drinnen findest, ist dein." Aschenbrödel behandelt den Frosch freilich wesentlich besser, als die verzogene Prinzessin im Grimmschen Märchen. Statt in den Wald zur Jagd oder auf einen Ball führt Aschenbrödels Weg im Kunstmärchen diese an drei aufeinanderfolgenden Sonntagen in die Kirche, wo es auf den jungen Fürsten trifft. Der verweigerte Kirchgang findet sich als Motiv in einer Aschenputtelversion aus der Gegend von Zittau wieder, so die Brüder Grimm in den Anmerkungen. Der Brunnen, in dem der übernatürliche Helfer, der Frosch, lebt, ist wie in FRAU HOLLE ein magischer Raum. Die Gewänder, die Aschenbrödel aus den Nüssen erhält, sind ein „Sonnenkleid", ein „Mondkleid" und ein „Sternenkleid", in dem das Mädchen schön ist, wie der Abendstern. Das Ende ist klassisch, Dora, die böse Stiefschwester wird, vom Prinzen verstoßen und Aschenbrödel als die wahre Braut heimgeführt.

In den Anmerkungen zu den Märchen erwähnen Jacob und Wilhelm noch einige andere Versionen von ASCHENPUTTEL, die aus verschiedenen Teilen Deutschlands stammen und teilweise Motive aus anderen enthalten. Darunter sind Teile aus *Blaubart*, SCHNEEWITTCHEN und BRÜDERCHEN UND SCHWESTERCHEN. Hier haben die beiden – und vor allem Wilhelm – also wieder ganze Arbeit geleistet, eine zusammenhängende „reine" Märchenfassung zu schaffen.

Das Blaubartmotiv ist ein Jahr nach der Hochzeit Aschenputtels mit dem Prinzen angesiedelt. Die junge Fürstin erhält von ihrem Mann vor seiner Abreise einen Schlüsselbund für das gesamte Schloss, nur eines der Zimmer darf sie auf keinen Fall aufschließen. Die falsche Schwester verführt sie jedoch dazu, das Verbot zu missachten. Im verbotenen Zimmer befindet sich, oh Grusel, ein Blutbrunnen. Nach der Geburt ihres Sohnes (und das erinnert an Brüderchen und Schwesterchen) wird sie in diesen hineingeworfen, bis ihr Jammern zu ihrer Befreiung und zur Bestrafung der bösen Schwester führt.

Das Märchen *Blaubart*, das ja bis heute zu unzähligen Varianten und Adaptionen in Film, Literatur und Kunst geführt hat, ist wiederum nur in der Erstausgabe der KHM von 1812 erhalten und danach nicht mehr. Es ist ja auch selbst für ein Grimmsches Märchen ungewöhnlich grausam, geht es hier doch um einen Serienkiller, der aus Gewohnheit seine Frauen umbringt. Eine frühe und sehr bekannte Fassung findet sich – wie so oft – unter den Märchen von Perrault.

Man könnte jetzt schon wieder ein fröhliches Lied anstimmen, Aschenputtel scheint wahrhaftig die musikalische Kreativität zu beflügeln, denn als nächstes geht es um einen Disneyfilm und die kommen bekanntlich selten ohne Singerei aus. In dem Zeichentrickfilm aus dem Jahr 1950 fährt Cinderella mit einem Kürbis, der zur Kutsche wird, zum Ball und die hilfreichen Mäuse, ihre Freunde Jaques und Karli, verwandeln sich in Diener. Um Mitternacht soll der Spuk vorbei sein und sich alles zurückverwandeln, bis dahin muss die Heldin wieder zu Hause sein.

Als der Glasschuh (kein Goldpantoffel) anprobiert werden soll, sperren die bösen Stiefschwestern Anastasia und Drizella Cinderella ein. Die Schöne wird jedoch von ihren Freunden befreit, der Schuh passt und – naja, Sie wissen schon.

Auch diese Verfilmung ist in vielen Punkten anders als das Märchen von den Brüdern Grimm. Aber sie basiert auf einem anderen früheren Märchen aus Frankreich. Jawohl, Perrault hat mal wieder zugeschlagen. In *Cendrillon ou la Petite Pantoufle de verre* (Aschenputtel oder der kleine Glasschuh) fährt das Mädchen mit Hilfe ihrer zaubernden Patin zweimal zum Ball, Mäuse und Ratten werden in Diener und Kutscher, ein Kürbis in die Kutsche verwandelt.

Interessant ist bei Perrault die Schlussszene – alle seine Märchen sind ja mit einer Moral versehen – in der die bösen Schwestern Aschenputtel um Vergebung bitten und das Mädchen sie ihnen auch gewährt und sie in Gnaden und Liebe aufnimmt. Das klingt ganz anders als die harte Bestrafung bei den Brüdern Grimm. „Gute Menschen werden durch das Glück immer besser", so urteilt Perrault und so leben alle Beteiligten in Frieden und Aschenputtel wird eine große Königin.

Man könnte jetzt noch stundenlang weitermachen und die zahllosen Filme, Romane, Märchenvorlagen und Persiflagen und was nicht noch alles aufzählen und analysieren, doch das würde den Rahmen eindeutig sprengen. Festzuhalten bleibt, dass Aschenputtel sicher zu den bekanntesten und beliebtesten Märchen gehört und das sicher noch eine ganze Weile so bleiben wird.

Von Hunden und Ochsenfröschen

Wieso dieses Theater? Wieso gibt sich das gute Aschenputtel nicht direkt dem Königssohn zu erkennen, und beendet damit selbst sein Leid unter der Knechtschaft der beiden Stiefschwestern? Klar, das Ganze ist ein Märchen, vielen Dank für den Hinweis. Und dieses Märchen strotzt nur so vor Symbolen, beispielsweise in Form verschiedener Bäume oder der Zahl drei. Auch haben wir hier wieder Motive, die wir bereits aus den anderen Märchen kennen: böse Stiefmütter[1] mit ihrer Brut, Königssöhne, die immer nur noch auf die passende Braut warten, sprechende Tiere und die Strafe der Blindheit für die Bösen.

OK, das alles erklärt aber nicht, wieso Aschenputtel nicht nur a) das alles mit sich machen lässt und b) nicht die Möglichkeit ergreift, sich dem Prinzen zu erkennen zu geben[2]. Wir können die Frage ausweiten, und so erhält sie plötzlich wieder Relevanz für unseren Alltag: wieso verbleiben Menschen oft lange in Situationen und vor allem in Beziehungen, die für sie unangenehm sind. Aschenputtels Vater ist wohl eine gute, aber schwache Person, Stiefmutter und -schwestern sind von „schwarzem" Herzen; und quälen das Mädchen[3] zunehmend.

Hier finden wir ein Phänomen, das man oft als Ochsenfroscheffekt bezeichnet, auch wenn die nachfolgende Geschichte nicht stimmt: angeblich ist es nämlich so, dass ein Ochsenfrosch dergestalt kulinarisch zuzubereiten ist, indem man ihn in kaltes Wasser setzt und dieses seeeeehr langsam erwärmt. Das Tier würde den schrittweisen Anstieg der Wassertemperatur nicht merken und schließlich eben beim Kochen zu Tode kommen, ohne dass es versuchte aus dem offenen Kochtopf zu springen. Wie gesagt: die Geschichte stimmt nicht, und ein jeder Koch wird ihnen erklären, dass die Zubereitung von Fröschen deutlich weniger langwierig ist; Kochtopfdeckel und diverse Schlaggeräte spielen dabei eine nicht unwesentliche Rolle. Aber das Grundprinzip wird oft trotzdem in Psychoseminaren verbreitet und könnte auch auf unser sympathisches Mädchen ohne Namen, aber mit tierischen Helfern zutreffen: wenn mein Leben sich immer nur in kleinen Schritten verändert, dann merke ich mitunter gar nicht, an welchem Punkt ich zum Schluss stehe. Es ist in gewisser Weise die negative Seite all jener Sprüche, die gerne irgendwelchen Fernöstlern zugeschrieben werden, in denen

---

[1] Am Rande: ich verstehe ja, dass es aufgrund der hohen Säuglingssterblichkeit früher viel mehr verwitwete Männer gab, als heute. Aber wo kommen diese ganzen Frauen mit und ohne Kindern her, die diese Witwer dann heiraten? Das kann doch schon allein rechnerisch nicht aufgehen. Hat das jemals jemand nachgerechnet? Wieder keiner, oder? Naja.
[2] Und ja, ich meine hier auch im biblischen Sinne.
[3] Hat die eigentlich keinen echten Namen? Sabine? Jaqueline? Ute? Erna?

es dann heißt, dass man auch den längsten Weg gehen kann, wenn man sich nur darauf konzentriert, dass es eine Abfolge vieler kleiner Schritte ist. Ist Aschenputtel also ein Ochsenfrosch?

Möglich. Ein anderes Phänomen, das ihr fast schon zwanghaftes Verbleiben in der unangenehmen Situation erklären könnte, ist die „erlernte Hilflosigkeit". Ein gewisser Herr Seligman machte in etwa[4] folgenden Versuch: in eine Box, deren Boden aus Metall war, setzte er einen Hund, dann leitete er Strom durch den Boden. Wenn die Box offen war, sprangen die Hunde wenig überraschend raus. Waren sie in der Box eingeschlossen, war ihnen eben dies nicht möglich. Nun wiederholte Seligman seine Prozedur immer und immer wieder – ein Versuch, den man heute so sicherlich nicht bei einer Ethikkommission ohne weiteres genehmigt bekäme! Schließlich entfernte er auch bei der zweiten Hundegruppe den Deckel der Box wieder. Was nun passierte, erstaunte: die Hunde, die in den verschlossenen Boxen gewesen waren, jaulten bei jedem Stromstoß auf, aber sie versuchten nicht mehr aus der Box zu springen. Die Ergebnisse werden so interpretiert, dass die Hunde erlernt hatten, dass es keinen Sinn machte, sich gegen den Schmerz aufzulehnen, sondern sie ihn nur erdulden konnten. Diese Idee der „erlernten Hilflosigkeit" wird bis heute genutzt, um zu erklären, wieso bspw. Frauen bei Männern bleiben, die sie schlagen. Hat Aschenputtel also in der Vergangenheit versucht zu entkommen, aber nie mit Erfolg? Denkbar ist es. Sollten Sie einwenden: „Darüber steht aber nichts in dem Märchen", möchte ich Sie darauf hinweisen, dass da auch nichts darüber steht, wie ihr Vater die ganze Sache eigentlich findet, und wie es der Stiefmutter gelingt, einen solchen Druck auf sie auszuüben.

Was jedoch auch der Fall sein kann, ist dass Aschenputtel zwar dem System der Stiefmutter entfliehen will, aber in einer Abwägung der möglichen Strafe versus des möglichen Nutzens einige Denkfehler macht, und deswegen dann lieber in den Strukturen bleibt, die es kennt, auch wenn sie ihm missfallen, statt denjenigen zu vertrauen, die sie eben noch nicht kennt. Egal wie schlecht das Leben eines Menschen objektiv von Außen betrachtet ist, so sehr ist er doch oft daran gewöhnt. Viele Menschen empfinden großes Unbehagen dabei, sich einfach auf etwas Neues einzulassen, dessen Ausgang ungewiss ist. Fast jeder von Ihnen wird jemanden kennen, der länger in einem Job verblieb, als es ihm gut tat, schlicht weil er Angst davor hatte, zu kündigen und vielleicht keine neue Anstellung zu finden bzw. aus Furcht dass es ihm eben dort noch schlechter gehen könne. Meist ist dies Unsinn.

---

[4] Ich vereinfache hier ein wenig den Versuchsaufbau. Aber vertrauen Sie mir, Sie verpassen kein wichtiges Detail. Und Nein, die Hunde konnten im Original nicht sprechen.

Und vielleicht kann das die Botschaft sein, die wir von Aschenputtel mitnehmen, fernab von abgeschnitten Fußhaken und sortierten Linsen: trau dich!

Oder wie Lichtenberg sagte: „Ich weiss nicht, ob es besser wird, wenn es anders wird. Aber es muss anders werden, wenn es besser werden soll."

7. Von dem Mäuschen, Vögelchen und der Bratwurst

s waren einmal ein Mäuschen, ein Vögelchen und eine Bratwurst in Gesellschaft gerathen, hatten einen Haushalt geführt, lange wohl und köstlich im Frieden gelebt, und trefflich an Gütern zugenommen. Des Vögelchens Arbeit war, daß es täglich im Wald fliegen und Holz beibringen müßte. Die Maus sollte Wasser tragen, Feuer anmachen und den Tisch decken, die Bratwurst aber sollte kochen.

Wem zu wohl ist, den gelüstet immer nach neuen Dingen! Also eines Tages stieß dem Vöglein unterwegs ein anderer Vogel auf, dem es seine treffliche Gelegenheit erzählte und rühmte. Derselbe andere Vogel schalt es aber einen armen Tropf, der große Arbeit, die beiden zu Haus aber gute Tage hätten. Denn, wenn die Maus ihr Feuer angemacht und Wasser getragen hatte, so begab sie sich in ihr Kämmerlein zur Ruhe bis man sie hieß den Tisch decken. Das Würstlein blieb beim Hafen, sah zu daß die Speise wohl kochte, und wenn es bald Essenszeit war, schlingte es sich ein mal viere durch den Brei oder das Gemüs, so war es geschmalzen, gesalzen und bereitet. Kam dann das Vöglein heim und legte seine Bürde ab, so saßen sie zu Tisch, und nach gehabtem Mahl schliefen sie sich die Haut voll bis den andern Morgen; und das war ein herrlich Leben.

Das Vöglein anderes Tages wollte aus Anstiftung nicht mehr ins Holz, sprechend es wäre lang genug Knecht gewesen, und hätte gleichsam ihr Narr sein müssen, sie sollten einmal umwechseln und es auf eine andere Weise auch versuchen. Und wie wohl die Maus und auch die Bratwurst heftig dafür bat, so war der Vogel doch Meister: es mußte gewagt sein, spieleten derowegen, und kam das Loos auf die Bratwurst, die mußte Holz tragen, die Maus ward Koch, und der Vogel sollte Wasser holen.

Was geschieht? das Bratwürstchen zog fort gen Holz, das Vöglein machte Feuer an, die Maus stellte den Topf zu, und erwarteten allein, bis Bratwürstchen heim käme und Holz für den andern Tag brächte. Es blieb aber das Würstlein so lang unterwegs, daß ihnen beiden nichts gutes vorkam, und das Vöglein ein Stück Luft hinaus entgegen flog. Unfern aber findet es einen Hund am Weg, der das arme Bratwürstlein als freie Beut angetroffen, angepackt und niedergemacht. Das Vöglein beschwerte sich auch dessen als eines offenbaren Raubes sehr gegen den Hund, aber es half kein Wort, denn, sprach der Hund, er hätte falsche Briefe bei der Bratwurst gefunden, deswegen wäre sie ihm des Lebens verfallen gewesen.

Das Vöglein, traurig, nahm das Holz auf sich, flog heim und erzählte was es gesehn und gehöret. Sie waren sehr betrübt, verglichen sich aber das beste zu thun und beisammen zu bleiben. Derowegen so deckte das Vöglein den Tisch und die Maus rüstete das Essen, und wollte anrichten, und in den Hafen, wie zuvor das Würstlein, durch das Gemüs schlingen und schlupfen, dasselbe zu schmelzen: aber ehe sie in die Mitte kam, ward sie angehalten und mußte Haut und Haar und dabei das Leben lassen.

Als das Vöglein kam und wollte das Essen auftragen, da war kein Koch vorhanden. Das Vöglein warf bestürzt das Holz hin und her, rufte und suchte, konnte aber seinen Koch nicht mehr finden. Aus Unachtsamkeit kam das Feuer in das Holz, also daß eine Brunst entstand; das Vöglein eilte Wasser zu langen, da entfiel ihm der Eimer in den Brunnen, und es mit hinab, daß es sich nicht mehr erholen konnte und da ersaufen mußte.

Eine Tierfabel mit Wurst

Wir haben es, wie die aufmerksamen Leser sicher schon gemerkt haben, hier mit einem Tiermärchen zu tun. Es steht in den KHM an Stelle 23 und ist mit der Nummer 85 als Tiermärchen im ATU-Index aufgeführt und in der Gruppe „Sonstige Wildtiere" eingeordnet. Soweit so gut.

Als Jacob und Wilhelm anfingen, Märchen zu sammeln, da hatten sie es ganz besonders auf ebensolche Tiermärchen abgesehen. Sie vermuteten nämlich, dass diese besonders alt und gut überliefert seien. Nicht nur das, auch Spuren germanischer Mythologie, alter Heldendichtung – eben „urdeutscher Mythus" sollten darin enthalten sein. Ursprünglich war es insbesondere die Figur des „Reinhart Fuchs" gewesen, die wegen ihres Bezugs zum Heldenepos für die beiden interessant gewesen war, in der Vorrede zur KHM-Ausgabe von 1812 riefen die Grimms jedoch sogar ihre Leser dazu auf, ihnen Tiermärchen zuzuschicken.[1]

Ob nun „urdeutscher Mythus" unbedingt eine Rolle im Märchen VOM MÄUSCHEN, VÖGELCHEN UND DER BRATWURST spielt, sei dahingestellt. Wo Jacob und Wilhelm es herhaben, das kann man allerdings gut nachvollziehen. Es stammt eigentlich aus dem Werk *Wunderliche und Wahrhafftige Gesichte Philanders von Sittewald* von Johann Michael Moscherosch. Ab 1640 gab der Staatsmann und Pädagoge (1601-1669) unter diesem Titel satirische Geschichten heraus, die hier behandelte ist in Teil zwei zu finden. Clemens Brentano modernisierte es sprachlich und veröffentlichte es 1806 in der überarbeiteten Fassung.

Wenn man die drei Fassungen – Moscherosch, Brentano und Grimm – vergleicht, fällt als erstes die Notwendigkeit einer Modernisierung der ersten Version auf. Moscherosch, der Schöpfer von *Philanders Gesichten* hat übrigens den gesamten Dreißigjährigen Krieg (1618-1648) mitbekommen, was sich in diesem und seinen anderen Werken deutlich niederschlägt. Auch wenn das Märchen vielleicht harmlos wirken mag, eingebettet ist es in ein Werk, das nicht zuletzt von Krieg, Hölle, Tod und Teufel handelt. Zumindest die barocke Sprache, der kleinen Erzählung in der Erzählung musste also dem Publikum des frühen 19. Jahrhunderts schmackhaft gemacht werden. Bei Sätzen wie

> In solcher Ordnung haben sie sich dergestalt bey andern in Ansehen und Würden gesetzet, daß jhnen selbsten wol und nur gar all zu wol gewest bey disen dingen. Dan wem zu wohl ist, den gelüstert immer zu nach was Neuerung.

---

[1] Vgl. Rölleke, Heinz: Die Märchen der Brüder Grimm. Eine Einführung, Reclam, 4. durchgesehen Auflage 2004, S. 45f

wundert einen das auch nicht weiter. Bei Brentano liest sich das schon ein bisschen leichter:

> In solcher Ordnung gieng es ihnen recht wohl und nur allzuwohl, denn wem es zu wohl ist, den gelüstet immer zu nach was Neuerung.

Und bei den Grimms bleibt schließlich kurz und knackig:

> Wem zu wohl ist, den gelüstert immer nach neuen Dingen!

Der Preis für die beste Catchphrase geht also an Jacob und Wilhelm. Es fehlt in den KHM auch die Verbindung zur übrigen Geschichte, die bei Moscherosch folgendermaßen klingt:

> Thurnmeyer erzehlete und sagte dabey, er hätte von einem redlichen Bauren im Waßgau des Teutschlandes Zustand also beschreiben hören, daß es zwar lächerlich, aber gleichwol nicht ohn nutzliches nachsinnen. Es sind, sprach derselbig Baur; der Haupt-stände drey, sie haben alle drey gefehlet, und keinerdem andern zu Gebott oder Gehorsam mehr stehen wollen, daher seye einheimisches Mißtrauen, Uneinigkeit, und endlich diser Untergang so manchen schönen Staths erwachsen.

So wird auch der Bezug für das Tiermärchen oder die Fabel hergestellt, nämlich den Zustand der deutschen Territorien im Krieg zu beschreiben. Brentano übernimmt die einleitenden Sätze noch, schreibt sie aber einem Ich-Erzähler zu, der die Geschichte von dem Bauern gehört hat.

Auch die Moral am Ende der Geschichte, die bei Moscherosch wiederum Thurnmeyer zusammenfasst, ist bei Brentano stark verkürzt und bei Jacob und Wilhelm Grimm gar nicht mehr aufgeführt. Moscherosch schreibt:

> Auch war es mir selbsten genug gesagt, daß man die Welt nicht zu vil Reformiren solte, dan ane statt nutzens hätte man nur schaden im außkehren zu gewarten: wäre also am besten gethan, vil schweigen, vil übertragen und auf Gott allein hoffen.

Zum Glück neigte sich der lange, grausame Krieg langsam dem Ende zu, als Moscherosch mit der Veröffentlichung begann. Acht Jahre später beendete der Westfälische Frieden die Kampfhandlungen, die im Namen der Religion über dreißig Jahre hinweg ganze Landstriche entvölkert hatten.

Die Neugier ist der Bratwurst Tod

*D*ieses Märchen scheint die Frage danach, ob es bereits schon früher psychologische Experimente mit psychoaktiven Substanzen gegeben hätte, klar mir einem „Ja" zu beantworten. Albert Hoffmanns Ausführungen zu seinem LSD-Selbstversuch lesen sich nicht minder skurril, wie die hier vertretene Idee, eine Bratwurst ganz selbstverständlich als Teil einer WG zu akzeptieren, deren andere Mitbewohner eine Maus und ein Vogel sind. Und wieder einmal wissen wir nicht, wie die Figuren unseres Märchens zusammen gefunden haben. Wir erfahren nur, dass die drei eben „in Gesellschaft geraten" waren, jetzt zusammen wohnen und jeder einer Tätigkeit nachgehen muss, damit alles rund läuft.

Am Rande: wir erfahren auch nicht, was das eigentlich für ein „Brei" ist, der nahrhaft für Vogel, Maus und Bratwurst ist. Darüber hinaus, lässt mich die Frage nicht los, womit eine Bratwurst eigentlich isst, oder kocht, oder geht. Aber gut, mir ist bewusst: wir sind in einem Märchen.

Was können wir nun also aus diesem Märchen an gelehrsamer Idee mitnehmen? Der Märchenerzähler hält den Leser offensichtlich nicht für die hellste Flamme im Kohlenofen[2], denn er teilt seine Moral schon mit, bevor das Märchen überhaupt richtig gestartet ist: „Wem zu wohl ist, den gelüstet immer nach neuen Dingen!". Wir sagen heute „Schuster bleib bei deinen Leisten." oder Ähnliches. Allerdings habe ich das Gefühl, dass der Märchenerzähler sein eigenes Märchen vielleicht nicht so ganz verstanden hat.

Denn in der Tat wünscht der Vogel eine Veränderung gegenüber dem Althergebrachten. Und wir erleben hier etwas, dass einem Konservativen feuchte Augen machen wird: sobald sich etwas verändert, wird alles schlecht. Dies kontrastiert mit den Ideen, die wir heute unseren Kindern beibringen wollen, nämlich mit neugierigen, forschenden Sinnen durch die Welt zu gehen, alles zu hinterfragen, nicht einfach ungeprüft stehen zu lassen. Wir verdanken diesen Werteumschwung der Aufklärung und der Wissenschaft im Allgemeinen – und nur noch in abgeschiedenen Bergtälern[3] lehrt man Kinder, dass der status quo das Beste ist, was passieren kann, ohne dass man es hinterfragen sollte. Im Übrigen steht dies im Einklang mit dem, was wir aus der Psychologie über die Neugier wissen. Wie Meister Yoda sagen würde: die Neugier ist stark in uns – sprich wir Menschen können es kaum bis gar nicht ertragen, von der Möglichkeit abgeschnitten

---

[2] Ganz anders als ich. Ich liebe meine Leser, halte Sie für gebildet und intelligent – und empfehle ihnen dringend den Kauf all meiner anderen Bücher als Beweis für die Richtigkeit meiner Einschätzung.

[3] Entsprechend natürlich auch auf CSU-Parteitagen.

zu sein, neue (Sinnes)Erfahrungen zu machen. Ein Experiment, bei dem die Probanden eine Brille aufsetzten, die nur diffuses Licht durchließ, Hände und Füße bandagiert bekamen, der Körper (leicht) auf einer Liege fixiert und schalldichte Kopfhörer aufgesetzt wurden, wurde von den meisten Versuchsteilnehmenden nach kurzer Zeit abgebrochen, auch wenn sie gutes Geld dafür bekommen hätten, einfach nur da zu liegen[4]. OK, diese Message ist also veraltet.

Was begreift aber der Erzähler aus meiner Sicht nicht?

Die Motivationslage aus der der Vogel handelt. Es ist ihm eben nicht „zu wohl". Vielmehr wird er von einem anderen Vogel davon überzeugt, dass er ungerecht behandelt wird. Glaubt er dem Artgenossen vielleicht mehr als Maus und Bratwurst, weil er eben von derselben Gattung ist – haben wir es vielleicht hier mit einem Plädoyer gegen Rassismus zu tun? Nein, ich glaube, das wäre dann doch zu weit hergeholt. Aber es zeigt sich in jedem Fall, welch starker Antrieb das Gefühl sein kann, dass etwas unfair ist bzw. das Arbeit ungerecht aufgeteilt wurde. Es zeigt darüber hinaus aber auch, dass man nicht jedem, der einem irgendetwas von vermeintlicher Ungerechtigkeit zwitschert[5], noble Motive, geschweige denn Recht haben muss. Manchmal beklagen Menschen Ungerechtigkeit dort, wo gar keine ist, sondern wo sie nur von außen so aussieht. Sie tun dies mitunter, wenn es komplexe Sozialsysteme gibt, die ihrer eigenen Wertordnung widersprechen, und sie versuchen, diese auf ein einfaches „Gut" und „Böse" zu reduzieren. Man hüte sich also vor solchen Ratgebern, oder durchdenke in Ruhe das Ganze – und spräche es im Zweifelsfall lösungsorientiert an; etwas was der Vogel augenscheinlich nicht tat, als er den anderen schlicht seine Lösung aufdrückte.

Das kann man aus diesem Märchen lernen.

Als Psychologe möchte ich aber noch eines eindringlich anfügen: wenn eine Bratwurst anfängt mit ihnen zu sprechen, oder gar für sie zu kochen – sollten sie sich in jedem Fall an eine Person ihres Vertrauens wenden.

---

[4] Schlafen war allerdings verboten.
[5] Ja, das Wortspiel zu Twitter ist gewollt, meine Damen und Herren.

8. Frau Holle

ine Wittwe hatte zwei Töchter, davon war die eine schön und fleißig, die andere häßlich und faul. Sie hatte aber die häßliche und faule, weil sie ihre rechte Tochter war, viel lieber, und die andere mußte alle Arbeit thun und der Aschenputtel im Hause sein. Das arme Mädchen mußte sich täglich auf die große Straße bei einem Brunnen setzen, und mußte so viel spinnen, daß ihm das Blut aus den Fingern sprang. Nun trug es sich zu, daß die Spule einmal ganz blutig war, da bückte es sich damit in den Brunnen und wollte sie abwaschen: sie sprang ihm aber aus der Hand und fiel hinab. Es weinte, lief zur Stiefmutter und erzählte ihr das Unglück. Sie schalt es aber so heftig und war so unbarmherzig, daß sie sprach „hast du die Spule hinunterfallen lassen, so hol sie auch wieder heraus." Da gieng das Mädchen zu dem Brunnen zurück und wußte nicht was es anfangen sollte: und in seiner Herzensangst sprang es in den Brunnen hinein, um die Spule zu holen. Es verlor die Besinnung, und als es erwachte und wieder zu sich selber kam, war es auf einer schönen Wiese wo die Sonne schien und viel tausend Blumen standen. Auf dieser Wiese gieng es fort und kam zu einem Backofen, der war voller Brot; das Brot aber rief

„ach, zieh mich raus, zieh mich raus, sonst verbrenn ich: ich bin schon längst ausgebacken."

Da trat es herzu, und holte mit dem Brotschieber alles nach einander heraus. Danach gieng es weiter und kam zu einem Baum, der hieng voll Äpfel, und rief ihm zu

„ach schüttel mich, schüttel mich, wir Äpfel sind alle mit einander reif."

Da schüttelte es den Baum, daß die Äpfel fielen als regneten sie, und schüttelte bis keiner mehr oben war; und als es alle in einen Haufen zusammengelegt hatte, gieng es wieder weiter. Endlich kam es zu einem kleinen Haus, daraus guckte eine alte Frau, *weil sie aber so große Zähne hatte, ward ihm angst, und es wollte fortlaufen. Die alte Frau aber rief ihm nach „was fürchtest du dich, liebes Kind? bleib bei mir, wenn du alle Arbeit im Hause ordentlich thun willst, so soll dirs gut gehn. Du mußt nur Acht geben daß du mein Bett gut machst und es fleißig aufschüttelst, daß die Federn fliegen, dann schneit es in der Welt; ich bin die Frau Holle." Weil die Alte ihm so gut zusprach, so faßte sich das Mädchen ein Herz, willigte ein und begab sich in ihren Dienst. Es besorgte auch alles nach ihrer Zufriedenheit, und schüttelte ihr das Bett immer gewaltig auf daß die Federn wie Schneeflocken umher flogen; dafür hatte es auch ein gut Leben bei ihr, kein böses Wort, und alle Tage Gesottenes und Gebratenes. Nun war es eine Zeitlang bei der Frau Holle, da ward es traurig und wußte anfangs selbst nicht was ihm fehlte, endlich merkte es daß es Heimweh war; ob es ihm hier gleich viel tausendmal besser gieng als zu Haus, so hatte es doch ein Verlangen dahin. Endlich sagte es zu ihr „ich habe den Jammer nach Haus kriegt, und wenn es mir auch noch so gut hier unten geht, so kann ich doch nicht länger bleiben, ich muß wieder hinauf zu den Meinigen." Die Frau Holle sagte „es gefällt mir, daß du wieder nach Haus verlangst, und weil du mir so treu gedient hast, so will ich dich selbst wieder hinauf bringen." Sie nahm es darauf bei der Hand und führte es vor ein großes Thor. Das Thor ward aufgethan, und wie das Mädchen gerade darunter stand, fiel ein gewaltiger Goldregen, und alles Gold blieb an ihm hängen, so daß es über und über davon bedeckt war. „Das sollst du haben, weil du so fleißig gewesen bist" sprach die Frau Holle und gab ihm auch die Spule wieder, die ihm in den Brunnen gefallen war. Darauf ward das Thor verschlossen, und das Mädchen befand sich oben auf der Welt, nicht weit von seiner Mutter Haus: und als es in den Hof kam, saß der Hahn auf dem Brunnen und rief*

„kikeriki,
unsere goldene Jungfrau ist wieder hie."

Da gieng es hinein zu seiner Mutter, und weil es so mit Gold bedeckt ankam, ward es von ihr und der Schwester gut aufgenommen.

Das Mädchen erzählte alles, was ihm begegnet war, und als die Mutter hörte wie es zu dem großen Reichthum gekommen war, wollte sie der andern häßlichen und faulen Tochter gerne dasselbe Glück verschaffen. Sie mußte sich an den Brunnen setzen und spinnen; und damit ihre Spule blutig ward, stach sie sich in die Finger und stieß sich die Hand in die Dornhecke. Dann warf sie die Spule in den Brunnen und sprang selber hinein. Sie kam, wie die andere, auf die schöne Wiese und gieng auf demselben Pfade weiter. Als sie zu dem Backofen gelangte, schrie das Brot wieder

„ach, zieh mich raus, zieh mich raus, sonst verbrenn ich, ich bin schon längst ausgebacken."

Die Faule aber antwortete „da hätt ich Lust mich schmutzig zu machen," und gieng fort. Bald kam sie zu dem Apfelbaum, der rief

„ach, schüttel mich, schüttel mich, wir Äpfel sind alle mit einander reif."

Sie antwortete aber „du kommst mir recht, es könnte mir einer auf den Kopf fallen," und gieng damit weiter. Als sie vor der Frau Holle Haus kam, fürchtete sie sich nicht, weil sie von ihren großen Zähnen schon gehört hatte, und verdingte sich gleich zu ihr. Am ersten Tag that sie sich Gewalt an, war fleißig und folgte der Frau Holle, wenn sie ihr etwas sagte, denn sie dachte an das viele Gold, das sie ihr schenken würde; am zweiten Tag aber fieng sie schon an zu faullenzen, am dritten noch mehr, da wollte sie Morgens gar nicht aufstehen. Sie machte auch der Frau Holle das Bett nicht wie sichs gebührte, und schüttelte es nicht, daß die Federn aufflogen. Das ward die Frau Holle bald müde und sagte ihr den Dienst auf. Die Faule war das wohl zufrieden und meinte nun würde der Goldregen kommen; die Frau Holle führte sie auch zu dem Thor, als sie aber darunter stand, ward statt des Goldes ein großer Kessel voll Pech ausgeschüttet. „Das ist zur Belohnung deiner Dienste" sagte die Frau Holle und schloß das Thor zu. Da kam die Faule heim, aber sie war ganz mit Pech bedeckt, und der Hahn auf dem Brunnen, als er sie sah, rief

„kikeriki,
unsere schmutzige Jungfrau ist wieder hie."

Das Pech aber blieb fest an ihr hängen und wollte, so lange sie lebte, nicht abgehen.

Erziehung muss sein

*G*ute Mädchen kommen in den Himmel, böse überall hin. Spätestens als 1994 das gleichnamige Buch von Ute Ehrhardt erschien, war klar, dass man nicht unbedingt brav sein muss, um es als Frau im Leben zu etwas zu bringen. Brav sein ist nicht angesagt, nur die Erwartungen anderer zu erfüllen auch nicht. Viele Frauen haben das inzwischen zum Glück verinnerlicht. Aber als sich in den gutbürgerlichen Kinderstuben das Märchen von FRAU HOLLE bzw. Goldmarie und Pechmarie erzählt wurde, das als Nummer 24 Eingang in die Kinder- und Hausmärchen fand, da war die Welt noch in Ordnung und brave – oder vielmehr fleißige – Mädchen wurden mit Gold und faule mit Pech übergossen.

Der ATU orientiert sich zwecks Einordnung nicht an der Figur der Frau Holle und stuft es in die Gruppe übernatürlicher Helfer oder Widersacher ein – sie ist ja auch beides – sondern an den beiden Halbschwestern. Mit der Nummer 480 befindet es sich unter den Märchen über „Übernatürliche Aufgaben" und dort bei den „Geschichten von artigen und unartigen Mädchen".

Man kann gerade an diesem Märchen sehr schön erkennen, wie stark vor allem Wilhelm Grimm die mündlichen Erzählungen bearbeitet hat. In den Anmerkungen zu den KHM werden einige andere Erzählungen neben dieser aus Hessen und Westfalen genannt, sie stammen aus der „Schwalmgegend" (also im Grunde Nordhessen), dem „Paderbörnischen" und aus Thüringen. Zum Teil wirken diese Märchenvarianten eher uneinheitlich, besonders die aus der Gegend um Paderborn. Die Aufgaben, die von den handelnden Figuren erledigt werden müssen, reichen über die verschiedenen Versionen hinweg vom Melken von Kühen, Bäumchenschütteln, Affen, Bären und Hexen lausen und Haare kämmen, bis hin zu Küchenarbeit. Das Kernmotiv ist jedoch immer gleich: Fleiß und Demut zahlen sich aus, Gier und Faulheit nicht.

Das Märchen FRAU HOLLE mit seinen Vorläufern und Varianten wirkt also in hohem Maße erzieherisch, ein Umstand, der nicht nur bei vielen anderen Märchen, sondern sogar bei anderen Erzählgattungen eine Rolle spielt. Auch die heute noch kursierenden, sogenannten „Modernen Sagen" arbeiten mit einer Moral, die zwischen den Zeilen transportiert wird.

Auch wenn es bei der motivischen Einordnung des Märchens nicht um sie ging, ist Frau Holle natürlich ein ganz zentrales Element der Geschichte. Sie kann Wetter wirken (es schneien lassen) und ist die Hüterin der eben erwähnten Moral, überwacht, belohnt und straft. In der kulturgeschichtlichen Deutung ist der Weg von der Märchengestalt zu einer Muttergottheit, die für sie Pate gestanden hat, daher nicht weit.

Jacob Grimm veröffentlichte 1835 die *Deutsche Mythologie* in drei Bänden. Darin findet alles Platz, was in der (Aber-)Glaubenswelt eine Rolle spielt. So eben auch vor- und frühchristliche Religionsbestandteile.[1]

Laut eben dieser Glaubensschnipsel gibt es die mythische Gestalt der Frau Holle, die es schneien lassen kann, gern in Brunnen wohnt und sogar ihren Platz im Wütenden Heer hat, das in den 12 Rauhnächten (gerechnet ab der Wintersonnenwende), sein Unwesen treibt. Auch das Symbol der Spindel, die ja im Märchen eine zentrale Rolle spielt, kommt im Volksglauben an Frau Holle vor. Sie „kümmert" sich um die Mädchen, die spinnen müssen, belohnt die fleißigen, straft die faulen unter ihnen. Etwas gruseliger wird es dann schon bei der Vorstellung, dass Frau Holle im Rahmen ihrer Tätigkeit beim Wütenden Heer, die Seelen verstorbener, ungetaufter Kinder aufnimmt.

Diese Eigenschaften findet man wieder, wenn man sich die der nordischen Göttin Frigg zu Gemüte führt. Die Germanistin Erika Timm geht davon aus, dass der Name „Holle" aus einem Beinamen der Göttin entstanden ist, der soviel bedeutet, wie „die Huldvolle".

Auch der Schweizer Germanist und Historiker Ernst Götzinger (1837 bis 1896) hat in seinem 1881 erschienenen *Reallexikon der deutschen Altertümer. Ein Hand- und Nachschlagebuch für Studierende und Laien.* Frigg einen ausführlichen Artikel gewidmet. Es spricht Vieles dafür, dass „Holle" einer der zahlreichen Namen der Göttin ist. Weitere, in anderen Landstrichen verbreitete sind Perchta im süddeutschen und alpenländischen Raum, Stampa in Tirol und z. B. Urschel oder Orschel im mittel- und süddeutschen Raum.

Zudem gibt es Hinweise darauf, dass durchaus Berührungspunkte zur Totengöttin Hel bestehen. Die Tochter des Zwietracht säenden Gottes Loki und der Riesin Angrboda ist die Herrscherin der Unterwelt. Auch etymologisch kann man eine Verbindung herstellen, wenn man davon ausgeht, dass es einen Zusammenhang zwischen dem altnordischen Wort Hel und dem deutschen Wort Hölle gibt und dieses wiederum mit dem Wort „Holle" in Verbindung steht. Auch die Darstellung von Frau Holles „Lebensraum" im Märchen lässt auf eine wie auch immer geartete Unterwelt schließen.

Wir haben hier also ein Märchen vor uns, dessen zentrales Motiv sich sehr weit, bis in die vorchristliche Zeit, zurückverfolgen lässt. Das klappt (leider) nicht immer so gut, wie im Fall von Frau Holle.

---

[1] Vgl. Postma, Heiko: „,...dann leben sie noch heute!" Über die Gelehrten, Volkskundler und Märchen-Sammler Jacob & Wilhelm Grimm (1785-1863 & 1786-1859), Von Büchern und Menschen 7, jmb-Verlag 5. Auflage 2012, S. 39f

Betrachtungen des Lokus

Soso, da muss also die eine Tochter das „Aschenputtel" sein. Dieses Märchen zeigt eindrucksvoll, dass cross-postings keine Sache sind, die wir erst durch social media lernen durften, sondern dass es das durchaus schon früher gab. Doch, halt. Ich schreibe ja gar nicht für Internetgeeks. Vergessen wir also diesen Nerdtalk[2] – und starten wir nochmal neu, mit der Sichtweise eines gelehrten Psychologen auf das Märchen.

Ich knicke mir auch Ausführungen dazu, dass sich hinter „Frau Hölle" womöglich die alte germanische Göttin „Hel" versteckt, zu der jene Verstorbenen kamen, denen der Einzug nach Walhalla vorenthalten blieb. Oder so ähnlich. Ich bin eben Psychologe und kein Kulturwissenschaftler.

Und als Psychologe stelle ich fest, dass wir hier ein schönes Beispiel für etwas haben, was man in der Sozialpsychologie den „Gerechte-Welt-Glaube" nennt. Eigentlich ist dieser Begriff schon ein wenig selbsterklärend, trotzdem hole ich aber ein wenig aus: es geht um die Frage, wieso sich ein Leben so entwickelt, wie es sich entwickelt. Ist das alles Zufall? Vorhersehung? Göttliches Schicksal? Oder ist der Mensch selbst dafür verantwortlich, was ihm im Leben widerfährt? Oder ist es die Gesellschaft? Die Familie? Die Eltern? Der Staat?

Menschen haben diese Frage nach der Kausalität schon immer unterschiedlich beantwortet, und grob kann man dabei zwei Extreme unterscheiden: ich bin Spielball äußerer Kräfte und ich bin selbst Ursache all dessen, was mir widerfährt. Da also betrachtet wird, wo der „Ort der Kontrolle" liegt, und Psychologen das Angelsächsische mögen, ist der Fachbegriff hierfür „locus of control", und man spricht von einem „internal" locus of control, wenn man eben glaubt, selbst verantwortlich zu sein, und beim Gegenteil von einem external locus of control.

Menschen mit einem external locus of control haben es oft schwer im Leben, sie fühlen sich hilflos Schicksalsschlägen ausgeliefert, glauben stärker an dunkle Verschwörungen, und neigen eher zu Depressionen.

Der internal locus of control ist aber dicht verknüpft mit dem Gerechte-Welt-Glaube. Der bezeichnet nämlich die Überzeugung, dass Menschen im Leben unterm Strich das bekommen, was sie verdienen. Und gerade das zeigt uns dieses Märchen wunderbar. Stören wir uns nicht daran, dass die Schönen im Märchen immer die Fleißigen und die Faulen die Hässlichen sind[3]. Blicken wir lieber darauf, dass die fleißige Tochter am Ende mit Gold und die Faule mit Pech überschüttet wird. Jede kriegt, was sie verdient.

---

[2] Ich hoffe hier viele Minuten Googlebares kreiert zu haben.
[3] Wahrscheinlich eine Metapher aufs Innerste der Psyche. Es ist doch kaum vorstellbar, dass Märchen Klischees bedienen, oder? Oder? Werde das `mal am nächsten Brunnen diskutieren, in den Töchter etwas haben reinfallen lassen.

Diese Aussage ist übrigens nicht ganz kompatibel mit dem christlichen Glauben, dem der Schreiber des Märchens sicher angehörte. Denn dort wird gelehrt, dass alle, wenn sie nicht gerade Unmengen von Sünden angehäuft haben, eines Tages bei Gott und damit im Licht sein werden. Dabei werden, je nach christlicher Spielart, die Sünden per Beichte vergeben, werden in irgendwelchen Wartebereichen abgearbeitet, oder sind von Jesus allgemein vergeben worden durch seinen Tod am Kreuz. Nur ein kleiner protestantischer Sonderweg machte den Gedanken auf, dass wer im Diesseits arbeitet wie ein Tier und wirtschaftlichen Erfolg hat, auch im Jenseits ganz gut dastehen wird. Dieser religiöse Gedanke verträgt sich auf politischer Spielwiese mit dem liberalen Gedankengut – und wieder bin ich von der Psychologie ein wenig abgerückt. Aber eben nur ein wenig, denn eine Gesellschaft, die auf liberalen, im weitesten Sinne kapitalistischen Fundamenten aufbaut, kann nur dann funktionieren, wenn auf individueller, psychologischer, Ebene der Glaube daran überwiegt, dass jeder alles erreichen kann, voilá, also der Gerechte-Welt-Glaube herrscht.

Insofern sollte dieses Märchen besonders beliebt in der westlichen Hemisphäre sein.

Andererseits: es trägt auch den Kern des Aufruhrs in sich, da man die Geschichte auch so verstehen kann, dass diejenigen, die lange Zeit privilegiert waren, unterm Strich für ihr Fehlverhalten büßen werden. Und dieser Gedankengang ist gesellschaftspolitisch linken Ideologien recht zuträglich, die ja letztlich ebenso Erlösungsideen in sich tragen wie die monotheistischen Religionen.

Kapitalismus und Kommunismus also in einem Märchen vereint? Wage ich wirklich das zu sagen? Ähm, äh, was ich sage ist dies: In FRAU HOLLE steckt tief verankert der „Gerechte-Welt-Glaube". Was der Einzelne nun in der Gesellschaft damit macht, das liegt bei ihm. Und ist ein Problem der Soziologen.

Ein kleiner Hinweis noch am Schluss: es ist schon auffällig, wie oft in Märchen Brunnen Verbindungen zu einer Anderswelt darstellen, eine Idee, die sich ja auch in modernen Horrorfilmen wie *The Ring* wiederfindet. Möglicherweise liegt dies an den wahrnehmungspsychologischen Effekten, die beim Starren auf die stille Brunnenoberfläche bzw. beim Blicken in die Brunnentiefe auftreten: das Ausbreiten eines Gefühls der Unendlichkeit, obwohl doch klar ist, dass es ein Ende geben muss und zudem das Gefühl, dass das eigene Gesicht „falsch" ist, wenn man es nur lange genug im Wasser-Spiegel betrachtet[4]. Oder wie Nietzsche sagte: „wenn du lange in einen *Abgrund* blickst, blickt der *Abgrund* auch in dich hinein."

---

[4] Übrigens gibt es einen eben solchen Effekt, wenn man lange genug in einen Spiegel schaut, was in Polen zu dem Ausdruck führte „Wenn Du lange in einen Spiegel guckst, siehst du den Teufel" – ein Satz der mich eine gewisse Zeit lang tatsächlich Angst vor Spiegeln haben ließ. Auch hier sei auf einschlägige Horrorfilme verwiesen.

9. Rothkäppchen

s war einmal eine kleine süße Dirne, die hatte jedermann lieb, der sie nur ansah, am allerliebsten aber ihre Großmutter, die wußte gar nicht was sie alles dem Kinde geben sollte. Einmal schenkte sie ihm ein Käppchen von rothem Sammet, und weil ihm das so wohl stand, und es nichts anders mehr tragen wollte, hieß es nur das Rothkäppchen. Eines Tages sprach seine Mutter zu ihm „komm, Rothkäppchen, da hast du ein Stück Kuchen und eine Flasche Wein, bring das der Großmutter hinaus; sie ist krank und schwach und wird sich daran laben. Mach dich auf bevor es heiß wird, und wenn du hinaus kommst, so geh hübsch sittsam und lauf nicht vom Weg ab, sonst fällst du und zerbrichst das Glas und die Großmutter hat nichts. Und wenn du in ihre Stube kommst, so vergiß nicht guten Morgen zu sagen und guck nicht erst in alle Ecken herum."

„Ich will schon alles gut machen" sagte Rothkäppchen zur Mutter, und gab ihr die Hand darauf. Die Großmutter aber wohnte draußen im Wald, eine halbe Stunde vom Dorf. Wie nun Rothkäppchen in den Wald kam, begegnete ihm der Wolf. Rothkäppchen aber wußte nicht was das für ein böses Thier war und fürchtete sich nicht vor ihm. „Guten Tag, Rothkäppchen," sprach er. „Schönen Dank, Wolf." „Wo hinaus so früh, Rothkäppchen?" „Zur Großmutter." „Was trägst du unter der Schürze?" „Kuchen und Wein: gestern haben wir gebacken, da soll sich die kranke und schwache Großmutter etwas zu gut thun, und sich damit stärken." „Rothkäppchen, wo wohnt deine Großmutter?" „Noch eine gute Viertelstunde weiter im Wald, unter den drei großen Eichbäumen, da steht ihr Haus, unten sind die Nußhecken, das wirst du ja wissen" sagte Rothkäppchen. Der Wolf dachte bei sich „das junge zarte Ding, das ist ein fetter Bissen, der wird noch besser schmecken als die Alte: du mußt es listig anfangen, damit du beide erschnappst." Da gieng er ein Weilchen neben Rothkäppchen her, dann sprach er „Rothkäppchen, sieh einmal die schönen Blumen, die rings umher stehen, warum guckst du dich nicht um? ich glaube du hörst gar nicht, wie die Vöglein so lieblich singen? du gehst ja für dich hin als wenn du zur Schule giengst, und ist so lustig haußen in dem Wald."

Rothkäppchen schlug die Augen auf, und als es sah wie die Sonnenstrahlen durch die Bäume hin und her tanzten, und alles voll schöner Blumen stand, dachte es „wenn ich der Großmutter einen frischen Strauß mitbringe, der wird ihr auch Freude machen; es ist so früh am Tag, daß ich doch zu rechter Zeit ankomme," lief vom Wege ab in den Wald hinein und suchte Blumen. Und wenn es eine gebrochen hatte, meinte es weiter hinaus stände eine schönere, und lief darnach, und gerieth immer tiefer in den Wald hinein. Der Wolf aber gieng geradeswegs nach dem Haus der Großmutter, und klopfte an die Thüre. „Wer ist draußen?" „Rothkäppchen, das bringt Kuchen und Wein, mach auf." „Drück nur auf die Klinke," rief die Großmutter, „ich bin zu schwach und kann nicht aufstehen." Der Wolf drückte auf die Klinke, die Thüre sprang auf und er gieng, ohne ein Wort zu sprechen, gerade zum Bett der Großmutter und verschluckte sie. Dann that er ihre Kleider an, setzte ihre Haube auf, legte sich in ihr Bett und zog die Vorhänge vor.

Rothkäppchen aber war nach den Blumen herum gelaufen, und als es so viel zusammen hatte, daß es keine mehr tragen konnte, fiel ihm die Großmutter wieder ein und es machte sich auf den Weg zu ihr. Es wunderte sich daß die Thüre aufstand, und wie es in die Stube trat, so kam es ihm so seltsam darin vor, daß es dachte „ei, du mein Gott, wie ängstlich wird mirs heute zu Muth, und bin sonst so gerne bei der Großmutter!" Es rief „guten Morgen," bekam aber keine Antwort. Darauf gieng es zum Bett und zog die Vorhänge zurück: da lag die Großmutter, und hatte die Haube tief ins Gesicht gesetzt und sah so wunderlich aus.

„Ei, Großmutter, was hast du für große Ohren!"
„Daß ich dich besser hören kann."
„Ei, Großmutter, was hast du für große Augen!"
„Daß ich dich besser sehen kann."
„Ei, Großmutter, was hast du für große Hände!"
„Daß ich dich besser packen kann."
„Aber, Großmutter, was hast du für ein entsetzlich großes Maul!"
„Daß ich dich besser fressen kann."

Kaum hatte der Wolf das gesagt, so that er einen Satz aus dem Bette und verschlang das arme Rothkäppchen.

Wie der Wolf sein Gelüsten gestillt hatte, legte er sich wieder ins Bett, schlief ein und fieng an überlaut zu schnarchen. Der Jäger gieng eben an dem Haus vorbei und dachte „wie die alte Frau schnarcht, du mußt doch sehen ob ihr etwas fehlt." Da trat er in die Stube, und wie er vor das Bette kam, so sah er daß der Wolf darin lag. „Finde ich dich hier, du alter Sünder," sagte er, „ich habe dich lange gesucht." Nun wollte er seine Büchse anlegen, da fiel ihm ein der Wolf könnte die Großmutter gefressen haben, und sie wäre noch zu retten: schoß nicht, sondern nahm eine Scheere und fieng *an dem schlafenden Wolf den Bauch aufzuschneiden. Wie er ein paar Schnitte gethan hatte, da sah er das rothe Käppchen leuchten, und noch ein paar Schnitte, da sprang das Mädchen heraus und rief „ach, wie war ich erschrocken, wie wars so dunkel in dem Wolf seinem Leib!" Und dann kam die alte Großmutter auch noch lebendig heraus und konnte kaum athmen. Rothkäppchen aber holte geschwind große Steine, damit füllten sie dem Wolf den Leib, und wie er aufwachte, wollte er fortspringen, aber die Steine waren so schwer, daß er gleich niedersank und sich todt fiel.*

Da waren alle drei vergnügt; der Jäger zog dem Wolf den Pelz ab und gieng damit heim, die Großmutter aß den Kuchen und trank den Wein den Rothkäppchen gebracht hatte, und erholte sich wieder, Rothkäppchen aber dachte „du willst dein Lebtag nicht wieder allein vom Wege ab in den Wald laufen, wenn dirs die Mutter verboten hat."

Es wird auch erzählt, daß einmal, als Rothkäppchen der alten Großmutter wieder Gebackenes brachte, ein anderer Wolf ihm zugesprochen und es vom Wege habe ableiten wollen. Rothkäppchen aber hütete sich und gieng gerade fort seines Wegs und sagte der Großmutter daß es dem Wolf begegnet wäre, der ihm guten Tag gewünscht, aber so bös aus den Augen geguckt hätte: „wenns nicht auf offner Straße gewesen wäre, er hätte mich gefressen." „Komm," sagte die Großmutter, „wir wollen die Thüre verschließen, daß er nicht herein kann." Bald darnach klopfte der Wolf an und rief „mach auf, Großmutter, ich bin das Rothkäppchen, ich bring dir Gebackenes." Sie schwiegen aber still und machten die Thüre nicht auf: da schlich der Graukopf etlichemal um das Haus, sprang endlich aufs Dach und wollte warten bis Rothkäppchen Abends nach Haus gienge, dann wollte er ihm nachschleichen und wollts in der Dunkelheit fressen. Aber die Großmutter merkte was er im Sinn hatte. Nun stand vor dem Haus ein großer Steintrog, da sprach sie zu dem Kind „nimm den Eimer, Rothkäppchen, gestern hab ich Würste gekocht, da trag das Wasser, worin sie gekocht sind, in den Trog." Rothkäppchen trug so lange, bis der große große Trog ganz voll war. Da stieg der Geruch von den Würsten dem Wolf in die Nase, er schnupperte und guckte hinab, endlich machte er den Hals so lang, daß er sich nicht mehr halten konnte, und anfieng zu rutschen: so rutschte er vom Dach herab, gerade in den großen Trog hinein und ertrank. Rothkäppchen aber gieng fröhlich nach Haus, und that ihm niemand etwas zu Leid.

Sekt, Sex und Wilde Männer

*D*as Märchen vom rotbehüteten Mädchen und dem bösen und verführerischen Wolf steht in den KHM an Stelle 26 und war von 1812 an mit dabei. Die ATU-Nummer 333 verrät, dass es sich um ein Zaubermärchen der Gruppe „Übernatürliche Gegenspieler" handelt. Das ist auch nicht weiter verwunderlich, denn der Wolf verhält sich nicht wie ein Tier, sondern wie ein Mensch. Innerhalb des Märchens jedoch, halten die handelnden Personen – wie wir es ja schon kennen – diesen Umstand für vollkommen normal.

Auch dieses Märchen hat französische Wurzeln, bzw. vor der Aufzeichnung durch die Brüder Grimm aus den Erzählungen durch Johanna Hassenpflug schon einen ziemlich großen Bekanntheitsgrad in Frankreich und auch in Deutschland. Jacob und Wilhelm haben sich neben der Dame Hassenpflug noch Ludwig Tiecks Versdrama *Leben und Tod des kleinen Rotkäppchen* als Vorbild genommen. Und der wiederum beruft sich auf den märchenaufschreibenden Franzosen, der uns ja schon ein paar mal begegnet ist. Charles Perrault hat seine Version von *Le petit chaperon rouge* 1697 veröffentlicht. Und es lohnt sich, einen genaueren Blick darauf zu werfen.

Die sexuellen Anspielungen, die in der Grimmschen Fassung im Laufe der Überarbeitung fast komplett gestrichen wurden, sind im französischen Rotkäppchen noch wesentlich deutlicher vorhanden. Man erfährt, dass Rotkäppchen keinen Schimmer von der Bösartigkeit mancher Wölfe hat und man daher nicht stehenbleiben sollte, um ihnen zuzuhören. Dem Wolf ist sofort klar, dass Rotkäppchen ein echter Leckerbissen ist, will es auch am liebsten gleich fressen, traut sich aber nicht, weil Holzfäller im Wald sind. Man wäre also nicht ungestört. So bleibt dem Schwerenöter nichts anderes übrig, als Freundlichkeit und Verständnis zu heucheln.

Er teilt Rotkäppchen mit, auch er werde die Großmutter besuchen und schickt es auf seinen Weg – einen längeren, als der den er selbst nehmen wird. Der kleine Wettbewerb („mal sehen, wer eher da ist"), ist also manipuliert. Aber was will man vom bösen Wolf auch erwarten.

Besonders delikat wird die Angelegenheit, als Rotkäppchen vom Wolf, der inzwischen vorgelaufen ist, die Oma verspeist hat und sich ins Bett gelegt hat, die Anweisung erhält, sich zu ihm in die Federn zu begeben. Spätestens jetzt ist die Sache klar und die Anspielung eigentlich schon gar keine mehr.

Das Mädchen kommt der ungewöhnlichen Aufforderung nach. Es entkleidet sich (!), hüpft ins Bett und sieht mit Erstaunen „wie seine Grossmutter ohne Kleider beschaffen war."

Was folgt, ist der Dialog, der in ähnlicher Weise auch bei den Grimms auftaucht. Danach macht aber der Wolf kurzen Prozess. Und damit hat es sich. Kein Jäger kommt zu Hülfe und befreit Großmutter und Rotkäppchen.

Stattdessen kommen wir in den Genuss eines kurzen Gedichts, das davor warnt, wie leicht junge – und erst recht hübsche – Mädchen in die Fänge von Wölfen geraten können. Also junge Damen, nicht vertrauensselig sein und Obacht vor allem vor „den netten Wölfen", die kultiviert und freundlich erscheinen, denn das sind oft die schlimmsten Hallodris.

Soweit die Geschichte bei Perrault. Vergleicht man die KHM-Versionen von 1812 und 1857 stößt man zwar nur auf wenige Details, die im Laufe der Zeit überarbeitet wurden, aber es wird deutlich, dass die bürgerlichen Tugenden stärker herausgearbeitet wurden. Während Rotkäppchen 1812 noch artig sein und die Großmutter grüßen soll, ermahnt die Mutter sie 1857 dazu, „hübsch sittsam" zu gehen. Sie soll also nicht nur brav sein, wie man es von einem Kind verlangen würde, sondern tugendhaft, wie man es von einer jungen Frau erwartet.

In der Fassung von 1812 denkt der Wolf zunächst nur daran, Rotkäppchen zu fressen. Es scheint fast so, als wäre das Fressen der Großmutter nur ein Mittel zum Zweck, während es eigentlich nur um das Mädchen geht. In der Version von 1857 schließlich, will der Bösewicht beide Opfer verschlingen, findet aber, dass Rotkäppchen, das „junge, zarte Ding", sicherlich besser schmecken wird.

In allen Fassungen des Märchens bei den Brüdern Grimm schneidet am Ende der Jäger den Bauch auf und befreit die beiden Opfer. Der Bauch des Wolfes wird mit Steinen gefüllt und das Untier stirbt. Dieses Ende ist entliehen von einem anderen Märchen, indem es in ähnlicher Weise um den Umgang mit und die Warnung vor Gefahren geht. Auch in *Der Wolf und die sieben jungen Geißlein* hat der Wolf am Ende Steine statt seiner Mahlzeit im Bauch, allerdings ertrinkt er, als er von seinem vollen Bauch in einen Brunnen gezogen wird. Das Ertrinken wiederum findet sich im Zusatzteil zu Rotkäppchen wieder, der zeigen soll, wie sowohl Großmutter, als auch Rotkäppchen aus der Begebenheit gelernt haben. Die Motive aus Rotkäppchen, das rote Mäntelchen, die Gefahr durch den Wolf, das Abkommen vom rechten Weg, finden sich in zahlreichen Variationen sowohl vor den Aufzeichnungen durch Perrault und den Grimms, als auch in der Zeit danach.

Wer sich auf die Suche nach den Ursprüngen des Märchens macht, der wird an griechischer Mythologie, Kannibalismus und Werwölfen vorbeikommen, aber vermutlich nicht bis an den Quell vordringen. Aber das gelingt ja bei den allerwenigsten Volksmärchen.

Man wird auch auf Egbert von Lüttich stoßen, der in seinem 14-zeiligen Gedicht *De puella a lupellis seruata*[1] einige Motive aufnimmt, die man auch bei Perrault findet. Nur schreibt Egbert schon im frühen 12. Jahrhundert von dem kleinen Mädchen, das von Wolfswelpen verschont wird.

Die Geschichte ist deshalb hochinteressant, weil sie das auffälligste aller Elemente schon so früh aufs Tableau bringt, nämlich das rote Kleidungsstück.

Der Inhalt ist schnell erzählt, ein kleines Mädchen wird über das Taufbecken gehalten (vom Taufpaten), getauft und es wird ihm bei dieser Gelegenheit ein Kleid aus roter Wolle geschenkt. Bei Sonnenaufgang, so heißt es kryptisch, ist es fünf Jahre alt und streift ohne Angst und Wissen um Gefahr durch den Wald. Das Kind wird von einem Wolf tiefer in den wilden Wald verschleppt, um als Futter für seine Jungen zu dienen. Doch die bringen es nicht fertig, das Mädchen zu zerreißen und liebkosen es stattdessen. Am Anfang steht der Hinweis, dass die bäuerliche Bevölkerung die Geschichte sicher kennen wird, dass es aber wichtiger ist, sie zu bewundern, als nach dem Wahrheitsgehalt zu fragen (das erinnert stark an den nicht vorhandenen Wahrheitsanspruch von Märchen im Gegensatz zu Sagen). Vielleicht wird das Setting mit dieser Vorbemerkung auch ins Volksnahe, Ländliche versetzt. Das Ende ist bemerkenswert – zum einen ruft das Mädchen, als die Gefahr schon vorbei ist, „Ich verbiete euch, ihr kleinen Mäuse, dieses Kleid zu zerreißen, das mir mein Pate bei meiner Taufe geschenkt hat!" und zum anderen schließt das Gedicht mit dem Satz „Gott, der ihr Schöpfer ist, beruhigt die wilden Geister."

Die Moral von der Geschichte ist spannenderweise, dass das rote Kleid eine schützende Wirkung hat. Berlioz fragt sich im Aufsatz, ob die Farbe zufällig gewählt ist oder mit Absicht. Und wenn mit Absicht, was sie symbolisieren soll. Die Farbe Rot mit der Taufe in Verbindung zu setzen, fällt schwer, eher wird sie traditionell mit Feuer oder Blut in Verbindung gebracht. Führt man sich vor Augen, dass das Mädchen durch göttliches Eingreifen gerettet wird, könnte man annehmen, dass das Blut des Herrn gemeint ist. Zudem ist es in der mittelalterlichen Ikonographie nicht ungewöhnlich, rote Kleidung als Vorbeugung vor Gefahr darzustellen.

Wie auch im späteren ROTHKÄPPCHEN, ist auch hier die „Heldin" jung und unschuldig. Sie geht vollkommen ahnungslos durch die Handlung und ruft sogar die Macht des Gewandes an, nachdem es ohnehin schon seine Wirkung getan hat.

---

[1] Vgl. „A Medieval Little Red Riding Hood – The Little Girl Spared by the Wolwes in the Fecunda ratis of Egbert of Liege early 11th Century" von Jaques Berlioz in: Medieval Folklore Volume III, 1994

Die Interpretation dieses kurzen Gedichts ist hochinteressant und lohnt sich nicht nur für Freunde der mittelalterlichen Verse. Wer mehr erfahren möchte, sollte einen Blick in den Aufsatz von Berlioz werfen.

Auf die Geschichte von Kronos, der alle seine Kinder fressen will und mit einem Stein überlistet wird sei hier nur kurz hingewiesen. Zum Schluss seien stattdessen noch zwei Filme aus den letzten Jahren erwähnt.

Red Riding Hood (deutscher Titel: *Unter dem Wolfsmond*) von 2011 entstand unter der Regie von Catherine Hardwicke, die übrigens auch beim ersten Twilight-Film mit von der Partie war. Die Rotkäppchenverfilmung scheint dann auch auf den ersten Blick halb Musikvideo und halb Teenie-Schmonzette zu sein. Allerdings bringt sie ein Motiv, das auch bei Egbert von Lüttich vorkommt, nämlich das rote Gewand (hier ein Umhang mit Kapuze), das eine Schutzfunktion hat. Dazu kommt die Verbindung des Märchenthemas mit dem des Werwolfs. Eigentlich ist das auch nicht weiter verwunderlich, denn schon Perrault soll von den Werwolfsprozessen des 16. Jahrhunderts und den entsprechenden Geschichten beeinflusst worden sein.

Genau umgekehrt verhält es sich mit der Farbsymbolik im Film *The Village - Das Dorf* von M. Night Shyamalan aus dem Jahr 2004. Hier leben die Bewohner einer kleinen Siedlung mitten in den Wäldern von Pennsylvania in Angst und Schrecken vor Monstern, die die Gemeinschaft bedrohen und von der Farbe Rot „magisch" angezogen werden. Die Abwehr- und Schutzfunktion übernehmen in dieser Geschichte gelbe Capes. Der Film ist übrigens clever geschrieben, wunderbar besetzt und empfehlenswert.

Das Märchen von Rotkäppchen und dem bösen Wolf ist, wie man sieht, bis heute ungemein beliebt und wird so oft adaptiert, dass man kaum hinterherkommt. Es bietet eben eine wunderbare Leinwand für alle möglichen Interpretationen, Spielarten und Variationen auf das Thema.

Wenn Sex einmal nicht lustig ist

*A*ch herrje. Eigentlich soll das ja hier eine irgendwie beschwingte psychologische Deutung von Märchen werden. Ich muss aber eingestehen, dass mir dies bei ROTHKÄPPCHEN wirklich schwer fällt. Das liegt nicht daran, dass die Kenntnis der Anatomie eines Wolfes hier absolut hanebüchen ist². Nein, es liegt daran, dass man kein Tiefenpsychologe sein muss, um eine sexuelle Komponente in diesem Märchen zu erkennen, genauer, um das Thema Kindesmissbrauch hier thematisiert zu sehen, das wirklich wenig geeignet erscheint, um humorvoll an die Sache ranzugehen. Gleichwohl ist es ein wichtiges Thema.

Ich habe in meiner Tätigkeit als familienpsychologischer Gutachter bei Gericht und in der Kinder- und Jugendhilfe oft mit Missbrauchsfällen zu tun und erlebe ebenso häufig die Diskussion, wie man Missbrauchsfälle verhindern kann. Im Märchen von dem Mädchen mit dem roten Käppchen erhalten wir einige Antworten, die mal mehr, mal weniger gut sind³. Gehen wir einmal davon aus, dass der Wolf sinnbildlich stehen soll, für Personen, die dem Mädchen oder dem Kind im allgemeinen etwas böses tun wollen. Dann gibt es einen ersten Ratschlag, wie ein Kind sich verhalten kann, damit ihm nichts passiert, es solle sich strikt an das halten, was die Eltern ihm gesagt haben, hier: nicht in den Wald gehen, bei uns: nicht zu Fremden ins Auto steigen.

Es ist frappierend, wie ähnlich die Geschichte von den Blumen, die Rotkäppchen gefallen, den Lockgeschichten ähnelt, die man sich heute von Kinderschändern erzählt, die Kinder mit vermeintlichen Hundewelpen ins Auto locken wollen. In diesem Zusammenhang ist es wichtig zu verstehen, dass Kinder keine Vorstellung von der Gefahr haben, die sie erwartet. Eben dies finden wir auch bei Rotkäppchen wieder, wo gesagt wird, dass Rotkäppchen nicht wissen kann welche Gefahr im Wolf für sie lauert. Wir wissen heutzutage aber, dass die Lockstrategie, die benutzt wird, oft gar nicht darum geht, dass Kindern etwas versprochen wird, sondern dass es zwei „bessere" Strategien gibt, die ich selbst einmal bei einer Schulung für Grundschulkinder ausprobierte und geschockt war, wie gut sie funktionieren. Die eine Strategie ist, dass dem Kind erzählt wird, dass jemandem

---

² Als hätte wirklich jemand geglaubt, man könnte einem Wolf einfach den Bauch aufschneiden, Steine reinfüllen, zunähen und der Bösewicht würde nichts davon merken, bis er aufgewacht ist. Auch wenn wir das selbe Motiv von dem Wolf und den 7 Geislein her kennen.

³ Ich knicke mir jetzt jede Deutung des roten Käppchens als erste Menstruation, so tiefenpsychologisch werde ich jetzt nun doch nicht werden.

aus der Familie etwas passiert sei und es deshalb schnell ins Auto steigen müsse[4]. Die andere Strategie ist, das Kind um Hilfe zu bitten, beispielsweise weil man im Auto sitzt, eine Karte aufgefaltet hat, und das Kind bittet eine bestimmte Straße zu zeigen und dafür kurz einzusteigen. Fast alle Kinder, die ich im Rahmen eines Versuchs so ansprach, waren sofort bereit, ins Auto zu steigen, weil sie zum einen beigebracht bekommen hatten, dass man Hilfe suchenden Menschen hilft und weil sie sich natürlich auch gut damit fühlten, von einem erwachsenen Menschen gebraucht zu werden.

Was können Eltern hiergegen tun? Sie können mit dem Kind klare Regeln besprechen und diese immer und immer wieder durchgehen. Von zentraler Bedeutung dabei ist, dass es keine Ausnahmeregeln gibt und dass das Kind auch keinen Ärger bekommt, wenn es sich an diese Regeln hält. Das erscheint Ihnen selbstverständlich? Nunja, stellen Sie sich vor, es passiert wirklich etwas und jemand soll Ihr Kind an einer Stelle abholen, das Kind weigert sich aber, ins Auto zu steigen, weil Sie dem Kind klargemacht haben, dass es auf keinen Fall in ein anderes Auto steigen darf. Nun steht dieses Kind dort und viele Erwachsene tendieren dann dazu, Ausnahmeregeln zu bauen oder dem Kind zu sagen, dass es in diesem Falle okay sei. Woher soll das Kind aber wissen, wann eine Ausnahmeregel greift und wann nicht? Ergo, Regeln sind Regeln sind Regeln. Dass diese Regeln funktionieren sehen wir beim zweiten Wolf im Märchen[5], bei dem Rotkäppchen sich an die Regeln hält und so dem „Gefressenwerden" entgeht. Im Übrigen kommt beim zweiten Wolf auch klar das triebhafte Denken im Bezug auf Kinderschänder durch, ebenso aber auch, wie das Faktum, dass man relativ sicher ist, solange man im Blickpunkt der Öffentlichkeit ist.

Aber auch eine andere Wahrheit finden wir in Rotkäppchen verpackt, nämlich die, dass die Mehrheit der sexuellen Missbräuche, je nach Quelle geht man von etwa 66% aus, im familiären bzw. häuslichen Umfeld geschehen. Denn der erste Wolf lauert Rotkäppchen schließlich im Haus der Großmutter auf und in gewisser Weise hat das Triebhafte, der Wolf, den guten Menschen, die Großmutter, so verändert, dass hier eine Gefahr für Rotkäppchen entsteht, die sie zwar wiederum spürt, aber nicht genau benennen kann. Klingt etwas seltsam und arg stark gedeutet? Ehrlich gesagt würde ich das auch zuerst so sehen, wenn ich diese Deutung läse, ich weise aber darauf hin, dass es doch nun wirklich unwahrscheinlich ist, dass ein Wolf eine Großmutter verschluckt und das Kind nicht erkennt, dass dort der Wolf und nicht die Großmutter liegt, das heißt ich gehe davon aus, dass es hier ein Sinnbild dafür ist, dass eine eigentlich vertraute Person, nämlich

---

[4] Diese Strategie kam in meiner Schulung nicht zum Einsatz.
[5] Von dem ich bis gerade gar nicht wusste, dass es ihn überhaupt gab.

die Großmutter, auf einmal von einem „bösen Impuls", hier nämlich dem Wolf, getrieben ist und deswegen so handelt, wie sie handelt.

Die Schlussfolgerung, die an dieser Stelle jedoch leider im Märchen fehlt, ist, dass ein Kind auch beigebracht bekommen sollte, zu benennen, wenn es sich in seinem engsten Umfeld unwohl oder bedrängt fühlt und klar „nein" sagen darf. Und das fängt mitunter schon im Kleinen an, zum Beispiel dann, wenn ein Kind sich verweigert, weil es eben nicht einen großen Schmatzer von der Großtante auf den Mund gedrückt bekommen möchte.

10. Das Mädchen ohne Hände

Ein Müller war nach und nach in Armuth gerathen und hatte nichts mehr als seine Mühle und einen großen Apfelbaum dahinter. Einmal war er in den Wald gegangen Holz zu holen, da trat ein alter Mann zu ihm, den er noch niemals gesehen hatte, und sprach „was quälst du dich mit Holzhacken, ich will dich reich machen, wenn du mir versprichst was hinter deiner Mühle steht." „Was kann das anders sein als mein Apfelbaum?" dachte der Müller, sagte „ja," und verschrieb es dem fremden Manne. Der aber lachte höhnisch und sagte „nach drei Jahren will ich kommen und abholen was mir gehört," und gieng fort. Als der Müller nach Haus kam, trat ihm seine Frau entgegen und sprach „sage mir, Müller, woher kommt der plötzliche Reichthum in unser Haus? auf einmal sind alle Kisten und Kasten voll, kein Mensch hats hereingebracht, und ich weiß nicht wie es zugegangen ist." Er antwortete, „das kommt von einem fremden Manne, der mir im Walde begegnet ist und mir große Schätze verheißen hat; ich habe ihm dagegen verschrieben was hinter der Mühle steht: den großen Apfelbaum können wir wohl dafür geben." „Ach, Mann," sagte die Frau erschrocken, „das ist der Teufel gewesen: den Apfelbaum hat er nicht gemeint, sondern unsere Tochter, die stand hinter der Mühle und kehrte den Hof."

Die Müllerstochter war ein schönes und frommes Mädchen, und lebte die drei Jahre in Gottesfurcht und ohne Sünde. Als nun die Zeit herum war, und der Tag kam, wo sie der Böse holen wollte, da wusch sie sich rein und machte mit Kreide einen Kranz um sich. Der Teufel erschien ganz frühe, aber er konnte ihr nicht nahe kommen. Zornig sprach er zum Müller „thu ihr alles Wasser weg, damit sie sich nicht mehr waschen kann, denn sonst habe ich keine Gewalt über sie." Der Müller fürchtete sich und that es. Am andern Morgen kam der Teufel wieder, aber sie hatte auf ihre Hände geweint, und sie waren ganz rein. Da konnte er ihr wiederum nicht nahen und sprach wüthend zu dem Müller „hau ihr die Hände ab, sonst kann ich ihr nichts anhaben." Der Müller entsetzte sich und antwortete „wie könnt ich meinem eigenen Kinde die Hände abhauen!" Da drohte ihm der Böse und sprach „wo du es nicht thust, so bist du mein, und ich hole dich selber." Dem Vater *ward angst, und er versprach ihm zu gehorchen. Da gieng er zu dem Mädchen und sagte „mein Kind, wenn ich dir nicht beide Hände abhaue, so führt mich der Teufel fort, und in der Angst hab ich es ihm versprochen. Hilf mir doch in meiner Noth und verzeihe mir was ich böses an dir thue." Sie antwortete, „lieber Vater, macht mit mir was ihr wollt, ich bin euer Kind." Darauf legte sie beide Hände hin und ließ sie sich abhauen. Der Teufel kam zum drittenmal, aber sie hatte so lange und so viel auf die Stümpfe geweint, daß sie doch ganz rein waren. Da mußte er weichen und hatte alles Recht auf sie verloren.*

Der Müller sprach zu ihr „ich habe so großes Gut durch dich gewonnen, ich will dich zeitlebens aufs köstlichste halten." Sie antwortete aber „hier kann ich nicht bleiben: ich will fortgehen: mitleidige Menschen werden mir schon so viel geben als ich brauche." Darauf ließ sie sich die verstümmelten Arme auf den Rücken binden, und mit Sonnenaufgang machte sie sich auf den Weg und gieng den ganzen Tag bis es Nacht ward. Da kam sie zu einem königlichen Garten, und beim Mondschimmer sah sie daß Bäume voll schöner Früchte darin standen; aber sie konnte nicht hinein, denn es war ein Wasser darum. Und weil sie den ganzen Tag gegangen war und keinen Bißen genossen hatte, und der Hunger sie quälte, so dachte sie „ach, wäre ich darin, damit ich etwas von den Früchten äße, sonst muß ich verschmachten." Da kniete sie nieder, rief Gott den Herrn an und betete. Auf einmal kam ein Engel daher, der machte eine Schleuße in dem Wasser zu, so daß der Graben trocken ward und sie hindurch gehen konnte. Nun gieng sie in den Garten, und der Engel gieng mit ihr. Sie sah einen Baum mit Obst, das waren schöne Birnen, aber sie waren alle gezählt. Da trat sie hinzu und aß eine mit dem Munde vom Baume ab, ihren Hunger zu stillen, aber nicht mehr. Der Gärtner sah es mit an, weil aber der Engel dabei stand, fürchtete er sich und meinte das Mädchen wäre ein Geist, schwieg still und getraute nicht zu rufen oder den Geist anzureden. Als sie die Birne gegessen hatte, war sie gesättigt, und gieng und versteckte sich in das Gebüsch. Der König, dem der Garten gehörte, kam am andern Morgen herab, da zählte er und sah daß eine der Birnen fehlte, und fragte den Gärtner wo sie hingekommen wäre: sie läge nicht unter dem Baume und wäre doch weg. Da antwortete der Gärtner „vorige Nacht kam ein Geist herein, der hatte keine Hände und aß eine mit dem Munde ab." Der König sprach „wie ist der Geist über das Wasser herein gekommen? und wo ist er hingegangen, nachdem er die Birne gegessen hatte?" Der Gärtner antwortete „es kam jemand in schneeweißem Kleide vom Himmel, der hat die Schleuße zugemacht und das Wasser gehemmt, damit der Geist durch den Graben gehen konnte. Und weil es ein Engel muß gewesen sein, so habe ich mich gefürchtet, nicht gefragt und nicht gerufen. Als der Geist die Birne gegessen hatte, ist er wieder zurückgegangen." Der König sprach „verhält es sich wie du sagst, so will ich diese Nacht bei dir wachen."

Als es dunkel ward, kam der König in den Garten, und brachte einen Priester mit, der sollte den Geist anreden. Alle drei setzten sich unter den Baum und gaben acht. Um Mitternacht kam das Mädchen aus dem Gebüsch gekrochen, trat zu dem Baum, und aß wieder mit dem Munde eine Birne ab; neben ihr aber stand der Engel im weißen Kleide. Da gieng der Priester hervor und sprach „bist du von Gott gekommen oder von der Welt? bist du ein Geist oder ein Mensch?" Sie antwortete „ich bin kein Geist, sondern ein armer Mensch, von allen verlassen, nur von Gott nicht." Der König sprach „wenn du von aller Welt verlassen bist, so will ich dich nicht verlassen." Er nahm sie mit sich in sein königliches Schloß, und weil sie so schön und fromm war, liebte er sie von Herzen, ließ ihr silberne Hände machen und nahm sie zu seiner Gemahlin.

Nach einem Jahre mußte der König über Feld ziehen, da befahl er die junge Königin seiner Mutter, und sprach „wenn sie ins Kindbett kommt, so haltet und verpflegt sie wohl und schreibt mirs gleich in einem Briefe." Nun gebar sie einen schönen Sohn. Da schrieb es die alte Mutter eilig und meldete ihm die frohe Nachricht. Der Bote aber ruhte unterwegs an einem Bache, und da er von dem langen Wege ermüdet war, schlief er ein. Da kam der Teufel, welcher der frommen Königin immer zu schaden trachtete, und vertauschte den Brief mit einem andern, darin stand daß die Königin einen Wechselbalg zur Welt gebracht hätte. Als der König den Brief las, erschrack er und betrübte sich sehr, doch schrieb er zur Antwort, sie sollten die Königin wohl halten und pflegen bis zu seiner Ankunft. Der Bote gieng mit dem Brief zurück, ruhte an der nämlichen Stelle und schlief wieder ein. Da kam der Teufel abermals und legte ihm einen andern Brief in die Tasche, darin stand sie sollten die Königin mit ihrem Kinde tödten. Die alte Mutter erschrack heftig als sie den Brief erhielt, konnte es nicht glauben und schrieb dem Könige noch einmal, aber sie bekam keine andere Antwort, weil der Teufel dem Boten jedesmal einen falschen Brief unterschob: und in dem letzten Briefe stand noch sie sollten zum Wahrzeichen Zunge und Augen der Königin aufheben.

Aber die alte Mutter weinte daß so unschuldiges Blut sollte vergossen werden, ließ in der Nacht eine Hirschkuh holen, schnitt ihr Zunge und Augen aus und hob sie auf. Dann sprach sie zu der Königin „ich kann dich nicht tödten lassen, wie der König befiehlt, aber länger darfst du nicht hier bleiben: geh mit deinem Kinde in die weite Welt hinein und komm nie wieder zurück." Sie band ihr das Kind auf den Rücken, und die arme Frau gieng mit weinglichen Augen fort. Sie kam in einen großen wilden Wald, da setzte sie sich auf ihre Knie und betete zu Gott, und der Engel des Herrn erschien ihr und führte sie zu einem kleinen Haus, daran war ein Schildchen mit den Worten „hier wohnt ein jeder frei." Aus dem Häuschen kam eine schneeweiße Jungfrau, die sprach „willkommen, Frau Königin," und führte sie hinein. Da band sie ihr den kleinen Knaben von dem Rücken und hielt ihn an ihre Brust, damit er trank, und legte ihn dann auf ein schönes gemachtes Bettchen. Da sprach die arme

Frau „woher weißt du daß ich eine Königin war?" Die weiße Jungfrau antwortete „ich bin ein Engel, von Gott gesandt, dich und dein Kind zu verpflegen." Da blieb sie in dem Hause sieben Jahre, und war wohl verpflegt, und durch Gottes Gnade wegen ihrer Frömmigkeit wuchsen ihr die abgehauenen Hände wieder.

Der König kam endlich aus dem Felde wieder nach Haus, und sein erstes war daß er seine Frau mit dem Kinde sehen wollte. Da fieng die alte Mutter an zu weinen und sprach „du böser Mann, was hast du mir geschrieben daß ich zwei unschuldige Seelen ums Leben bringen sollte!" und zeigte ihm die beiden Briefe, die der Böse verfälscht hatte, und sprach weiter „ich habe gethan wie du befohlen hast," und wies ihm die Wahrzeichen, Zunge und Augen. Da fieng der König an noch viel bitterlicher zu weinen über seine arme Frau und sein Söhnlein, daß es die alte Mutter erbarmte, und sie zu ihm sprach „gib dich zufrieden, sie lebt noch. Ich habe eine Hirschkuh heimlich schlachten lassen und von dieser die Wahrzeichen genommen, deiner Frau aber habe ich ihr Kind auf den Rücken gebunden, und sie geheißen in die weite Welt zu gehen, und sie hat versprechen müssen nie wieder hierher zu kommen, weil du so zornig über sie wärst." Da sprach der König, „ich will gehen so weit der Himmel blau ist, und nicht essen und nicht trinken bis ich meine liebe Frau und mein Kind wieder gefunden habe, wenn sie nicht in der Zeit umgekommen oder Hungers gestorben sind."

Darauf zog der König umher, an die sieben Jahre lang, und suchte sie in allen Steinklippen und Felsenhöhlen, aber er fand sie nicht und dachte sie wäre verschmachtet. Er aß nicht und trank nicht während dieser ganzen Zeit, aber Gott erhielt ihn. Endlich kam er in einen großen Wald und fand darin das kleine Häuschen, daran das Schildchen war mit den Worten „hier wohnt jeder frei." Da kam die weiße Jungfrau heraus, nahm ihn bei der Hand, führte ihn hinein, und sprach „seid willkommen, Herr König," und fragte ihn wo er her käme. Er antwortete „ich bin bald sieben Jahre umher gezogen, und suche meine Frau mit ihrem Kinde, ich kann sie aber nicht finden." Der Engel bot ihm Essen und Trinken an, er nahm es aber nicht, und wollte nur ein wenig ruhen. Da legte er sich schlafen, und deckte ein Tuch über sein Gesicht.

Darauf gieng der Engel in die Kammer, wo die Königin mit ihrem Sohne saß, den sie gewöhnlich Schmerzenreich nannte, und sprach zu ihr „geh heraus mit sammt deinem Kinde, dein Gemahl ist gekommen." Da gieng sie hin wo er lag, und das Tuch fiel ihm vom Angesicht. Da sprach sie „Schmerzenreich, heb deinem Vater das Tuch auf und decke ihm sein Gesicht wieder zu." Das Kind hob es auf und deckte es wieder über sein Gesicht. Das hörte der König im Schlummer und ließ das Tuch noch einmal gerne fallen. Da ward das Knäbchen ungeduldig und sagte „liebe Mutter, wie kann ich meinem Vater das Gesicht zudecken, ich habe ja keinen Vater auf der Welt? Ich habe das Beten gelernt, unser Vater, der du bist im Himmel; da hast *du gesagt mein Vater wär im Himmel und wäre der liebe Gott: wie soll ich einen so wilden Mann kennen? der ist mein Vater nicht."* Wie der König das hörte, richtete er sich auf und fragte wer sie wäre. Da sagte sie *„ich bin deine Frau, und das ist dein Sohn Schmerzenreich."* Und er sah ihre lebendigen Hände und sprach *„meine Frau hatte silberne Hände."* Sie antwortete *„die natürlichen Hände hat mir der gnädige Gott wieder wachsen lassen;"* und der Engel gieng in die Kammer, holte die silbernen Hände und zeigte sie ihm. Da sah er erst gewis daß es seine liebe Frau und sein liebes Kind war, und küßte sie und war froh, und sagte *„ein schwerer Stein ist von meinem Herzen gefallen."* Da speiste sie der Engel Gottes noch einmal zusammen, und dann giengen sie nach Haus zu seiner alten Mutter. Da war große Freude überall, und der König und die Königin hielten noch einmal Hochzeit, und sie lebten vergnügt bis an ihr seliges Ende.

Inzucht – Kein Spiel für die ganze Familie

*D*as Märchen vom Mädchen ohne Hände ist in den Kinder- und Hausmärchen unter der Nummer 31 verzeichnet. Der Aarne-Thompson-Uther-Index führt es in der Gruppe „Andere Geschichten vom Übernatürlichen" (706), bzw. „Novellenartige Märchen" (930).

In den Anmerkungen der Brüder Grimm wird es in Hessen verortet. Zudem weisen die Sammler auf mehrere Varianten hin, die teils aus „Zwehrn" und teils aus „dem Paderbörnischen" stammen.

Die erste Fassung, die sie erwähnen, zeigt schonungslos, was in den KHM nur noch angedeutet wird. Nicht der Teufel verführt hier mit dem Versprechen von Reichtum, sondern der Vater begehrt schlicht seine eigene Tochter zur Frau. Als das Mädchen sich weigert, hackt er ihr Hände und Brüste ab, zieht ihr ein weißes Gewand an und jagt sie davon. Das Thema Missbrauch und Gewalt gegen Frauen ist aus allen Versionen dieser Geschichte nicht wegzudeuten, die Fassung der KHM ist da schon als entschärft zu bezeichnen.

Neben diesen Grausamkeiten fördert ein genauer Blick auf die Story-Elemente aber auch einige Details zu Tage, die im Volks- und Aberglauben zu verankern sind. Das heißt, wir reden über Glaubenspraktiken des Volkes in Bezug auf Engel, Geister, Dämonen und Zauber.

Punkt eins der Tagesordnung ist in der KHM-Version ein Bund mit dem Teufel, der auch in vielen Sagen eine große Rolle spielt. Der Müller hat allerdings keine Ahnung, dass der alte, fremde Mann in Wirklichkeit der Höllenfürst höchstpersönlich ist. Da muss erst seine Frau kommen, um ihm klarzumachen, dass er gerade statt eines Apfelbaumes seine eigene Tochter verkauft hat.

Stutzig macht auch das Verhalten des Mädchens nach den drei Jahren Schonfrist. Als der Teufel sein Hab und Gut abholen will, unterzieht sie sich einer rituellen Reinigung und zieht einen Schutzkreis aus Kreide um sich, den der „Böse" nicht durchdringen kann. Im Rahmen westlich-okkultistischer Vorstellungen dient ein solcher Kreis zum Schutz vor Dämonen, die der Praktizierende selbst herbeigerufen hat, um sie sich dienstbar zu machen. In den Grimoires, den Zauberbüchern, die besonders in der frühen Neuzeit boomten, findet man den Schutzkreis als festen Bestandteil zur Ritualvorbereitung. Zudem spielen hier Elemente des Teufelspaktes eine Rolle, die bereits seit dem Mittelalter bekannt waren. Die junge Dame kennt sich also aus, nicht nur hat sie die Zeit bis zum Erscheinen des Teufels frei von Sünde und äußerst fromm verlebt, sie weiß auch, wie sie sich im Angesicht des dämonischen Herrschers zu verhalten hat. Leider nützt ihr das nichts, denn dieser schafft es, Vater und Tochter gegeneinander auszuspielen.

Um in den Garten des Königs zu gelangen, betet die Heldin und erhält ihren persönlichen Engel, der Wasser teilt und sie auch sonst unter seine Fittiche nimmt. Das Mädchen wird vom Gärtner für einen Geist gehalten und es taucht die Frage auf, wie dieser Geist über das Wasser gelangen konnte. Die Vorstellung, dass Geister, Dämonen und Hexen fließendes Wasser nicht überqueren können, weil es eine „Zaubergrenze" darstellt, die Magie unwirksam macht, ist im Volksglauben verbreitet.

Und weiter geht es mit der Reise durch den Volksglauben. Der Teufel schiebt dem armen, in der Ferne weilenden König einen falschen Brief unter und suggeriert ihm so, er habe statt eines legitimen Kindes von seiner geliebten Frau, ein Wechselbalg zu Hause. Das Motiv des gegen einen Geist, Troll oder Zwerg getauschten Menschenkindes geht über christlichen Aberglauben bis zurück in die keltische, bzw. germanische Mythologie und hat Eingang in die Sagen- und Märchenwelt gefunden. Volks- und Aberglaube strotzen nur so vor Methoden, sich vor einem solchen Austausch zu schützen.

Im Haus im Wald fristet die verstoßene Tochter über sieben Jahre hinweg ein Eremitendasein, bis der König sie findet. In der KHM-Fassung lässt der liebe Gott ihre Hände nachwachsen, weil sie so fromm ist, in anderen Versionen gelingt der Zauber durch das Umschlingen eines Baumes, beziehungsweise die heilende Kraft von fließendem Wasser. Die Geschichte trägt legendenhafte Züge, d. h. es könnte auch in gewisser Weise das Leben einer (künftigen) Heiligen, inklusive der nötigen Wunder beschreiben. Auch Mariengeschichten finden hier ihren Niederschlag. Das ganze Märchen mutet fast wie ein Lexikon des Aber- und Volksglaubens an, kein Wunder, dass die Grimms daran ihre Freude hatten.

Gehört sich Gehorsam?

Schmerzenreich. Ich weiß ja nicht, wie es Ihnen geht, aber für mich ist das nun wirklich kein schöner Vorname für einen Jungen. Aber das sind Lobsang, Siegfried und Justin auch nicht[1]. Aber dieses Märchen ist nun eben nicht kleinlich, wenn es darum geht ein wenig „over the top" zu sein.

Verträge mit dem Teufel, jede Menge Zahlensymbolik unter Nutzung der „3" und „7", abgehackte und wieder angewachsene Hände und Engel, die wie in ihren besten Bibelpassagen erscheinen, geleiten und helfen.

Psychologisch finde ich hier etwas wieder, das mich wirklich überrascht: die Frage von Autorität, Gehorsam und individueller Entscheidung. Nach dem zweiten Weltkrieg fragten sich viele, wie es hatte soweit kommen können, dass ein zivilisiertes Volk so unsagbar grausam ein anderes Volk versucht hatte auszulöschen. Immer wieder hörte man in den Kriegsverbrecherprozessen, und in der öffentlichen Debatte, den Satz „Ich habe nur einen Befehl befolgt." Beim Nürnberger Kriegsverbrechertribunal wurde aber klar gestellt, dass es Verbrechen gegen die Menschlichkeit gibt; diese bleiben Unrecht auch dann, wenn sie per Befehl angeordnet werden. Wieso aber waren die Deutschen unter den Nazis bereit, eindeutig unmoralische Befehle auszuführen? Waren sie irgendwie besonders anfällig? Hatten sie überdurchschnittlich faschistische Persönlichkeiten? Besonders soziologische Sozialpsychologen[2] mochten diese These.

Dann machte Stanley Milgram im Jahr 1961 ein Experiment, dass die Sichtweise ändern sollte: in einem gefakten Lernexperiment brachte er die Versuchsteilnehmer dazu, vermeintlichen Schülern angeblich Stromschläge zu verabreichen, die laut Anzeige tödlich sein konnten. In Wirklichkeit waren die Stromschläge und die ganze Versuchssituation allein darauf aus, zu schauen, ob der Teilnehmer bereit war, das Leben eines Menschen nur deswegen zu gefährden, weil ein (bisher unbekannter) Versuchsleiter dies befahl. Das ernüchternde Ergebnis: ja. Bis zu 65% der Personen waren, je nach Variation des Experiments bereit, bis zu 450 V starke Stromschläge zu verabreichen[3]. Diese Zahlen wurden immer wieder bestätigt, und das nicht nur in Deutschland, oder den USA. Beim sog. Autoritätsgehorsam scheint es sich um ein geschlechts-, kultur- und nationenübergrei-

---

[1] Ja, ich habe die Symbolik hinter dem Namen verstanden. Trotzdem. Geht gar nicht.
[2] Es gibt auch psychologische Sozialpsychologen. Diese sind gemeint, wenn ich gar kein Adjektiv hinzufüge. Was ist der Unterschied? Einfach gesagt: die Psychologen legen ihren Fokus darauf, wie mehrere Individuen zu einer Gruppe werden, die Soziologen darauf, wie die Gruppe das Individuen prägt. Die Psychologen sind natürlich haufiger im Recht. Sage ich als Psychologe.
[3] Für die Ingenieure: Nein, ich weiß nicht, bei welcher Stromstärke. Und Nein, jeder andere Mensch geht davon aus, dass solche Stromschläge stets tödlich sind.

fendes Phänomen zu handeln. Dabei gab es einige Faktoren, die einen solchen Gehorsam begünstigen. So das bestimmte, unnachgiebige und klare[4] Auftreten des Befehlenden und eine größere Entfernung zwischen dem Befehlsempfänger und der Person, der etwas getan werden soll.

Im Märchen ist es nun so, dass die Königsmutter sich den Befehlen ihres Sohnes widersetzt. Dies widerspricht sowohl den Gepflogenheiten der Zeit (Stichwort: Patriachat) als auch der Rechtsordnung (der Sohn ist der König). Begünstigend aus Sicht des Autoritätsgehorsams für die Verweigerung ist dabei sicher die Entfernung, die zwischen Sohn und Mutter bei den Befehlen herrscht[5]. Andererseits fühlt sich eine Mutter ihrem Sohn sicherlich in besonderer Art und Weise verbunden, zumal wir erfahren, dass die beiden wirklich gut miteinander können. Trotzdem verweigert sich die Mutter dem Befehl, und gibt dies schließlich auch zu.

Wieso verurteilt sie der König nicht für diese Befehlsverweigerung? Sicherlich in erster Linie, da dieser Betrug in seinem Sinne war, auch wenn die Mutter dies nicht wissen konnte. Vielleicht aber auch, weil die Mutter statt dem Gesetz oder den Befehlen ihres Sohnes, dem gehorcht hat, was man ein „höheres Recht", heute vielleicht: Menschenwürde, nennen würde. Zumindest hoffe ich dies ein wenig. Sie durchbricht die Gehorsamsspirale, sie hätte nicht auf den Knopf für die Stromschläge gedrückt. Dies ist das eigentlich Vorbildhafte in diesem Märchen, und wie so oft, gestehe ich offen, dass ich nicht weiß, wie ich in Milgrams Versuch abgeschnitten hätte.

Die Bundesrepublik Deutschland hat aus der dunklen Ära unserer Nation gelernt: Soldaten der Bundeswehr haben das Recht und die Pflicht solche Befehle zu verweigern, die gegen das Menschenrecht verstoßen.

Hätten wir doch nur früher aus diesem Märchen gelernt!

---

[4] Nicht notwendigerweise aber unfreundliches!
[5] Es ist mir bewusst, dass die Briefe vom Teufel gefälscht waren. Aber die Mutter musste davon ausgehen, dass sie von ihrem Sohn waren; also tun wir doch einmal so, als seien es die Anweisungen des Königs gewesen, ja?

11. Der Räuberbräutigam

Es war einmal ein Müller, der hatte eine schöne Tochter, und als sie herangewachsen war, so wünschte er sie wäre versorgt und gut verheirathet: er dachte „kommt ein ordentlicher Freier und hält um sie an, so will ich sie ihm geben." Nicht lange so kam ein Freier, der schien sehr reich zu sein, und da der Müller nichts an ihm auszusetzen wußte, so versprach er ihm seine Tochter. Das Mädchen aber hatte ihn nicht so recht lieb, wie eine Braut ihren Bräutigam lieb haben soll, und hatte kein Vertrauen zu ihm: so oft sie ihn ansah oder an ihn dachte, fühlte sie ein Grauen in ihrem Herzen. Einmal sprach er zu ihr „du bist meine Braut und besuchst mich nicht einmal." Das Mädchen antwortete „ich weiß nicht wo euer Haus ist." Da sprach der Bräutigam „mein Haus ist draußen im dunkeln Wald." Es suchte Ausreden und meinte es könnte den Weg dahin nicht finden. Der Bräutigam sagte „künftigen Sonntag mußt du hinaus zu mir kommen, ich habe die Gäste schon eingeladen, und damit du den Weg durch den Wald findest, so will ich dir Asche streuen." Als der Sonntag kam und das Mädchen sich auf den Weg machen sollte, ward ihm so angst, es wußte selbst nicht recht warum, und damit es den Weg bezeichnen könnte, steckte es sich beide Taschen voll Erbsen und Linsen. An dem Eingang des Waldes war Asche gestreut, der ging es nach, warf aber bei jedem Schritt rechts und links ein paar Erbsen auf die Erde. Es gieng fast den ganzen Tag bis es mitten in den Wald kam, wo er am dunkelsten war, da stand ein einsames Haus, das gefiel ihm nicht, denn es sah so finster und unheimlich aus. Es trat hinein, aber es war niemand darin und herrschte die größte Stille. Plötzlich rief eine Stimme

„kehr um, kehr um, du junge Braut,
du bist in einem Mörderhaus."

Das Mädchen blickte auf und sah daß die Stimme von einem Vogel kam, der da in einem Bauer an der Wand hieng. Nochmals rief er

„kehr um, kehr um, du junge Braut,
du bist in einem Mörderhaus."

Da gieng die schöne Braut weiter aus einer Stube in die andere und ging durch das ganze Haus, aber es war alles leer und keine Menschenseele zu finden. Endlich kam sie auch in den Keller, da saß eine steinalte Frau, die wackelte mit dem Kopfe. „Könnt ihr mir nicht sagen," sprach das Mädchen, „ob mein Bräutigam hier wohnt?" „Ach, du armes Kind," antwortete die Alte, „wo bist du hingerathen! du bist in einer Mördergrube. Du meinst du wärst eine Braut, die bald Hochzeit macht, aber du wirst die Hochzeit mit dem Tode halten. Siehst du, da hab ich einen großen Kessel mit Wasser aufsetzen müssen, wenn sie dich in ihrer Gewalt haben, so zerhacken sie dich ohne Barmherzigkeit, kochen dich und essen dich, denn es sind Menschenfresser. Wenn ich nicht Mitleiden mit dir habe und dich rette, so bist du verloren."

Darauf führte es die Alte hinter ein großes Faß, wo man es nicht sehen konnte. „Sei wie ein Mäuschen still," sagte sie, „rege dich nicht und bewege dich nicht, sonst ists um dich geschehen. Nachts wenn die Räuber schlafen, wollen wir entfliehen, ich habe schon lange auf eine Gelegenheit gewartet." Kaum war das geschehen, so kam die gottlose Rotte nach Haus. Sie brachten eine andere Jungfrau mitgeschleppt, waren trunken und hörten nicht auf ihr Schreien und Jammern. Sie gaben ihr Wein zu trinken, drei Gläser voll, ein Glas weißen, ein Glas rothen, und ein Glas gelben, davon zersprang ihr das Herz. Darauf rissen sie ihr die feinen Kleider ab, legten sie auf einen Tisch, zerhackten ihren schönen Leib in Stücke und streuten Salz darüber. Die arme Braut hinter dem Faß zitterte und bebte, denn sie sah wohl was für ein Schicksal ihr die Räuber zugedacht hatten. Einer von ihnen bemerkte an dem kleinen Finger der Gemordeten einen goldenen Ring, und als er sich nicht gleich abziehen ließ, so nahm er ein Beil und hackte den Finger ab: aber der Finger sprang in die Höhe über das Faß hinweg und fiel der Braut gerade in den Schooß. Der Räuber nahm ein Licht und wollte ihn suchen, konnte ihn aber nicht finden. Da sprach ein anderer „hast du auch schon hinter dem großen Fasse gesucht?" Aber die Alte rief, „kommt und eßt, und laßt das Suchen bis Morgen: der Finger läuft euch nicht fort."

Da sprachen die Räuber „die Alte hat Recht," ließen vom Suchen ab, setzten sich zum Essen, und die Alte tröpfelte ihnen einen Schlaftrunk in den Wein, daß sie sich bald in den Keller hinlegten, schliefen und schnarchten. Als die Braut das hörte, kam sie hinter dem Faß hervor, und mußte über die Schlafenden wegschreiten, die da reihenweise auf der Erde lagen, und hatte große Angst sie möchte einen aufwecken. Aber Gott half ihr daß sie glücklich durchkam, die Alte stieg mit ihr hinauf, öffnete die Thüre, und sie eilten so schnell sie konnten aus der Mördergrube fort. Die gestreute Asche hatte der Wind weggeweht, aber die Erbsen und Linsen hatten gekeimt und waren aufgegangen, und zeigten im Mondenschein den Weg. Sie giengen die ganze Nacht bis sie Morgens in der Mühle ankamen. Da erzählte das Mädchen seinem Vater alles wie es sich zugetragen hatte. Als der Tag kam wo die Hochzeit sollte gehalten werden, erschien der Bräutigam, der Müller aber hatte alle seine Ver-

wandte und Bekannte einladen lassen. Wie sie bei Tische saßen, ward einem jeden aufgegeben etwas zu erzählen. Die Braut saß still und redete nichts. Da sprach der Bräutigam zur Braut „nun, mein Herz, weißt du nichts? erzähl uns auch etwas." Sie antwortete „so will ich einen Traum erzählen. Ich gieng allein durch einen Wald und kam endlich zu einem Haus, da war keine Menschenseele darin, aber an der Wand war ein Vogel in einem Bauer, der rief

> „kehr um, kehr um, du junge Braut,
> du bist in einem Mörderhaus."

Und rief es noch einmal. Mein Schatz, das träumte mir nur. Da gieng ich durch alle Stuben, und alle waren leer, und es war so unheimlich darin; ich stieg endlich hinab in den Keller, da saß eine steinalte Frau darin, die wackelte mit dem Kopfe. Ich fragte sie „wohnt mein Bräutigam in diesem Haus?" Sie antwortete „ach, du armes Kind, du bist in eine Mördergrube gerathen, dein Bräutigam wohnt hier, aber er will dich zerhacken und tödten, und will dich dann kochen und essen." Mein Schatz, das träumte mir nur. Aber die alte Frau versteckte mich hinter ein großes Faß, und kaum war ich da verborgen, so kamen die Räuber heim und schleppten eine Jungfrau mit sich, der gaben sie dreierlei Wein zu trinken, weißen, rothen und gelben, davon zersprang ihr das Herz. Mein Schatz, das träumte mir nur. Darauf zogen sie ihr die feinen Kleider ab, zerhackten ihren schönen Leib auf einem Tisch in Stücke und bestreuten ihn mit Salz. Mein Schatz, das träumte mir nur. Und einer von den Räubern sah daß an dem Goldfinger noch ein Ring steckte, und weil er schwer abzuziehen war, so nahm er ein Beil und hieb ihn ab, aber der Finger sprang in die Höhe und sprang hinter das große Faß und fiel mir in den Schooß. Und da ist der Finger mit dem Ring." Bei diesen Worten zog sie ihn hervor und zeigte ihn den Anwesenden.

Der Räuber, der bei der Erzählung ganz kreideweiß geworden war, sprang auf und wollte entfliehen, aber die Gäste hielten ihn fest und überlieferten ihn den Gerichten. Da ward er und seine ganze Bande für ihre Schandthaten gerichtet.

Willkomen im Haus der tausend Leichen

Im Wald da sind ... jawohl, nicht nur Wölfe, Hexen und die sieben Zwerge, sondern auch die Räuber, im Märchen mit der KHM-Nummer 40 genauso, wie in zahlreichen Sagen und leider auch manchmal in der Realität. DER RÄUBERBRÄUTIGAM gehört laut ATU in die Gruppe „Novellenartige Märchen" (955) und als Quelle geben die Grimms in den Anmerkungen „Niederhessen" an sowie ein Fragment aus den Maingegenden. Sonst ist zu der Geschichte um die schlaue Müllerstochter, die mit Gottes Hilfe und der einer alten Frau einem grausigen Schicksal entgeht, nicht viel zu finden an Informationen zu finden.

In der Urfassung von 1810 kommt die Geschichte in einer Variation vor, die einen von einer Prinzessin handelt, die einen Prinzen heiraten soll, welcher zusammen mit Spitzbuben sein Unwesen im Wald treibt. Das Opfer ist in dieser Fassung die Großmutter der Prinzessin.

Das Märchen ist die ideale Vorlage für eine Horrorgeschichte. Aus der Sicht des potentiellen Opfers wird eine lebensbedrohliche Situation geschildert, in die es zunächst hilf- und ahnungslos hineintappt und sich schließlich mit einem intelligenten Schachzug befreien kann. Die junge Frau, die ihre Beobachtungen im Räuberhaus geschickt in die Schilderung eines Traumes verpackt, den Beweis für die schreckliche Tat aber im entscheidenden Moment vorweisen kann, übernimmt die Rolle, die in manchen Sagen vom Leichnam selbst übernommen wird, oft auch verstärkt durch ein Eingreifen göttlicher Fügung. Das Motiv des Mörders, der durch sein verstorbenes Opfer überführt wird, ist weit verbreitet und hat sogar Eingang in die Literatur gefunden, man denke nur an Edgar Allan Poes *Das verräterische Herz* (The Tell-Tale Heart). In der Kurzgeschichte wird das Motiv in ein psychologisches Muster verwandelt, in dem der Mörder in Wahnvorstellungen verfällt und glaubt, das Herz seines verborgenen Opfers schlagen zu hören. Gerade der „Fingerzeig" des Opfers auf den wahren Mörder findet sich häufig in volkstümlichen Erzählungen.

Kinder, schaut mehr Fernsehen!

Ähm, ja. Bei diesem Märchen entdecke ich gewisse Anwandlungen mich als Medienpsychologe zu betätigen. Oftmals höre ich ja, dass heute das Fernsehen, Filme und das Internet so unglaublich brutal wären, dass Kinder zwangsläufig in psychische Störungen getrieben würden oder zumindest nachhaltig gestört würden.

Früher[1] sei das alles besser gewesen. Gerne wird dann neben Horrorfilmen[2] auf „Killerspiele" verwiesen, also Spiele bei denen der Handelnde auf animierte Feinde schießen muss, bspw. weil er im Spiel versucht, irgendwie mit der Invasion einer russischen Armee in Washington D.C. umzugehen. Die Befundlage hinsichtlich der einfachen These „Killerspiele machen Killer" ist ein wenig ernüchternder für die Anhänger eben jener These[3]: es gibt sicherlich Personen, für deren Entwicklung diese Spiele und Filme einen nachteiligen Effekt haben, aber dies sind meist Menschen, die ohnehin ein Problem mit Werten wie Empathie haben – und diese, Trommelwirbel!, oft nicht von ihren Eltern vermittelt bekommen haben. Allerdings gibt es tatsächlich den ein oder anderen Befund der nahe legt, dass ein emotionales Abstumpfen erfolgen kann, wenn eine Person zu lang zu früh und zu oft Gewalthandlungen an Menschen gesehen hat. Auch hier stellt sich wieder die Frage nach der Verantwortung der Eltern. So. Wir wissen nun, dass das einfache Kausalitätsmodell „Gewalt in Spiel/ Film führt zu Gewalt in der Realität" nicht funktioniert. Übrigens ist das kein neuer Befund. Bereits Albert Bandura wusste das 1963 bei seinem Bobo-Doll-Versuch. Dabei sahen Kinder die Videoaufnahme der Puppe Bobo, die von Erwachsenen geschlagen und getreten wurde. Nach Ende des Filmes wurde beobachtet, was Kinder taten, wenn sie nun selbst eine solche Puppe erhielten. Es zeigte sich, dass die lieben Kleinen nur dann Bobo ein Leids antaten, wenn die Person im Video gelobt wurde – oder zumindest nicht bestraft wurde. Also alles nicht so einfach.

Aber der „Räuberbräutigam" lässt einen anderen Argumentationsstrang hinfällig werden: früher war alles besser – die Steine härter, der Regen nässer. Alle drei Aussagen stimmen nicht. Das Ausmaß an Brutalität in diesem Märchen ist wirklich außerordentlich. Und Nein, hier wird auch nix verklausuliert oder angedeutet – zumindest halte ich das Abhacken eines Fingers, der dann später als Beweisstück dient als recht „explicit", wie man heute wohl sagen würde. Quentin Tarantino hätte das Ganze nicht besser inszenieren können. Genau deswegen

---

[1] Je nach Alter der Person: bei den 1968ern (mit dem RAF Terror), den 1930ern (ah, da war doch was) oder im Kaiserreich (wobei hiermit nicht die WM 1990 gemeint ist).
[2] Wieso lassen Eltern ihre Kinder die denn gucken, wenn sie das doch falsch finden?
[3] Weswegen sie sich oft gar nicht erst mit Fakten belasten.

sprach sich wohl auch das oberste Gericht der USA unter Verweis auf verbreitete Märchen gegen ein Verbot von „Killerspielen" aus. Nein, ich spreche jetzt nicht von Gewalt in der Bibel. Nein, das tue ich nicht. Ich werde auch nicht darauf hinweisen, dass Lot seine beiden Töchter zur Vergewaltigung anbietet. Nein, das tue ich nicht. Menschen werden also nicht zu Killern, weil sie Gewalt in Spielen, Märchen, heiligen Büchern, in Film und Fernsehen sehen.

Mich interessieren an diesem Märchen aber noch zwei Sachen.

Zum einen die Alte im Keller. Was macht die da? Wer ist die? Wieso hilft die der jungen Frau? Wieso rennt die selbst nicht weg? Ist das wieder diese gelernte Hilflosigkeit, von der ich weiter vorne schon mal sprach[4]? Oder ist das dieses Stockholm-Syndrom, bei dem Opfer von Geiselnahmen ein positives emotionales Verhältnis zu ihren Entführern aufbauen? Das kann dazu führen, dass das Opfer mit den Tätern sympathisiert und mit ihnen kooperiert. Hintergrund dabei ist wohl, dass die Täter das Opfer oft gut behandeln, während der Druck ab irgendeinem Punkt als „von außen kommend" wahrgenommen wird. Zudem macht es vom Selbstwertgefühl her Sinn, sich irgendwann mit den Geiselnehmern zu verbünden, da die erlebte Machtlosigkeit und der Kontrollverlust sonst nur sehr schwer zu verkraften sind[5].

Dann ist da noch eine andere Sache: was ist gelber Wein und wieso zerspringt danach das Herz? Vielleicht so etwas wie das Rohypnol, die KO-Tropfen früherer Tage – um ein Opfer gar zu kochen[6]? Hier habe ich dann doch mal recherchiert – also gegoogelt. Dabei fand ich heraus, dass es einen „Vin Jaune", eine französische Spezialität gibt. Ich zitiere hier einmal aus Wikipedia:

> Der Vin Jaune (franz. für gelber Wein) ist ein Wein des Weinanbaugebiets Jura. Er wird ausschließlich aus einer Rebsorte hergestellt: der weißen Sorte Savagnin. Die ältesten Rebparzellen liegen in der Nähe des Städtchens Château-Chalon, Frankreich. Im Geschmack ähnelt der Wein dem Sherry, mit dem er häufig verglichen wird. Ein großer Unterschied liegt jedoch darin, dass der Vin Jaune nicht aufgespritet wird.
>
> Nach der Vergärung des Mosts muss der Wein noch mindestens sechs Jahre und drei Monate in einem Barriquefass liegen. In dieser Reifezeit verdunsten bis zu 40 % des Weines. Diese lange Reifezeit erklärt auch den hohen Preis des Weines, der üblicherweise bei ca. 30 Euro pro Flasche liegt. Die Flaschen haben nur einen Inhalt von 620 ml statt der üblichen 750 ml. Der Wein wird in eine

---

[4] Ha! So frage ich sorgsames Lesen dieses Buches ab.
[5] Und Nein, es heißt NICHT Helsinki-Syndrom. Und Nein, es ist eigentlich auch kein Syndrom.
[6] Der Kalauer musste sein. Danke der Nachfrage!

spezielle Flaschenform, dem Clavelin abgefüllt. Nach dem Abfüllen hält sich der Wein sehr lange. Lagerzeiten von 40 bis 50 Jahren sind keine Seltenheit.

Haben wir es hier vielleicht mit einem Märchen zu tun, das Franzosenfeindlichkeit Vorschub leisten sollte? Sind die gekochten Jungfrauen vielleicht eine Verballhornung der französischen Tradition Froschschenkel zu kochen? Ich habe ehrlich gesagt nicht wirklich einen Durchblick, aber vielleicht hat Alexa dazu ja was geschrieben.

Ich verbleibe einstweilen mit einem Witz, der sich auf dem Niveau des Märchens bewegt: Was haben eine Jungfrau und ein Frosch gemeinsam? Beide fürchten sich vor dem Storch!

12. Die sechs Schwäne

Es jagte einmal ein König in einem großen Wald und jagte einem Wild so eifrig nach daß ihm niemand von seinen Leuten folgen konnte. Als der Abend heran kam, hielt er still und blickte um sich, da sah er daß er sich verirrt hatte. Er suchte einen Ausgang, konnte aber keinen finden. Da sah er eine alte Frau mit wackelndem Kopfe, die auf ihn zu kam; das war aber eine Hexe. „Liebe Frau," sprach er zu ihr, „könnt ihr mir nicht den Weg durch den Wald zeigen?" „O ja, Herr König," antwortete sie, „das kann ich wohl, aber es ist eine Bedingung dabei, wenn ihr die nicht erfüllt, so kommt ihr nimmermehr aus dem Wald und müßt darin Hungers sterben." „Was ist das für eine Bedingung?" fragte der König. „Ich habe eine Tochter," sagte die Alte, „die so schön ist wie ihr eine auf der Welt finden könnt, und wohl verdient eure Gemahlin zu werden, wollt ihr die zur Frau Königin machen, so zeige ich euch den Weg aus dem Walde." Der König in der Angst seines Herzens willigte ein, und die Alte führte ihn zu ihrem Häuschen, wo ihre Tochter beim Feuer saß. Sie empfieng den König als wenn sie ihn erwartet hätte, und er sah wohl daß sie sehr schön war, aber sie gefiel ihm doch nicht, und er konnte sie ohne heimliches Grausen nicht ansehen. Nachdem er das Mädchen zu sich aufs Pferd gehoben hatte, zeigte ihm die Alte den Weg, und der König gelangte wieder in sein königliches Schloß, wo die Hochzeit gefeiert wurde.

Der König war schon einmal verheirathet gewesen, und hatte von seiner ersten Gemahlin sieben Kinder, sechs Knaben und ein Mädchen, die er über alles auf der Welt liebte. Weil er nun fürchtete die Stiefmutter möchte sie nicht gut behandeln und ihnen gar ein Leid anthun, so brachte er sie in ein einsames Schloß, das mitten in einem Walde stand. Es lag so verborgen, und der Weg war so schwer zu finden, daß er ihn selbst nicht gefunden hätte, wenn ihm nicht eine weise Frau ein Knäuel Garn von wunderbarer Eigenschaft geschenkt hätte; wenn er das vor sich hinwarf, so wickelte es sich von selbst los und zeigte ihm den Weg. Der König gieng aber so oft hinaus zu seinen lieben Kindern, daß der Königin seine Abwesenheit auffiel; sie ward neugierig und wollte wissen was er draußen ganz allein in dem Walde zu schaffen habe. Sie gab seinen Dienern viel Geld, und die verriethen ihr das

Geheimnis und sagten ihr auch von dem Knäuel, das allein den Weg zeigen könnte. Nun hatte sie keine Ruhe bis sie herausgebracht hatte wo der König das Knäuel aufbewahrte, und dann machte sie kleine weißseidene Hemdchen, und da sie von ihrer Mutter die Hexenkünste gelernt hatte, so nähete sie einen Zauber hinein. Und als der König einmal auf die Jagd geritten war, nahm sie die Hemdchen und ging in den Wald, und das Knäuel zeigte ihr den Weg. Die Kinder, die aus der Ferne jemand kommen sahen, meinten ihr lieber Vater käme zu ihnen und sprangen ihm voll Freude entgegen. Da warf sie über ein jedes eins von den Hemdchen, und wie das ihren Leib berührt hatte, verwandelten sie sich in Schwäne und flogen über den Wald hinweg. Die Königin gieng ganz vergnügt nach Haus und glaubte ihre Stiefkinder los zu sein, aber das Mädchen war ihr mit den Brüdern nicht entgegen gelaufen, und sie wußte nichts von ihm. Andern Tags kam der König und wollte seine Kinder besuchen, er fand aber niemand als das Mädchen. „Wo sind deine Brüder?" fragte der König. „Ach, lieber Vater," antwortete es, „die sind fort und haben mich allein zurückgelassen," und erzählte ihm daß es aus seinem Fensterlein mit angesehen habe wie seine Brüder als Schwäne über den Wald weggeflogen wären, und zeigte ihm die Federn, die sie in dem Hof hatten fallen lassen, und die es aufgelesen hatte. Der König trauerte, aber er dachte nicht daß die Königin die böse That vollbracht hätte, und weil er fürchtete das Mädchen würde ihm auch geraubt, so wollte er es mit fortnehmen. Aber es hatte Angst vor der Stiefmutter, und bat den König daß es nur noch diese Nacht im Waldschloß bleiben dürfte.

Das arme Mädchen dachte „meines Bleibens ist nicht länger hier, ich will gehen und meine Brüder suchen." Und als die Nacht kam, entfloh es, und gieng gerade in den Wald hinein. Es gieng die ganze Nacht durch und auch den andern Tag in einem fort, bis es vor Müdigkeit nicht weiter konnte. Da sah es eine Wildhütte, stieg hinauf, und fand eine Stube mit sechs kleinen Betten, aber es getraute nicht sich in eins zu legen, sondern kroch unter eins, legte sich auf den harten Boden und wollte die Nacht da zubringen. Als aber die Sonne bald untergehen wollte, hörte es ein Rauschen und sah daß sechs Schwäne zum Fenster hereingeflogen kamen. Sie setzten sich auf den Boden, und bliesen einander an und bliesen sich alle Federn ab, und ihre Schwanenhaut streifte sich ab wie ein Hemd. Da sah sie das Mädchen an und erkannte ihre Brüder, freute sich und kroch unter dem Bett hervor. Die Brüder waren nicht weniger erfreut als sie ihr Schwesterchen erblickten, aber ihre Freude war von kurzer Dauer. „Hier kann deines Bleibens nicht sein," sprachen sie zu ihm, „das ist eine Herberge für Räuber, wenn die heim kommen und finden dich, so ermorden sie dich." „Könnt ihr mich denn nicht beschützen?" fragte das Schwesterchen. „Nein," antworteten sie, „denn wir können nur eine Viertelstunde lang jeden Abend unsere Schwanenhaut ablegen, und haben in dieser Zeit unsere menschliche Gestalt, aber dann werden wir wieder in Schwäne verwandelt." Das Schwesterchen weinte und sagte "könnt ihr denn nicht erlöst werden?" "Ach nein," antworteten sie, "die Bedingungen sind zu schwer. Du darfst sechs Jahre lang nicht sprechen und nicht lachen, und mußt in der Zeit sechs Hemdchen für uns aus Sternenblumen zusammennähen. Kommt ein einziges Wort aus deinem Munde, so ist alle Arbeit verloren." Und als die Brüder das gesprochen hatten, war die Viertelstunde herum, und sie flogen als Schwäne wieder zum Fenster hinaus.

Das Mädchen aber faßte den festen Entschluß seine Brüder zu erlösen, und wenn es auch sein Leben kostete. Es verließ die Wildhütte, gieng mitten in den Wald und setzte sich auf einen Baum und brachte da die Nacht zu. Am andern Morgen gieng es aus, sammelte Sternblumen und fieng an zu nähen. Reden konnte es mit niemand, und zum Lachen hatte es keine Lust: es saß da und sah nur auf seine Arbeit. Als es schon lange Zeit da zugebracht hatte, geschah es, daß der König des Landes in dem Wald jagte und seine Jäger zu dem Baum kamen, auf welchem das Mädchen saß. Sie riefen es an und sagten "wer bist du?" Es gab aber keine Antwort. "Komm herab zu uns," sagten sie, "wir wollen dir nichts zu Leid thun." Es schüttelte bloß mit dem Kopf. Als sie es weiter mit Fragen bedrängten, so warf es ihnen seine goldene Halskette herab und dachte sie damit zufrieden zu stellen. Sie ließen aber nicht ab, da warf es ihnen seinen Gürtel herab, und als auch dies nicht half, seine Strumpfbänder, und nach und nach alles, was es anhatte und entbehren konnte, so daß es nichts mehr als sein Hemdlein behielt. Die Jäger ließen sich aber damit nicht abweisen, stiegen auf den Baum, hoben das Mädchen herab und führten es vor den König. Der König fragte "wer bist du? was machst du auf dem Baum?" Aber es antwortete nicht. Er fragte es in allen Sprachen, die er wußte, aber es blieb stumm wie ein Fisch. Weil es aber so schön war, so ward des Königs Herz gerührt, und er faßte eine große Liebe zu ihm. Er that ihm seinen Mantel um, nahm es vor sich aufs Pferd und brachte es in sein Schloß. Da ließ er ihm reiche Kleider anthun, und es strahlte in seiner Schönheit wie der helle Tag, aber es war kein Wort aus ihm herauszubringen. Er setzte es bei Tisch an seine Seite, und seine bescheidenen Mienen und seine Sittsamkeit gefielen ihm so sehr, daß er sprach "diese begehre ich zu heirathen und keine andere auf der Welt," und nach einigen Tagen vermählte er sich mit ihr.

Der König aber hatte eine böse Mutter, die war unzufrieden mit dieser Heirath und sprach schlecht von der jungen Königin. "Wer weiß, wo die Dirne her ist," sagte sie, "die nicht reden kann: sie ist eines König nicht würdig." Über ein Jahr, als die Königin das erste Kind zur Welt brachte, nahm es ihr die Alte weg und bestrich ihr im Schlafe den Mund mit Blut. Da gieng sie zum König und klagte sie an, sie wäre eine Menschenfresserin. Der König wollte es nicht glauben und litt nicht daß man ihr ein Leid anthat. Sie saß aber beständig und nähete an den Hemden, und achtete auf nichts anderes. Das nächstemal, als sie wieder einen schönen Knaben gebar, übte die falsche Schwiegermutter denselben Betrug aus, aber der König konnte sich nicht entschließen ihren Reden Glauben beizumessen. Er sprach „sie ist zu fromm und gut als daß sie so etwas thun könnte, wäre sie nicht stumm und könnte sie sich vertheidigen, so würde ihre Unschuld an den Tag kommen." Als aber das drittemal die Alte das neugeborne Kind raubte und die Königin anklagte, die kein Wort zu ihrer Vertheidigung vorbrachte, so konnte der König nicht anders, er mußte sie dem Gericht übergeben, und das verurtheilte sie den Tod durchs Feuer zu erleiden.

Als der Tag heran kam, wo das Urtheil sollte vollzogen werden, da war zugleich der letzte Tag von den sechs Jahren herum, in welchen sie nicht sprechen und nicht lachen durfte, und sie hatte ihre lieben Brüder aus der Macht des Zaubers befreit. Die sechs Hemden waren fertig geworden, nur daß an dem letzten der linke Ermel noch fehlte. Als sie nun zum Scheiterhaufen geführt wurde, legte sie die Hemden auf ihren Arm, und als sie oben stand und das Feuer eben sollte angezündet werden, so schaute sie sich um, da kamen sechs Schwäne durch die Luft daher gezogen. Da sah sie daß ihre Erlösung nahte und ihr Herz regte sich in Freude. Die Schwäne rauschten zu ihr her und senkten sich herab so daß sie ihnen die Hemden überwerfen konnte: und wie sie davon berührt wurden, fielen die Schwanenhäute ab, und ihre Brüder standen leibhaftig vor ihr und waren frisch und schön; nur dem jüngsten fehlte der linke Arm, und er hatte dafür einen Schwanenflügel am Rücken. Sie herzten und küßten sich, und die Königin gieng zu dem Könige, der ganz bestürzt war, und fieng an zu reden und sagte „liebster Gemahl, nun darf ich sprechen und dir offenbaren daß ich unschuldig bin und fälschlich angeklagt," und erzählte ihm von dem Betrug der Alten, die ihre drei Kinder weggenommen und verborgen hätte. Da wurden sie zu großer Freude des Königs herbeigeholt, und die böse Schwiegermutter wurde zur Strafe auf den Scheiterhaufen gebunden und zu Asche verbrannt. Der König aber und die Königin mit ihren sechs Brüdern lebten lange Jahre in Glück und Frieden.

Schwanenzauber

*D*as Märchen von den sechs Schwänen, Brüdern, die von ihrer Schwester erlöst werden, hat bei den Kinder- und Hausmärchen die Nummer 49. Das zentrale Motiv sind verzauberte Verwandte, daher findet es sich in der entsprechenden Gruppe des ATU-Index (451). Die Geschichte aus Hessen ist zudem eng verwandt mit KHM 25, d. h. dem Märchen *Die sieben Raben*. Es gibt, wie in den Anmerkungen zu den KHM nachzulesen ist, sogar eine Fassung aus „Deutschböhmen", in der beide verbunden sind.

Das Motiv des verwandelten Schwans zieht sich durch viele Märchen, Sagen und bis in Literatur und Popkultur. Von dem irischen Märchen *Die Geschichte der Kinder Lirs* (in dem vier Kinder von der eifersüchtigen Stiefmutter in Schwäne verwandelt werden) bis hin zu Tschaikowskis *Schwanensee* gibt es zahlreiche Adaptionen, Abwandlungen und Nacherzählungen des Motivs. Sogar ein „Schwanenschiff" gibt es. In Wolfram von Eschenbachs *Parzival* wird der Sohn des Gralskönigs, Loherangrin, der Herzogin von Brabant auf einem Schwan zu Hülfe gesandt. Richard Wagner verarbeitete den Stoff in der 1850 uraufgeführten Oper *Lohengrin*. Die Verwandlung in einen Vogel findet man nicht zuletzt schon in den Metamorphosen des römischen Dichters Publius Ovidius Naso, aka Ovid. Hier wird zum Beispiel Aisakos, der Sohn des trojanischen Königs Priamos von der Titanin Thetys in einen Tauchvogel verwandelt, als er sich aus Trauer um seine verstorbene Geliebte von der Klippe stürzen will.

Das Libretto zu *Schwanensee* stellt die Figur der Schwanenjungfrau in den Mittelpunkt, die sich bis in das Nibelungenlied und die Lieder-Edda aus dem 13. Jh. zurückverfolgen lässt. Meist kann das Schwanenmädchen sich durch das Überwerfen eines Hemdes in das Tier verwandeln, ein junger Mann sieht es in seiner menschlichen Gestalt, verliebt sich und stiehlt eine Feder, um sie an der Verwandlung zu hindern und sie zur Ehe zu zwingen. Oft kann das Mädchen herausfinden, wo die Feder versteckt ist und auf diese Weise entkommen.

Hans Christian Andersen hat aus dem Motiv der verzauberten Schwanenbrüder im Jahre 1838 sein Kunstmärchen *Die wilden Schwäne* entwickelt. Die wichtigsten Elemente aus dem Grimmschen Märchen finden sich auch hier, die Prinzessin hat jedoch bei Andersen einen Namen, was bei Volksmärchen eher die Ausnahme ist. Elisa erfährt von einer guten Fee, wie sie ihre Brüder retten kann, die anzufertigenden Hemden sind jedoch aus Nesseln, die die Hände des Mädchens verletzen. Auch sie wird von einem König geheiratet und soll, da sie schweigen muss und sich gegen Vorwürfe nicht verteidigen kann, als Hexe verbrannt werden. Auch hier findet die Rettung der Brüder (die es übrigens bei den Kindern von Lir nicht gibt) im letzten Moment statt. Der jüngste Bruder behält einen Schwanenflügel zurück, da das letzte Hemd nicht fertig geworden ist, auch das ein verbreitetes Element verwandter Erzählungen.

Welchen Wert hat ein Hexenleben?

*W*ie kann eine Frau bei der Geburt von drei (!) Kindern schweigen[1]? Und wichtiger: sind sechs Brüder wichtiger als drei eigene Kinder? Kann man Menschenleben gegeneinander aufrechnen? Moralisch wichtiger: soll und darf man das? Die Psychologie hat darauf keine allgemeingültige Antwort. Es ist eine Frage der Ethik.

Das Einzige, was wir Psychologen aus evolutionspsychologischer Sicht zur Klärung beitragen können, ist, dass uns Menschen zunächst dann wichtiger sind, wenn wir ein hohes Ausmaß an Genen mit ihnen teilen. So können Evolutionsbiologen begründen, wieso es in Familiensystem gegenseitige Unterstützung gibt, ohne über Gebühr auf soziale Konstrukte zurückgreifen zu müssen. Dieser Ansatz geht davon aus, dass der Hauptantrieb eines jeden Tieres die Weitergabe der eigenen Gene ist. Das einzelne Gen ist in diesem Modell der erhaltenswerte Baustein, quasi ein Juwel, das in der Familie von Generation zu Generation weiter gegeben wird[2]. Es macht in diesem Modell deswegen Sinn, diejenigen zu schützen, die einem genetisch nahe stehen, weil sie einen maximal ähnlichen Genpool haben. Aber – aus psychologischer Sicht ist dies natürlich ein wenig kurz gegriffen. Gerade in unserer Welt, in der der Anteil fragmentarischer Familienarten zunimmt, kommt es immer häufiger vor, dass Genetik nicht alles ist[3]. Wir sehen, dass soziale Väter die Kinder annehmen und wie ihre erziehen, die überhaupt keine Gene mit ihnen teilen. Nun ja. Soviel dazu.

Ein anderer Aspekt, den ich in diesem Märchen interessant finde, und der auch in anderen Märchen immer wieder durchscheint, ist die Frage des Umgang mit Menschen mit Behinderung[4] oder chronischen Krankheiten. So erkennen wir auch in diesem Märchen am wackelnden Kopf die Hexe. Wackelnder Kopf. Klingt für mich nach Parkinson. Eine Krankheit, bei der der Betroffene nicht mehr Herr seines Körpers ist, obwohl der Kopf noch einwandfrei arbeitet. Verwundert es da, dass man lange Zeit dunkle Kräfte am Werke vermutete,

---

[1] Die antidemokratische Sekte Scientology kennt zwar das Prinzip der „stillen Geburt", bei der die Gebärende möglichst gar kein Geräusch von sich geben soll, aber die vertritt ja auch eher ein Gedankenmodell, das einem modernen Märchen, sprich Science-Fiction entspringt.
[2] Prominent wurde diese These durch das Buch „Das egoistische Gen" des britischen Biologen Richard Dawkins. Mittlerweile sehen insb. Biologen einige von Dawkins' Ausführungen in diesem Buch eher kritisch.
[3] ...und dass dies auch offen gezeigt werden kann. Früher gab es diese Möglichkeiten ja kaum.
[4] Man kann auch „mit Handicap" oder was auch immer sagen. Ich bevorzuge die von mir gewählte Formulierung.

derer sich der Kranke vielleicht gar selbst nicht gewahr war? Interessant: auch die Nachkommenschaft der Hexe – ihre Tochter – ist böse, obwohl schön. Sonst kennen wir ja viele Frauen[5], deren guter Charakter dadurch betont wird, dass sie als besonders attraktiv beschrieben werden. Doch die Tochter einer Hexe ist auch stets böse – aus meiner Sicht scheint hier die Idee eines genetischen Erbes durch, ohne dass es in diese Worte hätte gefasst werden können. Aber nicht jedes Gebrechen macht böse – und das überrascht mich bei näherer Betrachtung des Märchens sehr, wenn ich ehrlich bin. Ich habe immer das Bild eines Mittelalters im Kopf gehabt, in denen alle, die irgendwie schwächlich, krank, psychisch gestört waren, als nicht „lebenswert" angesehen wurden.

Doch wenn wir genauer auf die Königstochter schauen, können wir, so glaube ich, etwas überraschendes entdecken: Toleranz und Akzeptanz als präferierte Werte, zumindest im Märchen. Wie komme ich darauf? Ich beschreibe einmal das Verhalten der Königstochter von Außen: da ist eine junge Frau. Sie spricht nicht, sie lacht nicht, selbst bei der Geburt ihrer Kinder zeigt sie keine Emotionen. Mitunter hat sie Blut auf ihren Lippen. Das Einzige, was sie tut, und das mit zwanghafter Hingabe, ist Blumenpflücken und daraus Hemdchen fabrizieren. Hört sich schon nach einer Person an, mit einer schweren geistigen Störung, oder? Unwillkürlich muss ich an den Film *Nell* mit Jodie Foster denken, in denen diese eine schwer psychisch gestörte Frau spielt, die lange Zeit isoliert von anderen Menschen aufgewachsen ist[6]. Trotzdem verliebt sich der König in sie, er hält zu ihr, er vertraut ihr, sogar mehr als der eigenen Mutter. Es kommt ein Punkt, an dem er seine Frau aber nicht mehr zu schützen bereit ist; und drei Kinder, die verschwunden sind, und bei denen der König als Kindsvater davon ausgehen muss, dass sie tot sind, sind nun wirklich hinreichende Gründe. In letzter Sekunde dreht sich dann alles zum Guten.

Was lernt der Leser des Märchens? Sei vorsichtig jemanden zu verurteilen, nur weil er sich völlig anders verhält, denn vielleicht steht eine höhere Wahrheit dahinter und du wirst bestraft werden, wenn Du ihm Unrecht tust! Diese Message mag ich – auch wenn ich den Scheiterhaufen für deutlich überzogen halte...

---

[5] Selten hören wir von einem Jüngling mit wunderschönem Haar. Aber das fällt dann wohl eher in den Bereich der Genderstudies-Forschenden.

[6] Es sei angemerkt, dass ich sowohl diesen Film als auch Jodie Foster wirklich gut finde. Für meine Frau gilt für beides das exakte Gegenteil.

13. Dornröschen

Vor Zeiten war ein König und eine Königin, die sprachen jeden Tag „ach, wenn wir doch ein Kind hätten!" und kriegten immer keins. Da trug sich zu, als die Königin einmal im Bade saß, daß ein Frosch aus dem Wasser ans Land kroch und zu ihr sprach, „dein Wunsch wird erfüllt werden, ehe ein Jahr vergeht, wirst du eine Tochter zur Welt bringen." Was der Frosch gesagt hatte, das geschah, und die Königin gebar ein Mädchen, das war so schön, daß der König vor Freude sich nicht zu lassen wußte und ein großes Fest anstellte. Er ladete nicht blos seine Verwandte, Freunde und Bekannte, sondern auch die weisen Frauen dazu ein, damit sie dem Kind hold und gewogen wären. Es waren ihrer dreizehn in seinem Reiche, weil er aber nur zwölf goldene Teller hatte, von welchen sie essen sollten, so mußte eine von ihnen daheim bleiben. Das Fest ward mit aller Pracht gefeiert, und als es zu Ende war, beschenkten die weisen Frauen das Kind mit ihren Wundergaben: die eine mit Tugend, die andere mit Schönheit, die dritte mit Reichthum, und so mit allem, was auf der Welt zu wünschen ist. Als elfe ihre Sprüche eben gethan hatten, trat plötzlich die dreizehnte herein. Sie wollte sich dafür rächen daß sie nicht eingeladen war, und ohne jemand zu grüßen oder nur anzusehen, rief sie mit lauter Stimme

„die Königstochter soll sich in ihrem funfzehnten Jahr an einer Spindel stechen und todt hinfallen."

Und ohne ein Wort weiter zu sprechen kehrte sie sich um und verließ den Saal. Alle waren erschrocken, da trat die zwölfte hervor, die ihren Wunsch noch übrig hatte und weil sie den bösen Spruch nicht aufheben, sondern nur ihn mildern konnte, so sagte sie

„es soll aber kein Tod sein, sondern ein hundertjähriger tiefer Schlaf, in welchen die Königstochter fällt."

Der König, der sein liebes Kind vor dem Unglück gern bewahren wollte, ließ den Befehl ausgehen, daß alle Spindeln *im ganzen Königreiche sollten verbrannt werden. An dem Mädchen aber wurden die Gaben der weisen Frauen sämmtlich erfüllt, denn es war so schön, sittsam, freundlich und verständig, daß es jedermann, der es ansah, lieb haben mußte. Es geschah, daß an dem Tage, wo es gerade funfzehn Jahr alt ward, der König und die Königin nicht zu Haus waren, und das Mädchen ganz allein im Schloß zurückblieb. Da gieng es aller Orten herum, besah Stuben und Kammern, wie es Lust hatte, und kam endlich auch an einen alten Thurm. Es stieg die enge Wendeltreppe hinauf, und gelangte zu einer kleinen Thüre. In dem Schloß steckte ein verrosteter Schlüssel, und als es umdrehte, sprang die Thüre auf, und saß da in einem kleinen Stübchen eine alte Frau mit einer Spindel und spann emsig ihren Flachs. „Guten Tag, du altes Mütterchen," sprach die Königstochter, „was machst du da?" „Ich spinne," sagte die Alte und nickte mit dem Kopf. „Was ist das für ein Ding, das so lustig herumspringt?" sprach das Mädchen, nahm die Spindel und wollte auch spinnen. Kaum hatte sie aber die Spindel angerührt, so gieng der Zauberspruch in Erfüllung, und sie stach sich damit in den Finger.*

In dem Augenblick aber, wo sie den Stich empfand, fiel sie auf das Bett nieder, das da stand, und lag in einem tiefen Schlaf. Und dieser Schlaf verbreitete sich über das ganze Schloß: der König und die Königin, die eben heim gekommen waren und in den Saal getreten waren, fiengen an einzuschlafen, und der ganze Hofstaat mit ihnen. Da schliefen auch die Pferde im Stall, die Hunde im Hofe, die Tauben auf dem Dache, die Fliegen an der Wand, ja, das Feuer, das auf dem Herde flackerte, ward still und schlief ein, und der Braten hörte auf zu brutzeln, und der Koch, der den Küchenjungen, weil er etwas versehen hatte, in den Haaren ziehen wollte, ließ ihn los und schlief. Und der Wind legte sich, und auf den Bäumen vor dem Schloß regte sich kein Blättchen mehr.

Rings um das Schloß aber begann eine Dornenhecke zu wachsen, die jedes Jahr höher ward, und endlich das ganze Schloß umzog, und darüber hinaus wuchs, daß gar nichts mehr davon zu sehen war, selbst nicht die Fahne auf dem Dach. Es gieng aber die Sage in dem Land von dem schönen schlafenden Dornröschen, denn so ward die Königstochter genannt, also daß von Zeit zu Zeit Königssöhne kamen und durch die Hecke in das Schloß dringen wollten. Es war ihnen aber nicht möglich, denn die Dornen, als hätten sie Hände, hielten fest zusammen, und die Jünglinge blieben darin hängen, konnten sich nicht wieder los machen und starben eines jämmerlichen Todes. Nach langen langen Jahren kam wieder einmal ein Königssohn in das Land, und hörte wie ein alter Mann von der Dornhecke erzählte, es sollte ein Schloß dahinter stehen, in welchem eine wunderschöne Königstochter, Dornröschen genannt, schon seit hundert Jahren schliefe, und mit ihr schliefe der König und die Königin und der ganze Hofstaat. Er wußte auch von seinem Großvater daß schon viele Königssöhne gekommen wären und versucht hätten durch die Dornenhecke zu dringen, aber sie wären darin hängen geblieben und eines traurigen Todes gestorben. Da sprach der Jüngling „ich fürchte mich nicht, ich will hinaus und das schöne Dornröschen sehen." Der gute Alte mochte ihm abrathen, wie er wollte, er hörte nicht auf seine Worte.

Nun waren aber gerade die hundert Jahre verflossen, und der Tag war gekommen, wo Dornröschen wieder erwachen sollte. Als der Königssohn sich der Dornenhecke näherte, waren es lauter große schöne Blumen, die thaten sich von selbst auseinander und ließen ihn unbeschädigt hindurch, und hinter ihm thaten sie sich wieder als eine Hecke zusammen. Im Schloßhof sah er die Pferde und scheckigen Jagdhunde liegen und schlafen, auf dem Dache saßen die Tauben und hatten das Köpfchen unter den Flügel gesteckt. Und als er ins Haus kam, schliefen die Fliegen an der Wand, der Koch in der Küche hielt noch die Hand, als wollte er den Jungen anpacken, und die Magd saß vor dem schwarzen Huhn, das sollte gerupft werden. Da gieng er weiter, und sah im Saale den ganzen Hofstaat liegen und schlafen, und oben bei dem Throne lag der König und die Königin. Da gieng er noch weiter, und alles war so still, daß einer seinen Athem hören konnte, und endlich kam er zu dem Thurm und öffnete die Thüre zu der kleinen Stube, in welcher Dornröschen schlief. Da lag es und war so schön, daß er die Augen nicht abwenden konnte, und er bückte sich und gab ihm einen Kuß. Wie er es mit dem Kuß berührt hatte, schlug Dornröschen die Augen auf, erwachte, und blickte ihn ganz freundlich an. Da giengen sie zusammen herab, und der König erwachte und die Königin, und der ganze Hofstaat, und sahen einander mit großen Augen an. Und die Pferde im Hof standen auf und rüttelten sich: die Jagdhunde sprangen und wedelten: die Tauben auf dem Dache zogen das Köpfchen unterm Flügel hervor, sahen umher und flogen ins Feld: die Fliegen an den Wänden krochen weiter: das Feuer in der Küche erhob sich, flackerte: und kochte das Essen: der Braten fieng wieder an zu brutzeln: und der Koch gab dem Jungen eine Ohrfeige daß er schrie: und die Magd rupfte das Huhn fertig. Und da wurde die Hochzeit des Königssohns mit dem Dornröschen in aller Pracht gefeiert, und sie lebten vergnügt bis an ihr Ende.

Adel verpflichtet – auch zum Trendsetting

*W*er nach der Lektüre dieses Artikels noch meint, Märchen seien nur etwas für Kinder, der ist selbst Schuld. Denn, um es gleich vorwegzuschicken, man kann sich kaum mit DORNRÖSCHEN oder *Sleeping Beauty* beschäftigen, ohne dabei über jede Menge Sex zu stolpern. Doch der Reihe nach. Wir beginnen mit ein paar Formalitäten. Dornröschen ist in den KHM an Stelle 50 zu finden und das schon seit der ersten Ausgabe. Der Aarne-Thompson-Uther-Index führt es mit der Nummer 410. Damit ist es erstens – und wenig verwunderlich – ein Zaubermärchen, zweitens in die Gruppe „Übernatürliche oder verzauberte Verwandte" und drittens dort in die Rubrik „Ehefrau" eingeordnet.

Die Brüder Grimm haben es „aus Hessen" erhalten, wie in den Anmerkungen zu lesen ist und die Literaturwissenschaft geht davon aus, dass Marie Hassenpflug diejenige war, die als Quelle fungierte.

Auch von diesem Märchen existiert eine Urfassung als Teil der kleinen Vorabsammlung von 1810. Die Fassung ist typisch für die Ölenberger Versionen, äußerst kurz und rudimentär, nur mit den wesentlichen Elementen ausgestattet. Statt des Frosches in der späteren KHM-Fassung, ist es in ein Krebs, der der kinderlosen Königin die Erfüllung ihres Wunsches prophezeit. Davon abgesehen, gibt es bis auf die Kürze und Kargheit nur wenig Unterschiede.

Das Dornröschen, das wir hier aus der Ausgabe von 1857 abgedruckt haben, lebt von Wilhelm Grimms „Märchensprache" und orientiert sich an einer wesentlich älteren, aber höchst spannenden Fassung. *Das Dornröschen oder die schlafende Schöne im Wald* ist ein Feenmärchen, das Charles Perrault in seiner Märchensammlung festgehalten hat. Genauer gesagt, in den *Histoires ou contes du temps passé, avec des moralités* (Geschichten und Märchen vergangener Zeiten mit einer Moral) oder *Contes de ma Mère l'Oye* (Märchen von Mutter Gans) von 1697. In dieser Sammlung von Prosamärchen finden wir noch mehr Bekannte, wie z. B. *Rotkäppchen*, *Blaubart* oder *Aschenputtel*.

Der französische Schriftsteller und Beamte Perrault schafft mit seiner schlafenden Schönen im Wald ein barockes, höfisches Sittengemälde, das sich wunderbar romantisch und zauberhaft liest. Vermutlich ist das Märchen inspiriert von einer etwas früher erschienenen Version aus Giambattista Basiles *Pentameron* (unter diesem Titel seit 1674 veröffentlicht). Perrault benutzte zwar für seine Märchensammlung auch mündliche Quellen, legte aber scheinbar noch mehr Wert auf Sprache und Stil, als Wilhelm Grimm.

Bemerkenswert sind Seitenhiebe, wie „denn schon damals hatten die Könige nicht immer so viel Gold, wie sie brauchten" und die Eigenschaften, die Dornröschen von den Feen bekommen soll. Das Mädchen soll geistreich sein, die Mode bestimmen, perfekt tanzen und Klavier spielen können. Das alles sind Merkmale einer Erziehung, die jede junge Dame von Adel genossen haben sollte.

Bei Perrault wächst um die Dornenhecke, die den schlafenden Hofstaat umgibt, noch ein tiefer dunkler Wald, ein wahrer Urwald, der Sagen nach von Geistern und Riesen bevölkert sein soll. All diese Geschichten schrecken natürlich auch hier den Helden und Königssohn nicht ab und er gelangt ohne Probleme ins Schloss. Hier lässt sich Perrault viel Zeit, die verschiedenen Säle und Zimmer nebst Personal zu beschreiben, die der Prinz auf seiner Suche nach Dornröschen durchqueren muss. Amüsant ist der Hinweis des Erzählers, dass der junge Held angesichts des hohen Alters dieser Geschichtskonserve eine Menge hätte lernen können, etwaige Studien aber vernachlässigt, weil es ihn zur sagenumwobenen schlafenden Schönheit treibt. Und geradezu humorvoll Dornröschens Beschwerde nach dem Erweckungskuss: „Sind Sie es, mein Prinz? Sie haben recht lange auf sich warten lassen, mein Prinz!"

Bei den Brüdern Grimm erwacht nach Dornröschen auch der gesamte Hofstaat und Prinz und Prinzessin „lebten vergnügt, bis an ihr Ende". Nicht so bei Perrault, da geht das Elend, wenn man so will, mit der Hochzeit erst richtig los. Nicht, weil sich das edle Paar streiten würde, sondern viel mehr, weil der Prinz eine Mutter hat. Eine richtig fiese auch noch. Alles beginnt damit, dass er seinen Eltern die Hochzeit mit Dornröschen so lange verschweigt, bis der alte König, sein Vater, gestorben ist. Inzwischen hat ihm seine Frau zwei Kinder geboren, die natürlich ebenfalls wunderschön sind. Erst, als er selbst den Thron besteigt, macht er die Sache offiziell. Dornröschen hat dann auch so richtig Pech mit seiner Schwiegermutter, die zuerst ihre beiden Kinder fressen will und dann die junge Frau selbst. Nur durch das Mitleid und die List des Haushofmeisters wird der Mord an den Kindern verhindert. Und als es Dornröschen treffen soll, kommt ihr Ehemann nach Hause und kann gerade noch mit ansehen, wie sich seine Mutter ob des vereitelten Plans aus Frust selbst entleibt. Nach dieser Episode sind die königlichen Eltern aus dem Weg und die junge Familie glücklich und in Sicherheit.

Zum Schluss noch ein paar Worte zu einer weiteren Eigenheit von Perraults Dornröschen: Der Zeitfaktor, der ja, wie wir in der Einleitung gesehen haben, im europäischen Volksmärchen keine Rolle spielt, tut es hier sehr wohl. Während bei den Brüdern Grimm kein Wort darüber verloren wird, dass ja seit dem Beginn des Zauberschlafes hundert Jahre vergangen sind und Dornröschen und Co. bei ihrem Erwachen modisch, sagen wir, nicht mehr ganz up to date sein müssen, thematisiert der barocke Franzose diesen Umstand sehr ausführlich. Der Prinz hat, wie erwähnt, keine Lust, im Schloss „altes Zeug zu studieren" und ihm fällt auf, dass Dornröschens Outfit „die größte Ähnlichkeit hatte mit der seiner seligen Großmutter." Zumindest ist er höflich genug, das gegenüber seiner Angebeteten nicht zu erwähnen. Diese Besonderheit passt genau in das höfische Bild, das Perrault zeichnet. Adel verpflichtet – auch zum Trendsetting.

Auch wenn Jacob und Wilhelm Grimm das Märchen in Hessen aufgezeichnet haben, kann also man nicht leugnen, dass es weit vor der Grimmschen Sammelei auch in Frankreich und sogar (in Teilen) in Italien bekannt ist. Trotzdem bringt man gerne (in deutschen Reiseführern) eine Burg im Landkreis Kassel mit dem Dornröschenschloss in Verbindung. Die Rede ist von der Sababurg im Reinhardswald, die bereits aus dem 14. Jahrhundert belegt ist und früher Zappen- bzw. Zapfenburg hieß. Die Burg soll zwischendurch als Ruine von Efeu überwachsen und von einer dichten Hecke umgeben gewesen sein. Schon Zeitgenossen sollen in dem romantischen Bauwerk das Dornröschenschloss gesehen haben und so wird es auch heute den Touristen als ein Highlight der Gegend und Teil der Märchenstraße empfohlen. Soweit so gut. Zwar können Märchenmotive reisen und dass Dornröschen vor der Niederschrift durch die Grimms im Ausland belegt ist, muss nichts heißen, wer aber in Hessen nach der „Wahrheit" hinter dem Märchen sucht, begibt sich, gelinde gesagt, aufs Glatteis.

Die Wahrheitssuche ist aber auch überflüssig, weil alleine die Interpretation des Dornröschen-Motivs so viele Möglichkeiten bietet, dass sich bis heute Schriftsteller, Filmemacher und bildende Künstler daran austoben.

Es ist aber auch wirklich eine große Spielwiese, die sich da vor uns ausbreitet. Wir haben eine geliebte und herbeigesehnte Tochter von königlichem Geblüt, die zu ihrer Geburt alle möglichen guten Wünsche (magischer Natur) mit auf den Weg bekommt, so dass sie alle Anlagen hat, die Perfektion in Menschengestalt zu werden. Klar, dass das Neid und Missgunst auf den Plan ruft. Bei Perrault ärgert sich die dreizehnte Fee, die schließlich den Fluch ausspricht, übrigens nicht nur darüber, dass sie nicht standesgemäß mit goldenem Geschirr bewirtet wird, sondern auch darüber, dass es so ein makelloses Frauenzimmer wie Dornröschen geben soll. Sie ist sauer und statt sich für das Baby zu freuen, wünscht sie ihm den Tod.

Vor allem aber der Schluss (oder Mittelteil bei Perrault) bietet Potential und jetzt wird es endlich delikat. Wenn ein junges Mädchen von fünfzehn Jahren nach einem verwunschenen Zauberschlaf vom künftigen Gatten, der als Mr. Right schnurstracks die magische Dornenhecke durchschritten hat (!), mit einem Kuss erweckt wird, dann kann man eigentlich nur noch an Sex denken, so romantisch die Szene auch sein mag. Dornröschen übernimmt hier den passiven Part, nachdem die (noch) kindliche Neugier sie so richtig in Schwierigkeiten gebracht hat. Sie muss schlafen, so lange bis der Prinz sie zur Frau macht.

Dieses Motiv hat Anne Rice – ja, die mit den berühmten Geschichten um Vampir Lestat und Co. – zum Anlass genommen, eine Trilogie von Erotikromanen zu veröffentlichen, die die Welt Dornröschens mit der des BDSM (Bondage & Discipline, Dominance & Submission, Sadism & Masochism) verbindet. Damit hat sie dieses Thema achtzehn Jahre vor *Fifty Shades of Grey* auf eine wesentlich intelligentere, unterhaltsamere und um Längen besser geschriebene Art und Weise in Prosa verpackt. Mit *The Claiming of Sleeping Beauty* (1983), *Beauty's Punishment* (1984) und *Beauty's Release* (1985) spinnt sie das Märchen ab dem Zeitpunkt weiter, in dem der Prinz das Mädchen erweckt. Nicht mit einem harmlos-romantischen Kuss, sondern indem er Sex mit ihr hat. Der dominante Prinz nimmt sie mit auf das Schloss seiner Mutter, wo Beauty eine waschechte Sklavenerziehung erhält.

Dass hinter dem Pseudonym A. N. Roquelaure niemand anderer als Anne Rice steckt, ist der Öffentlichkeit erst seit den Neunziger Jahren des vergangenen Jahrhunderts bekannt. Die Autorin von Erfolgsromanen wie den mittlerweile elf Werke umfassenden *Vampire Chronicles* schreibt in einem Vorwort zur Beauty-Trilogie aus dem Jahre 2012, dass gerade die Kombination aus detaillierter Schilderung sexueller Praktiken und der eleganten Märchenwelt für die Leser den Reiz und damit letztlich den Erfolg der Bücher ausmacht. Wer neugierig geworden ist, lasse sich gern von einer hervorragenden Schriftstellerin in diese ungewöhnliche und freizügige Märchenwelt für Erwachsene entführen.

Die Ohrfeige und Bugs Bunny

Wenn man mich gefragt hätte, was ich an diesem Märchen besonders mag, muss ich gestehen, dass ich gesagt hätte, dass es die Stelle ist, an der der Koch dem Küchenjungen eine Ohrfeige geben will und dies Ohrfeige 100 Jahre verzögert dann auf den Küchenjungen hernieder prasselt. Nein, ich bin kein Freund von körperlicher Züchtigung und ich finde auch nicht, dass es eine adäquate Form ist, mit seinen Mitarbeitern oder Angestellten umzugehen[1]. Ja ich weiß, dass dies nur ein Slapstickelement dieses Märchens ist, aber ich möchte behaupten, dass sich viele, viele Menschen da draußen genau an diese Szene besonders erinnern, wenn sie an DORNRÖSCHEN denken.

Es ist übrigens ein schönes Beispiel dafür, dass das menschliche Gedächtnis Episoden, die wir erlebt haben, nicht einfach wie ein Computer abspeichert. Weder weiß ich genau, wann ich DORNRÖSCHEN das erste Mal gehört habe, noch ob ich es zunächst gehört oder als Film gesehen habe. Ich habe nur diese Szene im Kopf, wie eben der Koch dem Küchenjungen eine Klatschen will und dann mitten in der Bewegung verharrt. Ich könnte Ihnen sogar ein genaues Bild davon beschreiben, wie Koch und Küchenjunge aussehen, der Koch mit einer großen roten Knollennase und einer weißen oben leicht angegraut, fettigen Kochmütze auf und der Küchenjunge mit einer Knickerbocker-Hose, Sommersprossen und einem frechen Gesichtsausdruck im Gesicht und einer gestohlenen Kartoffel in einer der Hände. Oft glauben wir, dass solche oft fotorealistischen Gedächtnisbilder die Wiedergabe von tatsächlich Erlebtem sein müssen, eben weil sie so realistisch sind. Doch aus der Gedächtnispsychologie wissen wir, dass dem nicht so ist. Das Gedächtnis ist eben kein statischer Speicher, an dem Sachen chronologisch oder auch streng semantisch abgelegt werden und jederzeit wieder abgerufen werden können. Vielmehr ist das Gedächtnis ein dynamischer Speicher, dessen Inhalte sich fortwährend verändern und stark Manipulationen zugänglich sind.

Ein schönes Beispiel hierfür ist der Bugs-Bunny-Versuch von Elizabeth Loftus, bei dem sie Versuchspersonen, die Disneyland besucht hatten, danach fragte, wie genau sie ihre Begegnung mit dem sympathischen Hasen Bugs Bunny erlebt hätten. Wichtig war, dass Loftus nicht fragte, ob sie Bugs Bunny getroffen hätten, sondern nur, wie der Kontakt verlaufen war. Dies suggerierte, dass Bugs Bunny tatsächlich mit den Personen in Kontakt getreten war. Loftus konnte berichten, dass viele Personen Angaben dazu machen konnten, wie ihr Aufeinandertreffen

---

[1] Ich bin sogar stattdessen der Meinung, dass man Mitarbeiter wertschätzend behandeln und gut bezahlen sollte – aber sagen Sie das bitte nicht meinen Angestellten!

mit Bugs Bunny verlaufen war. So weit so gut, oder? Die Sache hatte nur einen kleinen Haken, Bugs Bunny ist eine Warner Brothers Figur und eine Warner Brothers Figur werden Sie niemals[2] in einem Disney-Themenpark erleben. Was also zu beobachten ist, ist, dass durch eine suggestive Fragetechnik eine Gedächtnisspur gelegt wird, deren Unechtheit sich die erinnernde Person nicht bewusst werden kann. Selbst dann, wenn sie wissen, dass ihre Erinnerung falsch ist, kann es sein, dass sie dies für real halten, ein riesiges Problem bei Gerichtsprozessen. Und so kann es sein, dass ich vielleicht tatsächlich niemals die Szene gesehen habe, an die ich mich aus DORNRÖSCHEN erinnere, nämlich wie der rotnasige, dicke Koch dem klauenden Küchenjunge gerade dabei ist eine Ohrfeige zu geben, sie aber trotzdem für mich als real erlebe.

Ebenso hatte ich eine falsche Erinnerung dazu, wie eigentlich der Prinz Dornröschen erlöst und ins Schloss hineinkommt. Hätten Sie mich vor dem erneuten Lesens dieses Märchens gefragt, hätte ich Stein und Bein geschworen, dieses Märchen so gelesen zu haben, dass der Prinz sich mit seinem Schwert eine Schneise durch die Dornenhecke schlägt. Ich merke, eigentlich war es viel trivialer. Der gute Prinz war nur zufällig zur rechten Zeit am rechten Ort, sodass er eigentlich ohne großes Problem in das Schloss hineingelangte.

Wie aber meine Erinnerungsspur von einem schneiseschlagenden Prinz in mein Gedächtnis gelangte, das werde ich in den nächsten Tagen recherchieren und beende deswegen hier die Deutung dieses Märchens.

---

[2] Zumindest bis Disney auch den Warner Brothers Konzern aufgekauft haben wird.

14. König Drosselbart

in König hatte eine Tochter, die war über alle Maßen schön, aber dabei so stolz und übermüthig, daß ihr kein Freier gut genug war. Sie wies einen nach dem andern ab, und trieb noch dazu Spott mit ihnen. Einmal ließ der König ein großes Fest anstellen, und ladete dazu aus der Nähe und Ferne die heirathslustigen Männer ein. Sie wurden alle in eine Reihe nach Rang und Stand geordnet; erst kamen die Könige, dann die Herzöge, die Fürsten, Grafen und Freiherrn, zuletzt die Edelleute. Nun ward die Königstochter durch die Reihen geführt, aber an jedem hatte sie etwas auszusetzen. Der eine war ihr zu dick, „das Weinfaß!" sprach sie. Der andere zu lang, „lang und schwank hat keinen Gang." Der dritte zu kurz, „kurz und dick hat kein Geschick." Der vierte zu blaß, „der bleiche Tod!" der fünfte zu roth, „der Zinshahn!" der sechste war nicht gerad genug, „grünes Holz, hinterm Ofen getrocknet!" Und so hatte sie an einem jeden etwas auszusetzen, besonders aber machte sie sich über einen guten König lustig, der ganz oben stand, und dem das Kinn ein wenig krumm gewachsen war. „Ei," rief sie und lachte, „der hat ein Kinn, wie die Drossel einen Schnabel;" und seit der Zeit bekam er den Namen Drosselbart. Der alte König aber, als er sah daß seine Tochter nichts that als über die Leute spotten, und alle Freier, die da versammelt waren, verschmähte, ward er zornig und schwur, sie sollte den ersten besten Bettler zum Manne nehmen, der vor seine Thüre käme.

Ein paar Tage darauf hub ein Spielmann an unter dem Fenster zu singen, um damit ein geringes Almosen zu verdienen. Als es der König hörte, sprach er „laßt ihn herauf kommen." Da trat der Spielmann in seinen schmutzigen verlumpten Kleidern herein, sang vor dem König und seiner Tochter, und bat, als er fertig war, um eine milde Gabe. Der König sprach „dein Gesang hat mir so wohl gefallen, daß ich dir meine Tochter da zur Frau geben will." Die Königstochter erschrack, aber der König sagte „ich habe den Eid gethan, dich dem ersten besten Bettelmann zu geben, den will ich auch halten." Es half keine Einrede, der Pfarrer ward geholt, und sie mußte sich gleich mit dem Spielmann trauen lassen. Als das geschehen war, sprach der König, „nun schickt sichs nicht, daß du als ein Bettelweib noch länger in meinem Schloß bleibst, du kannst nur mit deinem Manne fortziehen." Der Bettelmann führte sie an der Hand hinaus, und sie mußte mit ihm zu Fuß fort gehen. Als sie in einen großen Wald kamen, da fragte sie

„ach, wem gehört der schöne Wald?"

„Der gehört dem König Drosselbart;
hättst du'n genommen, so wär er dein."

„Ich arme Jungfer zart,
ach, hätt ich genommen den König Drosselbart!"

Darauf kamen sie über eine Wiese, da fragte sie wieder

„wem gehört die schöne grüne Wiese?"

„Sie gehört dem König Drosselbart;
hättst du'n genommen, so wär sie dein."

„Ich arme Jungfer zart,
ach, hätt ich genommen den König Drosselbart!"

Dann kamen sie durch eine große Stadt, da fragte sie wieder

„wem gehört diese schöne große Stadt?"

„Sie gehört dem König Drosselbart;
hättst du'n genommen, so wär sie dein."

„Ich arme Jungfer zart,
ach, hätt ich genommen den König Drosselbart!"

„Es gefällt mir gar nicht," sprach der Spielmann, „daß du dir immer einen andern zum Mann wünschest: bin ich dir nicht gut genug?" Endlich kamen sie an ein ganz kleines Häuschen, da sprach sie

„ach, Gott, was ist das Haus so klein!
wem mag das elende winzige Häuschen sein?"

Der Spielmann antwortete „das ist mein und dein Haus, wo wir zusammen wohnen." Sie mußte sich bücken, damit sie zu der niedrigen Thür hinein kam. „Wo sind die Diener?" sprach die Königstochter. „Was Diener!" antwortete der Bettelmann, „du mußt selber thun was du willst gethan haben. Mach nur gleich Feuer an und stell Wasser auf, daß du mir mein Essen kochst; ich bin ganz müde." Die Königstochter verstand aber nichts vom Feueranmachen und Kochen, und der Bettelmann mußte selber mit Hand anlegen, daß es noch so leidlich gieng. Als sie die schmale Kost verzehrt hatten, legten sie sich zu Bett: aber am Morgen trieb er sie schon ganz früh heraus, weil sie das Haus besorgen sollte. Ein paar Tage lebten sie auf diese Art schlecht und recht, und zehrten ihren Vorrath auf. Da sprach der Mann „Frau, so gehts nicht länger, daß wir hier zehren und nichts verdienen. Du sollst Körbe flechten." Er gieng aus, schnitt Weiden, und brachte sie heim: da fieng sie an zu flechten, aber die harten Weiden stachen ihr die zarten Hände wund. „Ich sehe das geht nicht," sprach der Mann, „spinn lieber, vielleicht kannst du das besser." Sie setzte sich hin, und versuchte zu spinnen, aber der harte Faden schnitt ihr bald in die weichen Finger, daß das Blut daran herunter lief. „Siehst du," sprach der Mann, „du taugst zu keiner Arbeit, mit dir bin ich schlimm angekommen. Nun will ichs versuchen, und einen Handel mit Töpfen und irdenem Geschirr anfangen: du sollst dich auf den Markt setzen, und die Waare feil halten." „Ach," dachte sie, „wenn auf den Markt Leute aus meines Vaters Reich kommen, und sehen mich da sitzen und feil halten, wie werden sie mich verspotten!" Aber es half nichts, sie mußte sich fügen, wenn sie nicht Hungers sterben wollten. Das erstemal gings gut, denn die Leute kauften der Frau, weil sie schön war, gern ihre Waare ab, und bezahlten was sie forderte: ja, viele gaben ihr das Geld, und ließen ihr die Töpfe noch dazu. Nun lebten sie von dem erworbenen so lang es dauerte, da handelte der Mann wieder eine Menge neues Geschirr ein. Sie setzte sich damit an eine Ecke des Marktes, und stellte es um sich her, und hielt feil. Da kam plötzlich ein trunkener Husar daher gejagt, und ritt gerade zu in die Töpfe hinein, daß alles in tausend Scherben zersprang. Sie fieng an zu weinen und wußte vor Angst nicht was sie anfangen sollte. „Ach, wie wird mirs ergehen!" rief sie, „was wird mein Mann dazu sagen!" Sie lief heim und erzählte ihm das Unglück. „Wer setzt sich auch an die Ecke des Marktes mit irdenem Geschirr!" sprach der Mann, „laß nur das Weinen, ich sehe wohl du bist zu keiner ordentlichen Arbeit zu gebrauchen. Da bin ich in unseres Königs Schloß gewesen und habe gefragt ob sie nicht eine Küchenmagd brauchen könnten, und sie haben mir versprochen sie wollten dich dazu nehmen; dafür bekommst du freies Essen."

 Nun ward die Königstochter eine Küchenmagd, mußte dem Koch zur Hand gehen und die sauerste Arbeit thun. Sie machte sich in beiden Taschen ein Töpfchen fest, darin brachte sie nach Haus was ihr von dem übrig gebliebenen zu Theil ward, und davon nährten sie sich. Es trug sich zu, daß die Hochzeit des ältesten Königs-

sohnes sollte gefeiert werden, da gieng die arme Frau hinauf, stellte sich vor die Saalthüre und wollte zusehen. Als nun die Lichter angezündet waren, und immer einer schöner als der andere hereintrat, und alles voll Pracht und Herrlichkeit war, da dachte sie mit betrübtem Herzen an ihr Schicksal, und verwünschte ihren Stolz und Übermuth, der sie erniedrigt und in so große Armuth gestürzt hatte. Von den köstlichen Speisen, die da ein und ausgetragen wurden, und von welchen der Geruch zu ihr aufstieg, warfen ihr Diener manchmal ein paar Brocken zu, die that sie in ihr Töpfchen, und wollte es heim tragen. Auf einmal trat der Königssohn herein, war in Sammt und Seide gekleidet und hatte goldene Ketten um den Hals. Und als er die schöne Frau in der Thüre stehen sah, ergriff er sie bei der Hand, und wollte mit ihr tanzen, aber sie weigerte sich und erschrack, denn sie sah daß es der König Drosselbart war, der um sie gefreit und den sie mit Spott abgewiesen hatte. Ihr Sträuben half nichts, er zog sie in den Saal: da zerriß das Band, an welchem die Taschen hiengen, und die Töpfe fielen heraus, daß die Suppe floß und die Brocken umher sprangen. Und wie das die Leute sahen, entstand ein allgemeines Gelächter und Spotten, und sie war so beschämt, daß sie sich lieber tausend Klafter unter die Erde gewünscht hätte. Sie sprang zur Thüre hinaus und wollte entfliehen, aber auf der Treppe holte sie ein Mann ein, und brachte sie zurück: und wie sie ihn ansah, war es wieder der König Drosselbart. Er sprach ihr freundlich zu, „fürchte dich nicht, ich und der Spielmann, der mit dir in dem elenden Häuschen gewohnt hat, sind eins: dir zu Liebe habe ich mich so verstellt, und der Husar, der dir die Töpfe entzwei geritten hat, bin ich auch gewesen. Das alles ist geschehen, um deinen stolzen Sinn zu beugen, und dich für deinen Hochmuth zu strafen, womit du mich verspottet hast." Da weinte sie bitterlich und sagte „ich habe großes Unrecht gehabt und bin nicht werth deine Frau zu sein." Er aber sprach „tröste dich, die bösen Tage sind vorüber, jetzt wollen wir unsere Hochzeit feiern." Da kamen die Kammerfrauen und thaten ihr die prächtigsten Kleider an, und ihr Vater kam und der ganze Hof, und wünschten ihr Glück zu ihrer Vermählung mit dem König Drosselbart, und die rechte Freude fieng jetzt erst an. Ich wollte, du und ich, wir wären auch dabei gewesen.

Wer nicht hören will, ...

*D*ie Geschichte mit der ATU-Nummer 900 – also ein novellenartiges Märchen – findet sich bei den Brüdern Grimm seit der ersten Ausgabe an Stelle 52. Zum Teil stammt es aus der Familie Hassenpflug, das Ende ist wohl von Dorothea Wild beigetragen worden. Geografisch stamme es, so Jacob und Wilhelm in den Anmerkungen, aus Hessen, den Maingegenden und dem „Paderbörnischen".

Wer nicht hören will, muss fühlen, könnte die Überschrift aber auch lauten, denn im Falle der Königstochter ist erzieherisch so ziemlich alles schief gelaufen, was in der höfischen Gesellschaft eigentlich angesagt war. Wenn man sich die Stellung von Burgfrauen in der mittelalterlichen Adelskultur anschaut, dann strotzte sie zwar nicht von rechtlichen Privilegien, aber was den Bildungsstand betraf, konnten die Damen so manchem Herren noch was vormachen. Im Falle der Heldin dieses Märchens tun sich allerdings Charakterschwächen und Bildungslücken am laufenden Meter auf. Ähnlich wie die junge Dame in DER FROSCHKÖNIG hat sie nicht die geringste Ahnung von den Aufgaben und Pflichten, deren Erfüllung von ihr erwartet wird. Sie ist nun wirklich nicht reif für die Ehe und ein verantwortungsvolles Dasein in Adelskreisen.

Der adelige Freier holt, als nichts mehr hilft, in der Gestalt eines Spielmannes und eines Husaren die versäumte Erziehung nach und stutzt sich seine Zukünftige zurecht, bis sie ein vollwertiges Mitglied der höfischen Gesellschaft ist.

Hans-Jörg Uther nennt unter anderem die schwankhafte mittelhochdeutsche Mär *Diu halbe bir* (Die halbe Birne) von Konrad von Würzburg als Vorläufer. Und die hat es in sich. Die Story aus dem 13. Jh. von einem Ritter, der ordentlich Nachhilfe seitens einer Zofe braucht, um seine Lady zu „erfreuen", also eine passive Rolle einnimmt, während die Dame lauthals nach mehr verlangt, ist eine Persiflage auf das, was gemeinhin als höfische Minne bekannt ist.

Die hohe Minne, die im Minnegesang Ausdruck findet, kündet von edlen Rittern, die ebenso edle Damen (aus der Ferne) verehren, ihre Schönheit preisen und sich für sie in die tollsten Abenteuer stürzen. In dieser Form hat die Minne einen formalen und sozial-integrativen Charakter, sie steuert Gefühle in ruhiges Fahrwasser und hilft dabei, die höfische Ordnung aufrecht zu halten. In der älteren Literaturwissenschaft grenzte man davon die sogenannte „niedere Minne" ab, die quasi als andere Seite der Medaille zügellose, körperliche und ausschweifende Liebe meint. Zudem hat der Begriff der Minne selbst eine Verschiebung der Bedeutung hinter sich. Während im Hochmittelalter noch edle und eigentlich platonische Gefühle gemeint waren, verlagerte sich zum Spätmittelalter hin das Ganze in Richtung körperlicher, gegengeschlechtlicher Liebe.

Was bedeutet das aber alles für unser Märchen hier? Auch KÖNIG DROSSELBART trägt die Züge eines Schwankes, also einer derben und lustigen Erzählung. Vor allem die Art und Weise, in der die Prinzessin zu Beginn ihre Freier beschimpft, deutet ganz darauf hin. Und ebenso wie *Diu halbe bir* zieht auch König Drosselbart die hehre, höfische Liebe durch den Kakao. Die Prinzessin ist nicht edel, sondern ein ungebildetes, zänkisches Gör und der Ritter kann als Adeliger bei der jungen Dame nicht landen und kommt schlauerweise stattdessen als Spielmann (hier vielleicht auch eine Anspielung auf den Minnegesang?) daher. Sein großes Abenteuer, seine Queste, besteht nicht darin, Drachen zu töten oder anderweitig das Böse in der Welt zu bekämpfen, sondern er hat alle Hände voll damit zu tun, seine zukünftige Frau zu einem Idealbild ihres Geschlechts zu machen.

Die Zähmung der Widerspenstigen ist natürlich als Motiv auch in Shakespeares entsprechendem Stück zu finden, in dem Petruchio die bockige Katharina heiraten muss, damit der Held Lucentio seine geliebte Bianca bekommt, die nur heiraten darf, wenn ihre ältere Schwester zuerst unter die Haube kommt. Das Fass der umstrittenen Urheberschaft des Stückes aufzumachen, soll den Lesern an dieser Stelle erspart bleiben.

Liebe, Lust und Geschlechterkampf sind, wie man sieht, zeitlose Themen, denen man sich auf unterschiedliche Arten nähern kann und Humor ist sicher nicht die schlechteste unter ihnen.

Manchmal ist es so einfach

*H*ochmut kommt vor dem Fall!
Noch was?
Was soll man psychologisch aus einem Märchen herausholen, dass seine Moral selbst wieder und wieder benennt? Nun wir können zunächst einmal feststellen, dass Märchen aus verschiedenen Gründen nicht wirklich das sind, was die Empörten dieses Landes als gendergerecht bezeichnen würden. Und ich spreche jetzt nicht davon, dass andauernd Frauen irgendwem gegeben, verheiratet, überlassen oder ähnliches werden[1]. Sondern ich spreche davon, dass es ein deutliches Übergewicht von Königen mit Königstöchtern, gegenüber Königen mit Königssöhnen oder Königinnen mit Königinnensöhnen bzw. Königinnen mit Königinnentöchtern gibt. Es ist immer wieder die Frage eines Vaters: „Was soll ich nur mit meiner Tochter machen? Was ist für meine Tochter gut genug?".

Der Vater in unserem Märchen ist dabei das, was wir im pädagogisch-psychologischen Rahmen als eher inkonsequent und erziehungsschwach bezeichnen würden. Zunächst lässt er seiner Tochter über lange Zeit jeden Stolz und jede Eitelkeit durchgehen, lässt sie Menschen verspotten, gering schätzen und nimmt alles hin und bedient sogar diesen Persönlichkeitszug. Irgendwann beschließt er dann aber, dass es so nicht weitergehen könne und kippt dann ins andere Extrem, er will seine Tochter dem Erstbesten zur Frau geben, den er sieht. Die Möglichkeit aus ihrem Fehlverhalten zu lernen, es zu korrigieren und sich zu bessern, erhält die Königstochter aber nicht. Es ist ein Denken in Schwarz- und Weißtönen, das der König hier an den Tag legt. Gewissermaßen der pädagogische Gegenentwurf hierzu, ist der spätere Bräutigam der Königstochter, unser Held der König Drosselbart, wurde er doch in der Vergangenheit von eben jener Königstochter geschmäht, die er am Ende schließlich heiratet. Dabei setzt Drosselbart auf etwas, das wir heute selbstentdeckendes Lernen nennen würden, das heißt nicht das über etwas Reden oder das es sich Anlesen steht im Vordergrund, sondern die Möglichkeit selbst etwas zu erfahren, zu merken, wie es sich anfühlt, um daraus schließlich eigene Schlüsse zu ziehen. Und, Märchen sei dank, die Königstochter lernt ihre Lektion und Drosselbart offenbart ihr, dass er auch der arme Schlucker sowie der Husar gewesen sei.

Hier könnten wir die Idee davon sehen, dass noble Persönlichkeitszüge sich auch dort offenbaren, wo wir es eher weniger erwarten würden. Die einfache Message könnte lauten, dass auch Menschen, denen man es aufgrund ihres so-

---

[1] Da sind wir aus dem Buch der Bücher ja ganz andere Sachen gewohnt, wenn man sich beispielsweise einmal anschaut, was Loth da mit seinen Töchtern macht.

zioökonomischen Status nicht ansieht, ebenso gut wie Könige sein können. So haben wir dann doch noch einige weitere psychologische Gedanken zu diesem Märchen.

Aber ich weise darauf hin, was die zentrale Message von KÖNIG DROSSELBART ist:

Hochmut kommt vor dem Fall!

15. Sneewittchen

s war einmal mitten im Winter, und die Schneeflocken fielen wie Federn vom Himmel herab, da saß eine Königin an einem Fenster, das einen Rahmen von schwarzem Ebenholz hatte, und nähte. Und wie sie so nähte und nach dem Schnee aufblickte, stach sie sich mit der Nadel in den Finger, und es fielen drei Tropfen Blut in den Schnee. Und weil das Rothe im weißen Schnee so schön aussah, dachte sie bei sich „hätt ich ein Kind so weiß wie Schnee, so roth wie Blut, und so schwarz wie das Holz an dem Rahmen." Bald darauf bekam sie ein Töchterlein, das war so weiß wie Schnee, so roth wie Blut, und so schwarzhaarig wie Ebenholz, und ward darum das Sneewittchen (Schneeweißchen) genannt. Und wie das Kind geboren war, starb die Königin.

Über ein Jahr nahm sich der König eine andere Gemahlin. Es war eine schöne Frau, aber sie war stolz und übermüthig, und konnte nicht leiden daß sie an Schönheit von jemand sollte übertroffen werden. Sie hatte einen wunderbaren Spiegel, wenn sie vor den trat und sich darin beschaute, sprach sie

„Spieglein, Spieglein an der Wand,
wer ist die schönste im ganzen Land?"

so antwortete der Spiegel

„Frau Königin, ihr seid die schönste im Land."

Da war sie zufrieden, denn sie wußte daß der Spiegel die Wahrheit sagte.
Sneewittchen aber wuchs heran, und wurde immer schöner, und als es sieben Jahr alt war, war es so schön, wie der klare Tag, und schöner als die Königin selbst. Als diese einmal ihren Spiegel fragte

„Spieglein, Spieglein an der Wand,
wer ist die schönste im ganzen Land?"

so antwortete er

„*Frau Königin, ihr seid die schönste hier,
aber Sneewittchen ist tausendmal schöner als ihr.*"

Da erschrak die Königin, und ward gelb und grün vor Neid. Von Stund an, wenn sie Sneewittchen erblickte, kehrte sich ihr das Herz im Leibe herum, so haßte sie das Mädchen. Und der Neid und Hochmuth wuchsen wie ein Unkraut in ihrem Herzen immer höher, daß sie Tag und Nacht keine Ruhe mehr hatte. Da rief sie einen Jäger und sprach „bring das Kind hinaus in den Wald, ich wills nicht mehr vor meinen Augen sehen. Du sollst es tödten, und mir Lunge und Leber zum Wahrzeichen mitbringen." Der Jäger gehorchte und führte es hinaus, und als er den Hirschfänger gezogen hatte und Sneewittchens unschuldiges Herz durchbohren wollte, fieng es an zu weinen und sprach „ach, lieber Jäger, laß mir mein Leben; ich will in den wilden Wald laufen und nimmermehr wieder heim kommen." Und weil es so schön war, hatte der Jäger Mitleiden und sprach „so lauf hin, du armes Kind." „Die wilden Thiere werden dich bald gefressen haben" dachte er, und doch wars ihm als wär ein Stein von seinem Herzen gewälzt, weil er es nicht zu tödten brauchte. Und als gerade ein junger Frischling daher gesprungen kam, stach er ihn ab, nahm Lunge und Leber heraus, und brachte sie als Wahrzeichen der Königin mit. Der Koch mußte sie in Salz kochen, und das boshafte Weib aß sie auf und meinte sie hätte Sneewittchens Lunge und Leber gegessen.

Nun war das arme Kind in dem großen Wald mutterseelig allein, und ward ihm so angst, daß es alle Blätter an den Bäumen ansah und nicht wußte wie es sich helfen sollte. Da fieng es an zu laufen und lief über die spitzen Steine und durch die Dornen, und die wilden Thiere sprangen an ihm vorbei, aber sie thaten ihm nichts. Es lief so lange nur die Füße noch fort konnten, bis es bald Abend werden wollte, da sah es ein kleines Häuschen und gieng hinein sich zu ruhen. In dem Häuschen war alles klein, aber so zierlich und reinlich, daß es nicht zu sagen ist. Da stand ein weiß gedecktes Tischlein mit sieben kleinen Tellern, jedes Tellerlein mit seinem Löffelein, ferner sieben Messerlein und Gäblein, und sieben Becherlein. An der Wand waren sieben Bettlein neben einander aufgestellt und schneeweiße Laken darüber gedeckt. Sneewittchen, weil es so hungrig und durstig war, aß von jedem Tellerlein ein wenig Gemüs und Brot, und trank aus jedem Becherlein einen Tropfen Wein; denn es wollte nicht einem allein alles wegnehmen. Hernach, weil es so müde war, legte es sich in ein Bettchen, aber keins paßte; das eine war zu lang, das andere zu kurz, bis endlich das siebente recht war: und darin blieb es liegen, befahl sich Gott und schlief ein.

Als es ganz dunkel geworden war, kamen die Herren von dem Häuslein, das waren die sieben Zwerge, die in den Bergen nach Erz hackten und gruben. Sie zün-

deten ihre sieben Lichtlein an, und wie es nun hell im Häuslein ward, sahen sie daß jemand darin gewesen war, denn es stand nicht alles so in der Ordnung, wie sie es verlassen hatten. Der erste sprach „wer hat auf meinem Stühlchen gesessen?" Der zweite „wer hat von meinem Tellerchen gegessen?" Der dritte „wer hat von meinem Brötchen genommen?" Der vierte „wer hat von meinem Gemüschen gegessen?" Der fünfte „wer hat mit meinem Gäbelchen gestochen?" Der sechste „wer hat mit meinem Messerchen geschnitten?" Der siebente „wer hat aus meinem Becherlein getrunken?" Dann sah sich der erste um und sah daß auf seinem Bett eine kleine Dälle war, da sprach er „wer hat in mein Bettchen getreten?" Die andern kamen gelaufen und riefen „in meinem hat auch jemand gelegen." Der siebente aber, als er in sein Bett sah, erblickte Sneewittchen, das lag darin und schlief. Nun rief er die andern, die kamen herbeigelaufen, und schrien vor Verwunderung, holten ihre sieben Lichtlein, und beleuchteten Sneewittchen. „Ei, du mein Gott! ei, du mein Gott!" riefen sie, „was ist das Kind so schön!" und hatten so große Freude, daß sie es nicht aufweckten, sondern im Bettlein fortschlafen ließen. Der siebente Zwerg aber schlief bei seinen Gesellen, bei jedem eine Stunde, da war die Nacht herum.

 Als es Morgen war, erwachte Sneewittchen, und wie es die sieben Zwerge sah, erschrack es. Sie waren aber freundlich und fragten „wie heißt du?" „Ich heiße Sneewittchen," antwortete es. „Wie bist du in unser Haus gekommen?" sprachen weiter die Zwerge. Da erzählte es ihnen daß seine Stiefmutter es hätte wollen umbringen lassen, der Jäger hätte ihm aber das Leben geschenkt, und da wär es gelaufen den ganzen Tag, bis es endlich ihr Häuslein gefunden hätte. Die Zwerge sprachen „willst du unsern Haushalt versehen, kochen, betten, waschen, nähen und stricken, und willst du alles ordentlich und reinlich halten, so kannst du bei uns bleiben, und es soll dir an nichts fehlen." „Ja," sagte Sneewittchen, „von Herzen gern," und blieb bei ihnen. Es hielt ihnen das Haus in Ordnung: Morgens giengen sie in die Berge und suchten Erz und Gold, Abends kamen sie wieder, und da mußte ihr Essen bereit sein. Den Tag über war das Mädchen allein, da warnten es die guten Zwerglein und sprachen „hüte dich vor deiner Stiefmutter, die wird bald wissen daß du hier bist; laß ja niemand herein."

 Die Königin aber, nachdem sie Sneewittchens Lunge und Leber glaubte gegessen zu haben, dachte nicht anders als sie wäre wieder die erste und allerschönste, trat vor ihren Spiegel und sprach

  „Spieglein, Spieglein an der Wand,
   wer ist die schönste im ganzen Land?"

Da antwortete der Spiegel

> „Frau Königin, ihr seid die schönste hier,
> aber Sneewittchen über den Bergen
> bei den sieben Zwergen
> ist noch tausendmal schöner als ihr."

Da erschrak sie, denn sie wußte, daß der Spiegel keine Unwahrheit sprach, und merkte daß der Jäger sie betrogen hatte, und Sneewittchen noch am Leben war. Und da sann und sann sie aufs neue, wie sie es umbringen wollte; denn so lange sie nicht die schönste war im ganzen Land, ließ ihr der Neid keine Ruhe. Und als sie sich endlich etwas ausgedacht hatte, färbte sie sich das Gesicht, und kleidete sich wie eine alte Krämerin, und war ganz unkenntlich. In dieser Gestalt gieng sie über die sieben Berge zu den sieben Zwergen, klopfte an die Thüre, und rief „schöne Waare feil! feil!" Sneewittchen guckte zum Fenster heraus und rief „guten Tag, liebe Frau, was habt ihr zu verkaufen?" „Gute Waare, schöne Waare," antwortete sie, „Schnürriemen von allen Farben," und holte einen hervor, der aus bunter Seide geflochten war. „Die ehrliche Frau kann ich herein lassen" dachte Sneewittchen, riegelte die Thüre auf und kaufte sich den hübschen Schnürriemen. „Kind," sprach die Alte, „wie du aussiehst! komm, ich will dich einmal ordentlich schnüren." Sneewittchen hatte kein Arg, stellte sich vor sie, und ließ sich mit dem neuen Schnürriemen schnüren: aber die Alte schnürte geschwind und schnürte so fest, daß dem Sneewittchen der Athem vergieng, und es für todt hinfiel. „Nun bist du die schönste gewesen" sprach sie, und eilte hinaus.

Nicht lange darauf, zur Abendzeit, kamen die sieben Zwerge nach Haus, aber wie erschraken sie, als sie ihr liebes Sneewittchen auf der Erde liegen sahen; und es regte und bewegte sich nicht, als wäre es todt. Sie hoben es in die Höhe, und weil sie sahen daß es zu fest geschnürt war, schnitten sie den Schnürriemen entzwei: da fieng es an ein wenig zu athmen, und ward nach und nach wieder lebendig. Als die Zwerge hörten was geschehen war, sprachen sie, „die alte Krämerfrau war niemand als die gottlose Königin: hüte dich und laß keinen Menschen herein, wenn wir nicht bei dir sind."

Das böse Weib aber, als es nach Haus gekommen war, gieng vor den Spiegel und fragte

> „Spieglein, Spieglein an der Wand,
> wer ist die schönste im ganzen Land?"

Da antwortete er wie sonst

> „Frau Königin, ihr seid die schönste hier,
> aber Sneewittchen über den Bergen
> bei den sieben Zwergen
> ist noch tausendmal schöner als ihr."

Als sie das hörte, lief ihr alles Blut zum Herzen, so erschrack sie, denn sie sah wohl daß Sneewittchen wieder lebendig geworden war. „Nun aber," sprach sie, „will ich etwas aussinnen, das dich zu Grunde richten soll," und mit Hexenkünsten, die sie verstand, machte sie einen giftigen Kamm. Dann verkleidete sie sich und nahm die Gestalt eines andern alten Weibes an. So gieng sie hin über die sieben Berge zu den sieben Zwergen, klopfte an die Thüre, und rief „gute Waare feil! feil!" Sneewittchen schaute heraus und sprach „geht nur weiter, ich darf niemand hereinlassen." „Das Ansehen wird dir doch erlaubt sein" sprach die Alte, zog den giftigen Kamm heraus und hielt ihn in die Höhe. Da gefiel er dem Kinde so gut, daß es sich bethören ließ und die Thüre öffnete. Als sie des Kaufs einig waren, sprach die Alte „nun will ich dich einmal ordentlich kämmen." Das arme Sneewittchen dachte an nichts, und ließ die Alte gewähren, aber kaum hatte sie den Kamm in die Haare gesteckt, als das Gift darin wirkte, und das Mädchen ohne Besinnung niederfiel. „Du Ausbund von Schönheit," sprach das boshafte Weib, „jetzt ists um dich geschehen," und gieng fort. Zum Glück aber war es bald Abend, wo die sieben Zwerglein nach Haus kamen. Als sie Sneewittchen wie todt auf der Erde liegen sahen, hatten sie gleich die Stiefmutter in Verdacht, suchten nach, und fanden den giftigen Kamm, und kaum hatten sie ihn herausgezogen, so kam Sneewittchen wieder zu sich, und erzählte was vorgegangen war. Da warnten sie es noch einmal auf seiner Hut zu sein und niemand die Thüre zu öffnen.

Die Königin stellte sich daheim vor den Spiegel und sprach

„Spieglein, Spieglein an der Wand,
wer ist die schönste im ganzen Land?"

Da antwortete er, wie vorher,

„Frau Königin, ihr seid die schönste hier,
aber Sneewittchen über den Bergen
bei den sieben Zwergen
ist doch noch tausendmal schöner als ihr."

Als sie den Spiegel so reden hörte, zitterte und bebte sie vor Zorn. „Sneewittchen soll sterben," rief sie, „und wenn es mein eignes Leben kostet." Darauf gieng sie in eine ganz verborgene einsame Kammer, wo niemand hinkam, und machte da einen giftigen giftigen Apfel. Außerlich sah er schön aus, weiß mit rothen Backen, daß jeder, der ihn erblickte, Lust danach bekam, aber wer ein Stückchen davon aß, der mußte sterben. Als der Apfel fertig war, färbte sie sich das Gesicht, und verkleidete sich in eine Bauersfrau, und so gieng sie über die sieben Berge zu den sieben Zwergen.

Sie klopfte an, Sneewittchen streckte den Kopf zum Fenster heraus, und sprach „ich darf keinen Menschen einlassen, die sieben Zwerge haben mirs verboten." „Mir auch recht," antwortete die Bäurin, „meine Äpfel will ich schon los werden. Da, einen will ich dir schenken." „Nein," sprach Sneewittchen, „ich darf nichts annehmen." „Fürchtest du dich vor Gift?" sprach die Alte, „siehst du, da schneide ich den Apfel in zwei Theile; den rothen Backen iß du, den weißen will ich essen." Der Apfel war aber so künstlich gemacht, daß der rothe Backen allein vergiftet war. Sneewittchen lusterte den schönen Apfel an, und als es sah, daß die Bäurin davon aß, so konnte es nicht länger widerstehen, streckte die Hand hinaus und nahm die giftige Hälfte. Kaum aber hatte es einen Bissen davon im Mund, so fiel es todt zur Erde nieder. Da betrachtete es die Königin mit grausigen Blicken und lachte überlaut, und sprach „weiß wie Schnee, roth wie Blut, schwarz wie Ebenholz! diesmal können dich die Zwerge nicht wieder erwecken." Und als sie daheim den Spiegel befragte,

„Spieglein, Spieglein an der Wand,
wer ist die schönste im ganzen Land?"

so antwortete er endlich

„Frau Königin, ihr seid die schönste im Land."

Da hatte ihr neidisches Herz Ruhe, so gut ein neidisches Herz Ruhe haben kann.
    Die Zwerglein, wie sie Abends nach Haus kamen, fanden Sneewittchen auf der Erde liegen, und es gieng kein Athem mehr aus seinem Mund, und es war todt. Sie hoben es auf, suchten ob sie was giftiges fänden, schnürten es auf, kämmten ihm die Haare, wuschen es mit Wasser und Wein, aber es half alles nichts; das liebe Kind war todt und blieb todt. Sie legten es auf eine Bahre und setzten sich alle siebene daran und beweinten es, und weinten drei Tage lang. Da wollten sie es begraben, aber es sah noch so frisch aus wie ein lebender Mensch, und hatte noch seine schönen rothen Backen. Sie sprachen „das können wir nicht in die schwarze Erde versenken," und ließen einen durchsichtigen Sarg von Glas machen, daß man es von allen Seiten sehen konnte, legten es hinein, und schrieben mit goldenen Buchstaben seinen Namen darauf, und daß es eine Königstochter wäre. Dann setzten sie den Sarg hinaus auf den Berg, und einer von ihnen blieb immer dabei, und bewachte ihn. Und die Thiere kamen auch und beweinten Sneewittchen, erst eine Eule, dann ein Rabe, zuletzt ein Täubchen.
    Nun lag Sneewittchen lange lange Zeit in dem Sarg und verweste nicht, sondern sah aus als wenn es schliefe, denn es war noch so weiß als Schnee, so roth als Blut, und so schwarzhaarig wie Ebenholz. Es geschah aber, daß ein Königssohn in den

Wald gerieth und zu dem Zwergenhaus kam, da zu übernachten. Er sah auf dem Berg den Sarg, und das schöne Sneewittchen darin, und las was mit goldenen Buchstaben darauf geschrieben war. Da sprach er zu den Zwergen „laßt mir den Sarg, ich will euch geben, was ihr dafür haben wollt." Aber die Zwerge antworteten „wir geben ihn nicht um alles Gold in der Welt." Da sprach er „so schenkt mir ihn, denn ich kann nicht leben ohne Sneewittchen zu sehen, ich will es ehren und hochachten wie mein Liebstes." Wie er so sprach, empfanden die guten Zwerglein Mitleiden mit ihm und gaben ihm den Sarg. Der Königssohn ließ ihn nun von seinen Dienern auf den Schultern forttragen. Da geschah es, daß sie über einen Strauch stolperten, und von dem Schüttern fuhr der giftige Apfelgrütz, den Sneewittchen abgebissen hatte, aus dem Hals. Und nicht lange so öffnete es die Augen, hob den Deckel vom Sarg in die Höhe, und richtete sich auf, und war wieder lebendig. „Ach Gott, wo bin ich?" rief es. Der Königssohn sagte voll Freude „du bist bei mir," und erzählte was sich zugetragen hatte und sprach „ich habe dich lieber als alles auf der Welt; komm mit mir in meines Vaters Schloß, du sollst meine Gemahlin werden." Da war ihm Sneewittchen gut und gieng mit ihm, und ihre Hochzeit ward mit großer Pracht und Herrlichkeit angeordnet.

Zu dem Fest wurde aber auch Sneewittchens gottlose Stiefmutter eingeladen. Wie sie sich nun mit schönen Kleidern angethan hatte, trat sie vor den Spiegel und sprach

„Spieglein, Spieglein an der Wand,
wer ist die schönste im ganzen Land?"

Der Spiegel antwortete

„Frau Königin, ihr seid die schönste hier,
aber die junge Königin ist tausendmal schöner als ihr."

Da stieß das böse Weib einen Fluch aus, und ward ihr so angst, so angst, daß sie sich nicht zu lassen wußte. Sie wollte zuerst gar nicht auf die Hochzeit kommen: doch ließ es ihr keine Ruhe, sie mußte fort und die junge Königin sehen. Und wie sie hineintrat, erkannte sie Sneewittchen, und vor Angst und Schrecken stand sie da und konnte sich nicht regen. Aber es waren schon eiserne Pantoffeln über Kohlenfeuer gestellt und wurden mit Zangen herein getragen und vor sie hingestellt. Da mußte sie in die rothglühenden Schuhe treten und so lange tanzen, bis sie todt zur Erde fiel

Schneewittchen ist überall

*E*ine wehrhafte junge Frau flieht mit List und Tücke aus dem Verließ einer bösen Königen, die dem Vater der Fliehenden vor Jahren durch eine List Burg, Königreich und Leben nahm. In einem Zauberwald voller seltsamer und teils gefährlicher Monster trifft sie einen jungen Jäger, der von der Königin ausgeschickt wurde, um sie zurückzubringen. Die Prinzessin im Exil schafft es jedoch, den Jäger (der dem Unterfangen ohnehin nur durch Erpressung zustimmte) auf ihre Seite zu ziehen. Nach einigen Abenteuern kehrt die rechtmäßige Erbin schließlich an der Spitze einer Armee zur Burg zurück, besiegt die Königin und besteigt den Thron.

Szenenwechsel. Die Tochter eines Grafen von Brabant, Richilde genannt, erhält von dem berühmten Gelehrten Albertus Magnus als Geschenk einen Spiegel, den die junge und überaus schöne, aber hochmütige Gräfin später als Quell der Selbstbestätigung nutzt, weil er ihr brav das eigene Bild zeigt, wenn sie nach der schönsten Maid in Brabant fragt. Doch schließlich erscheint statt ihrer selbst die Stieftochter im Spiegel und die böse Richilde schmiedet Pläne, sie zu beseitigen. Das gelingt ihr nicht und sie kann die Hochzeit der jungen Blanca mit ihrem Traumprinzen nicht verhindern. Stattdessen muss sie in glühenden Schuhen auf dem Fest tanzen.

Kaum zu glauben, aber zwischen diesen beiden „Schneewittchen" liegen 230 Jahre und eine mediale Revolution. Bei der ersten handelt es sich um die Handlung des 2012 erschienen Hollywoodstreifens *Snow White and the Huntsman*, bei der zweiten um das Märchen *Richilde* von Johann Karl August Musäus, das 1782 im ersten Band seiner *Volksmährchen der Deutschen* erschien.

Musäus´ Version des Schneewittchen („Sneewittchen" ist die Mundartvariante) ist also rund zwanzig Jahre älter als die erste Niederlegung der Brüder Grimm in den Kinder- und Hausmärchen. Dazwischen (und davor) liegen zahlreiche Varianten, von denen die hier abgedruckte nur eine ist.

Die Geschichte der schönen Richilde, die Musäus verschriftlicht, fällt durch eine äußerst umfangreiche und fast komplexe Handlung auf. Die „böse Königin", die versucht, ihre schöne Stieftochter um die Ecke zu bringen und damit die Konkurrenz auszuschalten, bekommt hier eine ausführliche Vorgeschichte. Die ganze Story wird sogar aus ihrer Sicht erzählt. Es wird detailliert gezeigt, wie sehr sich ihre Mutter ein Kind wünscht und sich Albertus Magnus auch hier schon als Ratgeber in der delikaten Angelegenheit erweist. Als Richilde gerade mitten im Teenageralter ist, stirbt die Mutter und die junge Grafentochter erhält mit dem Spiegel, den der berühmte Gelehrte für sie hat anfertigen lassen, einen Ratgeber, der ihr zur Seite stehen soll. Das verwöhnte Töchterlein, hat aber alles was das Herz begehrt, nur nicht die Gewissheit, dass sie die Schönste im Lande ist. Genau das verrät ihr aber das magische Luxusobjekt. Und die junge Dame bildet sich mächtig etwas darauf ein. Das Unheil nimmt seinen Lauf, als der einzige Mann, den ihr Herz begehrt, verheiratet ist und für sie erst mal seine Frau verlassen muss. Die Verschmähte stirbt bald darauf und der attraktive Ritter eilt zu Richilde. Keine guten Voraussetzungen für eine glückliche Beziehung, das findet Gombald von Löwen auch bald heraus und vergeht in Gewissensbissen. Er stirbt auf Pilgerreise, ohne das Heilige Land erreicht zu haben. Richilde kümmert das weniger, als man meinen sollte. Viel wichtiger ist ihr, dass sie noch immer die Nummer Eins der Brabanter Beauties ist. Doch hier läuft ihr Gombalds Tochter Blanca (die in einem eigenen Schloß mit ein paar Hofdamen und Zwergen groß wurde) den Rang ab. Mehrere Anschläge, die teilweise vom Arzt der Gräfin verübt werden scheitern, weil der Attentäter den Mord nicht wirklich übers Herz bringt. Am Ende wird die intrigante Adelige vom künftigen Mann ihrer Stieftochter fort aus Brabant und in die Falle gelockt. Sie wird als Übeltäterin bestraft und muss, wie oben beschrieben, in unbequemem Schuhwerk das Tanzbein schwingen. Und das auch noch auf der Hochzeit der verhassten Konkurrentin.

Im Gegensatz zum *Sneewittchen* in den KHM finden wir bei *Richilde* nicht nur konkrete Namen, sondern auch Orte der Handlung vor. Der Vater von der Titelheldin ist „Gunderich der Pfaffenfreund", Graf von Brabant. Diese Figur, wie auch der spätere Ehemann der schönen Blanca, Gottfried von Ardenne, sind wohl erfunden. Es gab zwar einige Vertreter dieses Namens im Geschlecht derer von Ardenne, aber sie passen wiederum zeitlich nicht zu Albertus Magnus, durch den die Handlung im 13. Jh. verankert wird.

Wer jetzt aber glaubt, das Märchen wurzele damit nachweislich in der Wirklichkeit historischer Begebenheiten, freut sich zu früh. Musäus selbst schreibt im Vorwort zum ersten Band der Volksmärchen, dass er die Erzählungen mit Orten und Namen versehen, und sie auch sonst zumindest sprachlich angereichert hat. Sprachlich eingegriffen haben auch die Brüder Grimm in den KHM, aber Musäus verändert die Märchen mitunter so stark, dass man eigentlich von Kunststatt von Volksmärchen sprechen muss.

Mit dem Hinzuerfinden konkreter Orte und Personen nimmt er der Erzählung das, was den Kern eines Volksmärchens ausmacht: Das Vage, Magische und Versponnene, das den Zuhörer in eine eigentümliche Welt entführt. Musäus imitiert nicht einmal den Stil von Volksmärchen, wie andere Autoren von Kunstmärchen (z. B. Hans Christian Andersen) das tun, sondern er versucht ganz bewusst den Stoff zwar im Kern nicht zu verändern, aber anzureichern und aufzubereiten.

Die Volksmärchen, die Musäus veröffentlicht, sind zudem nichts für Kinder und nicht für Kinder „geschrieben", auch das legt er im Vorwort fest. Wahrscheinlich hätten jüngere Zuhörer auch recht wenig Freude an der komplizierten Geschichte, die sich in *Richilde* entspinnt.

Die Schneewittchenversion, die in diesem Kapitel abgedruckt ist, hat selbst eine Jahre dauernde Entwicklung durchgemacht. Sie wird in den ATU mit der Nummer 709 unter „Andere Geschichten vom Übernatürlichen" eingeordnet. Am Anfang der Entwicklung steht eine erste Fassung als „Schneeweißchen", die Jacob Grimm im April 1808 aufschreibt und an Friedrich Carl von Savigny schickt, bei dem er in Marburg Jura studiert hatte. Nachdem diese Variante nur wenig verändert in die Urfassung von 1810 gewandert war, wurde der Geschichte für die erste Auflage der KHM (dort Nummer 53) von 1812 ein anderer Schluss verpasst. Auch die Art, wie Schneewittchen „wiederbelebt" wird, ist in den verschiedenen Auflagen bis hin zur siebten von 1857 unterschiedlich.

In den Anmerkungen zur Ausgabe letzter Hand ist eine Anfangssequenz beschrieben, in der der künftige Vater Schneewittchens derjenige ist, der die Wunschformel ausspricht. Der Graf ist mit seiner Gräfin in der Kutsche unterwegs. Sie kommen an drei Schneehaufen vorbei und der Graf spricht davon, dass er so gern ein Mädchen hätte, „so weiß wie dieser Schnee". Für Rot steht auch hier Blut (in drei Gruben) Pate und für das Schwarz sind es drei Raben. Die Farbe Rot soll in dieser Version die Wangen und das Schwarz die Haare kennzeichnen.

Bemerkenswert ist, dass hier nicht von einem braven Kinderwunsch die Rede ist, sondern der Herr Graf wünscht sich schlicht ein Mädchen, das die entsprechenden Merkmale aufweist. Wie so oft im Märchen, bekommt der Wünschende auch prompt, was er bestellt hat und wenig später finden die Reisenden am Wegesrand die hübsche junge Dame. Der Graf lässt das Mädchen sehr zum Ärger seiner Gemahlin in die Kutsche steigen und „hatte es lieb". Dass die rechtmäßige Ehefrau vergrätzt ist und versucht, die Konkurrentin loszuwerden, ist verständlich. In verschiedenen Versionen ist es einmal die List, einen Handschuh aus der Kutsche zu werfen und Schneewittchen ihn aufheben zu lassen, derweil die Gräfin davonbraust, und einmal der Wunsch, das Mädchen solle aussteigen und Rosen pflücken. Auch hier wird sie ausgesetzt. Es folgt die Sequenz mit den Zwergen. Das so vertraute Motiv des Glassarges findet sich ebenfalls nicht in allen Versionen, es gibt sogar eine, in der die Zwerge Schneewittchens Leiche verbrennen wollen, was im letzten Moment vom Königssohn verhindert wird. Interessant ist, dass der berühmte sprechende Spiegel in einer Variante Schneewittchens Hund gleichen Namens ist. Kurzum, Jacob und Wilhelm Grimm sind bei ihrer Sammeltätigkeit die verschiedensten Variationen über das Thema

Schneewittchen zu Ohren gekommen, von denen aber nur wenige Eingang in die KHM-Fassung erhalten haben.

Auch wenn für die meisten Märchenfans heute also die Fassung von 1857 am besten in Erinnerung und am vertrautesten ist, sind die Märchen der Brüder Grimm beileibe nichts Feststehendes, sondern das Ergebnis jahrelangen Abwägens und einer strickten Redaktion. Das ist auch nicht weiter verwunderlich, wenn man bedenkt, dass die Sammler für die KHM verschiedene Quellen „angezapft" haben. Über die Bäuerin Dorothea Viehmann aus dem Dorf Niederzwehren bei Kassel sagen Jacob und Wilhelm, dass sie bei bei „ihrer" Version eines Märchens blieb, egal, wie oft sie es erzählen musste, damit es genau aufgezeichnet werden konnte. Und das, obwohl sie frei erzählte. Wenn ihr kleine Fehler unterliefen, korrigierte sie diese sofort, um dann korrekt weiterzuerzählen. Das ist ungemein hilfreich, wenn man die Märchen möglichst an der Wurzel packen und authentisch wiedergeben möchte. Eine Quelle, eine Version der Geschichte. Aber der nächste Erzähler hatte schon wieder seine eigene Fassung, erst recht, wenn es sich bei ihm um eine Quelle aus einem anderen Landstrich handelte. Abweichungen waren also an der Tagesordnung.

Die Brüder Grimm setzten „ihre" Versionen z. T. aus Bausteinen verschiedener Quellen zusammen, achteten dabei aber nach eigenen Angaben immer darauf, dass der Charakter des Märchens und seine Eigenarten unberührt blieben. Mehr noch. Die „Reinheit" und „Einfachheit" der Volksmärchen sollte durch diese Art der Redaktion noch stärker herausgearbeitet werden. Das fällt besonders dann auf, wenn man die Fassung von Musäus mit der Grimmschen vergleicht.

In jeder Version findet sich aber das ein oder andere Element, das sofort an Schneewittchen denken lässt. Wir haben eine eitle Antagonistin, den „sprechenden" Spiegel, die schöne junge Konkurrenz, die beseitigt werden muss und Zwerge, denen Schneewittchen begegnet. Hinzu kommt dann in den KHM eine starke Symbolik, sowohl was Zahlen, als auch was Farben betrifft, sowie eine formelhafte Sprache. Diese Merkmale sind typisch für das Volksmärchen, wie Max Lüthi schon feststellte.[1] Sie tun aber auch ihr Übriges, um zu einer Vielzahl an Interpretationen anzuregen. Über die Bedeutung der Zahlen sieben und drei in Schneewittchen ist viel spekuliert worden. Klar ist jedoch nur, dass eine ähnliche Zahlensymbolik (gerade die drei) in den meisten Märchen der KHM zu finden ist. Sehr oft haben sie einen klar strukturierten Aufbau, der Held muss drei Proben bestehen, trifft auf drei Gefahren oder Herausforderungen etc. Die drei

---

[1] Vgl. Max Lüthi, Das europäische Volksmärchen. Form und Wesen, A. Francke Verlag, 11. Aufl. 2005

Blutstropfen – die als Motiv übrigens auch in anderen KHM vorkommen – deuten beispielsweise auf Überreste magischer Vorstellungen von Analogiezaubern hin. Bei dieser Art von Magie werden Symbole benutzt und Verbindungen und Entsprechungen hergestellt. In Falle von Schneewittchen hat man symbolische Entsprechungen für körperliche Merkmale, die formelhaft in einen „magischen" Wunsch nach einem Kind verwoben werden. Ein geläufiges Beispiel für Analogie- oder Sympathiezauber ist die berühmte Voodoo-Puppe.

Gerade die Schneewittchenmotive haben manche der vielen selbsterklärten Märchenforscher dazu verleitet, auf die Suche nach der realen Geschichte hinter dem Märchen zu gehen. So sollen die „Sieben Berge", die zum Leinebergland gehören, darauf hindeuten, dass die schöne Prinzessin aus der Gegend bei Alfeld stammt. Auch das Dorf Langenbach, das im Taunus liegt, konkurriert um den Ursprung des wahren Schneewittchens. Und das unterfränkische Städtchen Lohr am Main, das sogar einen „sprechenden" Spiegel (der mit Inschriften versehen ist, also nur im übertragenen Sinne sprechen kann) im Museum ausstellt, meldet ebenfalls Ansprüche an.

Zu einiger Bekanntheit hat es die Theorie gebracht, dass Schneewittchens „Patin" die junge Adelige Margaretha von Waldeck (1533-1554) ist. Eckhard Sander, ein Lehrer aus Borken, hat in akribischer Arbeit Quellen gewälzt und Archive durchforst und dabei festgestellt, dass sich in der kurzen Lebensgeschichte der Grafentochter einige Parallelen zum Märchen finden lassen. Er weist darauf hin, dass sie mit vier Jahren ihre leibliche Mutter verlor und eine Stiefmutter ins Grafenhaus Einzug hielt. Als sie heranwuchs, wurde sie von ihrem Vater, Philip IV. von Waldeck an den Hof Marias von Kastilien geschickt, der sich in Brabant befand – was übrigens wiederum an Richilde erinnert. Die Reise nach Brabant führte sie über das Siebengebirge. Im heutigen Brüssel lebte Margaretha dann bis zu ihrem vorzeitigen Ende. Mit nur einundzwanzig Jahren starb sie, vermutlich an einer Arsenvergiftung, wie in der Heimatchronik von Waldeck nachzulesen ist. Sie war außergewöhnlich schön, blond (wie auch Schneewittchen in einer frühen Fassung) und hatte viele Verehrer. Es wird vermutet, dass sie sich in politisches Intrigenspiel verstrickte und auch, was ihre Galane betraf, nicht immer klug handelte. Kurz vor ihrem Tod verfasste sie ein Testament, in dem sie eine erstaunliche Sammlung von Kleinodien verzeichnete. Ihre Schrift wirkt im Gegensatz zu früheren Briefen unsicher und zittrig, das hier erkennbare Siechtum wird einer Vergiftung mit Arsen zugeschrieben. Wurde Margaretha umgebracht, weil sie unbequem wurde? Mit Sicherheit wird man es nicht mehr sagen können. Tatsächlich hat es Sanders Forschung aber bis zu einer ZDF Dokumentation (*Märchen und Sagen – Botschaften aus der Wirklichkeit*, 2006) gebracht.

Der Giftmord zur Beseitigung unliebsamer Konkurrenz erfreut sich in Adelskreisen tatsächlich großer Beliebtheit. Ein Beispiel aus dem 17. Jahrhundert ist die sogenannte Giftaffäre am Hof des Sonnenkönigs, Ludwig XIV., die sieben Jahre andauerte und an deren Ende 1682 ein Erlass des Königs stand, der Hexerei für Lug und Trug und damit den Hexenwahn in Frankreich für beendet erklärte. Der Pariser Polizeipräfekt, Gabriel Nicolas de la Reynie, führte die Ermittlungen, die Nachweise für eine ganze Reihe von Giftmorden im direkten Umfeld des Königs ans Tageslicht beförderten. Am Anfang stand die Verurteilung von Marie-Madeleine de Brinvilliers, die scheinbar ihre halbe Familie auf dem Gewissen hatte. Dafür wurde die Verbrecherin auf dem Scheiterhaufen verbrannt. Gerüchte machten die Runde, dass ein ganzer Hexenzirkel am Hofe sein mörderisches Unwesen trieb. Das von Ludwig XIV. eingesetzte Chambre Ardente mit de la Reynie an der Spitze machte sich an die Arbeit. Im Mittelpunkt des Hexenspuks sollte angeblich Catherine Monvoisin stehen, die davon lebte, für ihre reiche Kundschaft Horoskope zu erstellen, auch schon einmal eine Dame in Not von einer ungewollten Schwangerschaft zu befreien und die Zukunft vorauszusagen. Sie sollte, zusammen mit ihrer Tochter, diejenige sein, die den Hochadel mit Giften versorgte und „Schadenszauber" verkaufte. Hinzu kam der Vorwurf, sie hielte schwarze Messen ab und bete in einer Kapelle in ihrem Garten Dämonen an, in Ritualen, in denen unter anderem das Blut von Säuglingen Verwendung fand. Und tatsächlich wurden bei Grabungen auf ihrem Grundstück, die Leichen von neugeborenen oder abgetriebenen Babys gefunden. Die Hexe, die bis zu ihrem Tode darauf bestand, keine zu sein, wurde verbrannt. Doch die Hexenjagd fand noch für weitere zwei Jahre kein Ende, sondern zog ihre Kreise durch den fast gesamten Hochadel. Manche der Vorwürfe konnten nicht bewiesen werden und einigen der Beschuldigten gelang es, das Land zu verlassen. Als schließlich die Geliebte von König Ludwig, Madame de Montespan, in ins Kreuzfeuer der Ermittler und unter Verdacht geriet, sie habe ihre Konkurrentin und Nachfolgerin Angélique de Fontange mit Gift aus dem Weg schaffen und den König mit Liebestränken bei der Stange halten wollen, wurde es brenzlig und auch leicht peinlich für den Monarchen. Die Kommission zur Ermittlung der Giftaffäre wurde abgesetzt, bevor noch der komplette Hochadel unter Beschuss geraten konnte.

Die Bemühungen, das „wahre" Schneewittchen zu finden, sind zahlreich. Mitunter kommen dabei zumindest interessante Aspekte zum Vorschein. So sehen manche (Hobby-)Forscher den Einsatz von Kindern in Bergwerken als Ursprung der nach Erz schürfenden Zwerge. Der fein gearbeitete Glassarg, der in einer anderen Variante auch ein Glasberg ist, soll wie es gerade plausibel erscheint, entweder auf berühmte Orte der Glasherstellung oder Landmarken mit entsprechendem Namen hindeuten.

Die Waldeck-Theorie verankert den Ursprung des Grimmschen Schneewittchens immerhin in Nordhessen, in der Nähe von Kassel. Als Quelle dieses Märchens taucht tatsächlich die Kasseler Familie Hassenpflug auf, wahrscheinlich war es Marie Hassenpflug, die dieses Märchen weitergab. Was aber letztlich von Sanders Ergebnissen bleibt, ist fraglich. Parallelen zwischen Margarethas Leben und Schneewittchen sind sicher nicht von der Hand zu weisen. Das zeigt jedoch nur einmal mehr, dass uns Märchenmotive in ihrer Klarheit und Zeitlosigkeit immer wieder begegnen. Es ist nicht auszuschließen, dass manche Märchen einen wahren Kern haben, aber wenn es so ist, rückt dieser so weit in den Hintergrund, dass er vollkommen unkenntlich wird.

Man könnte an dieser Stelle fast endlos weitermachen und den Weg der einzelnen Motive kilometerlang durch verschiedene Länder (besonders beliebt waren Schneewittchenversionen in Italien) und jahrhundertelang durch die Epochen verfolgen. Auf jeden Fall ist es bemerkenswert, dass der Kern des Märchens, ein Verbrechen aus Neid und Hochmut, die Gemüter vieler Kulturkreise und Zeiten erhitzt und die Fantasie beflügelt. Die heutigen Filmemacher tun eigentlich nichts anderes als die Brüder Grimm, sie nutzen den Motivbaukasten, um sich eine ganz eigene Version der Geschichte zu basteln. Nur mit dem Sammeln von Volksmärchen zur nationalen Kultur- und Identitätsstiftung hat das nicht mehr viel zu tun.

Botox für die Alte

Schon wieder eine böse Stiefmutter, eine schöne, aber etwas naive, Königstochter und ein planlos durch die Gegend streunender Königssohn, der seine große Liebe findet. Kennen wir alles, darauf werde ich jetzt hier nicht genauer eingehen. Auch werde ich mich nicht fragen, inwiefern der Königssohn möglicherweise eine psychische Störung hat, die man früher als Perversion, heute als Paraphilie bezeichnen würde, erscheint es doch ein wenig ungewöhnlich, welches Interesse er an einem Leichnam, denn als solcher stellt sich Schneewittchen ihm dar, findet. Auch gehe ich nicht darauf ein, dass wir hier wieder das Motiv haben, das wir bereits von ROTHKÄPPCHEN kennen, nämlich, dass Fremde selten geeignet sind etwas gutes zu bringen, und zwar selbst dann nicht, wenn sie freundlich tun oder gar bereit sind, Sachen zu verschenken.

Nein, was mich an dieser Geschichte aus psychologischer Sicht interessiert, ist das Thema „in Würde altern". Denn eigentlich ist die böse Stiefmutter[2] nichts anderes als eine alternde Hollywooddiva. Lange Zeit war sie die schönste im ganzen Land, alle lagen ihr zu Füßen und aus ihrer Regenbogenpresse, dem Spiegel, bekam sie stets das Feedback, dass sie die Schönste im ganzen Land sei. Nun aber ist ein neuer Star im Kommen, Schneewittchen, Haare schwarz wie Ebenholz, Haut weiß wie Schnee und Lippen rot wie Blut. Was kann die Königin also tun, um weiterhin die schönste im Land zu bleiben? Nun, sie kann zum einen ihre Konkurrentin aus dem Weg räumen, das ist der Weg, den wir in SCHNEEWITTCHEN erleben oder, und das ist der heute eher übliche Weg gegenüber dem Vergiften, sie könnte zusehen, dass sie mit Hilfe der chemischen und plastischen Industrie in ihrer eigenen Wahrnehmung wieder jünger wird[3]. Beides ist zum Scheitern verurteilt. Der Mensch altert und er muss mit diesem Altern umgehen, denn es ist Teil seines biologischen Prozesses. Und derzeit gibt es und wohl auch auf längere Sicht stellt sich dies so dar, keine Möglichkeit diesen festgelegten Alterungsprozess außer Kraft zu setzen oder ihn gar umzukehren. Wer wissen will, wieso dies eigentlich so ist, dem sei Richard Dawkins *Das egoistische Gen* empfohlen[4]. Dawkins stellt darin aus evolutionspsychologischer Sicht gut dar, dass nach erfolgter Fortpflanzung es rein biologisch betrachtet tolerabel ist, dass der Mensch seinem unvermeidlichen Ende, dem Tod, entgegengeht. Als eine Idee, von der Dawkins vermutet, dass sie über Generationen dazu führen wür-

---

[2] Die interessanterweise keine Hexe ist, sondern sich nur auf die Hexenkünste versteht.
[3] In gewisser Art und Weise ist die Botoxindustrie ja nichts anderes als die Alchemie des 21. Jahrhunderts.
[4] Ja genau das, was ich schon bei einer anderen Märchenanalyse hier empfohlen habe – ich mag das Buch wirklich!

de, dass Menschen viel später sterben, benennt er einen möglichst spät stattfindenden Geschlechtsverkehr – allerdings nicht ohne sich selbst der humoresken Note dieser Aussage bewusst zu sein. Wie die meisten Menschen habe ich gerne Geschlechtsverkehr und frage mich deswegen, ob es nicht eine andere Art und Weise gibt, außer Mord, Botox und später Fortpflanzung, um mit dem Problem der Stiefmutter umzugehen. Die Psychologie sagt, dass es einen solchen Weg gibt, nämlich zunächst einmal anzuerkennen, dass das Altern ein unumkehrbarer Prozess ist und diesen Alterungsprozess sowohl zu akzeptieren, als auch, und das ist die große Integrationsleistung, die der Mensch vollbringen muss, den Alterungsprozess und das Alter sinnvoll in seine Persönlichkeit zu integrieren. Menschen, denen das gelingt, schreiben wir die Fähigkeit der Altersweisheit zu. Sie sind entspannt, sehen gleichmütig, aber nicht uninteressiert auf das Leben und freuen sich über das, was sie erreicht haben und an dem, was Menschen in ihrer Umgebung erreichen.

Der Buddhismus als Religion oder Philosophierichtung[5] fühlt sich genau diesem Grundansatz verpflichtet, wobei er das Altern und den Tod schlicht seiner Bedeutung beraubt, dass er alles Diesseitige zu einer großen Illusion erklärt. Zwar glauben auch Christen, und aus diesem Umfeld kommt dieses Märchen, eigentlich an ein jenseitiges Leben, sodass das Altern und der Tod im Diesseits wenig erschreckendes haben sollten, doch ist dies nicht wirklich verinnerlicht, sondern kontrastiert mit einer klaren Betonung des Diesseitigen. Der Buddhist wiederum, und an dieser Stelle gefällt er dem Psychologen ausdrücklich, fokussiert eben nicht darauf, dass irgendwann das Diesseits enden wird, sondern versucht zu erlernen, wie er möglichst gleichmütig und zufrieden durch dieses Leben wandeln kann. Ein guter Psychologe oder Psychotherapeut hätte also einiges Unheil in diesem Märchen verhindern können.

Ein Nachtrag: Eine Beobachtung, die eher weniger psychologischer Natur ist, aber dann doch wieder irgendwie, möchte ich noch loswerden. Es geht mir um die Tatsache, dass die böse Stiefmutter die Lunge und die Leber Schneewittchens isst. Möglicherweise findet sich hier ein viel älterer als der christliche Glaube, durch das Verspeisen einer Person Eigenschaften zu bekommen, die ihr innewohnten. Ein solches Denken wird vorchristlichen Religionen zugeschrieben, wodurch die mehrfache Betonung, dass die Stiefmutter „gottlos" sei vielleicht einen ganz anderen Hintergrund bekommt. Aber dazu kann ein Kulturhistoriker sicherlich viel mehr sagen als ich.

---

[5] Diese Debatte möchte ich hier nun wirklich nicht führen.

16. Rumpelstilzchen

Es war einmal ein Müller, der war arm, aber er hatte eine schöne Tochter. Nun traf es sich, daß er mit dem König zu sprechen kam, und um sich ein Ansehen zu geben, sagte er zu ihm „ich habe eine Tochter, die kann Stroh zu Gold spinnen." Der König sprach zum Müller „das ist eine Kunst, die mir wohl gefällt, wenn deine Tochter so geschickt ist, wie du sagst, so bring sie Morgen in mein Schloß, da will ich sie auf die Probe stellen." Als nun das Mädchen zu ihm gebracht ward, führte er es in eine Kammer, die ganz voll Stroh lag, gab ihr Rad und Haspel und sprach „jetzt mache dich an die Arbeit, und wenn du diese Nacht durch bis morgen früh dieses Stroh nicht zu Gold versponnen hast, so mußt du sterben." Darauf schloß er die Kammer selbst zu, und sie blieb allein darin.

Da saß nun die arme Müllerstochter und wußte um ihr Leben keinen Rath: sie verstand gar nichts davon, wie man Stroh zu Gold spinnen konnte, und ihre Angst ward immer größer, daß sie endlich zu weinen anfieng. Da gieng auf einmal die Thüre auf, und trat ein kleines Männchen herein und sprach „guten Abend, Jungfer Müllerin, warum weint sie so sehr?" „Ach," antwortete das Mädchen, „ich soll Stroh zu Gold spinnen, und verstehe das nicht." Sprach das Männchen „was gibst du mir, wenn ich dirs spinne?" „Mein Halsband" sagte das Mädchen. Das Männchen nahm das Halsband, setzte sich vor das Rädchen, und schnurr, schnurr, schnurr, dreimal gezogen, war die Spule voll. Dann steckte es eine andere auf, und schnurr, schnurr, schnurr, dreimal gezogen, war auch die zweite voll: und so gieng's fort bis zum Morgen, da war alles Stroh versponnen, und alle Spulen waren voll Gold. Bei Sonnenaufgang kam schon der König und als er das Gold erblickte, erstaunte er und freute sich, aber sein Herz ward nur noch goldgieriger. Er ließ die Müllerstochter in eine andere Kammer voll Stroh bringen, die noch viel größer war, und befahl ihr das auch in einer Nacht zu spinnen, wenn ihr das Leben lieb wäre. Das Mädchen wußte sich nicht zu helfen und weinte, da gieng abermals die Thüre auf, und das kleine Männchen erschien und sprach „was gibst du mir, wenn ich dir das Stroh zu Gold spinne?" „Meinen Ring von dem Finger" antwortete das Mädchen. Das Männchen nahm den Ring, fieng wieder an zu *schnurren mit dem Rade und hatte bis zum Morgen alles Stroh zu glänzendem Gold gesponnen. Der König freute sich über die Maßen bei dem Anblick, war aber noch immer nicht Goldes satt, sondern ließ die Müllerstochter in eine noch größere Kammer voll Stroh bringen und sprach „die mußt du noch in dieser Nacht verspinnen: gelingt dirs aber, so sollst du meine Gemahlin werden." „Wenns auch eine Müllerstochter ist," dachte er, „eine reichere Frau finde ich in der ganzen Welt nicht." Als das Mädchen allein war, kam das Männlein zum drittenmal wieder und sprach „was gibst du mir, wenn ich dir noch diesmal das Stroh spinne?" „Ich habe nichts mehr, das ich geben könnte" antwortete das Mädchen. „So versprich mir, wenn du Königin wirst, dein erstes Kind." „Wer weiß wie das noch geht" dachte die Müllerstochter und wußte sich auch in der Noth nicht anders zu helfen; sie versprach also dem Männchen was es verlangte, und das Männchen spann dafür noch einmal das Stroh zu Gold. Und als am Morgen der König kam und alles fand wie er gewünscht hatte, so hielt er Hochzeit mit ihr, und die schöne Müllerstochter ward eine Königin.*

Über ein Jahr brachte sie ein schönes Kind zur Welt und dachte gar nicht mehr an das Männchen: da trat es plötzlich in ihre Kammer und sprach „nun gib mir was du versprochen hast." Die Königin erschrack und bot dem Männchen alle Reichthümer des Königreichs an, wenn es ihr das Kind lassen wollte: aber das Männchen sprach „nein, etwas lebendes ist mir lieber als alle Schätze der Welt." Da fieng die Königin so an zu jammern und zu weinen, daß das Männchen Mitleiden mit ihr hatte: „drei Tage will ich dir Zeit lassen," sprach er, „wenn du bis dahin meinen Namen weißt, so sollst du dein Kind behalten."

Nun besann sich die Königin die ganze Nacht über auf alle Namen, die sie jemals gehört hatte, und schickte einen Boten über Land, der sollte sich erkundigen weit und breit was es sonst noch für Namen gäbe. Als am andern Tag das Männchen kam, fieng sie an mit Caspar, Melchior, Balzer, und sagte alle Namen, die sie wußte, nach der Reihe her, aber bei jedem sprach das Männlein „so heiß ich nicht." Den zweiten Tag ließ sie in der Nachbarschaft herumfragen wie die Leute da genannt würden, und sagte dem Männlein die ungewöhnlichsten und seltsamsten Namen vor, „heißt du vielleicht Rippenbiest oder Hammelswade oder Schnürbein?" aber es antwortete immer „so heiß ich nicht." Den dritten Tag kam der Bote wieder zurück und erzählte „neue Namen habe ich keinen einzigen finden können, aber wie ich an einen hohen Berg um die Waldecke kam, wo Fuchs und Has sich gute Nacht sagen, so sah ich da ein kleines Haus, und vor dem Haus brannte ein Feuer, und um das Feuer sprang ein gar zu lächerliches Männchen, hüpfte auf einem Bein und schrie

„heute back ich, morgen brau ich,
übermorgen hol ich der Königin ihr Kind;
ach, wie gut ist daß niemand weiß
daß ich Rumpelstilzchen heiß!"

Da könnt ihr denken wie die Königin froh war, als sie den Namen hörte, und als bald hernach das Männlein herein trat und fragte „nun, Frau Königin, wie heiß ich?" fragte sie erst „heißest du Kunz?" „Nein." „Heißest du Heinz?" „Nein." „Heißt du etwa Rumpelstilzchen?"

„Das hat dir der Teufel gesagt, das hat dir der Teufel gesagt" schrie das Männlein und stieß mit dem rechten Fuß vor Zorn so tief in die Erde, daß es bis an den Leib hineinfuhr, dann packte es in seiner Wuth den linken Fuß mit beiden Händen und riß sich selbst mitten entzwei.

Verkaufe niemals dein Kind an Fremde

*M*it einem Kobold sollte man sich nicht anlegen, es sei denn, man ist schlau genug (oder hat Spione), die einem die Arbeit abnehmen. So könnte man das Märchen unter der Nummer 55 der KHM auch zusammenfassen. Unzweifelhaft haben wir es bei RUMPELSTILZCHEN mit einer Geschichte aus der Gruppe „Übernatürliche Helfer" (Märchentyp „Name des Unholds", ATU 500) zu tun, allerdings ist dieser Helfer nicht nur Gold-Experte, sondern lässt sich seine Dienstleistung auch teuer bezahlen.

Ein wenig seltsam mutet die Urfassung an, die in der Ausgabe von 1810 zu finden ist. Da schafft es ein Mädchen nämlich nicht, Flachs zu spinnen, es kommt immer nur ein Goldfaden dabei heraus. Ein kleines Männchen erscheint und bietet an, einen Prinzen vorbeizuschicken, der das Mädchen heiraten würde, wenn er das erste Kind aus der Ehe bekommt. Als es soweit ist, schickt die Prinzessin eine Dienerin los, die „Rumpenstünzchen" hinterherspioniert. Als sie daraufhin seinen Namen errät, fliegt das Männchen ziemlich sauer auf einem Kochlöffel aus dem Fenster und davon. Was schlecht daran sein soll, Gold spinnen zu können und wie das Ganze mit dem Ausbleiben eines Prinzen zusammenhängt, wird nicht erzählt.

Schon in der Erstausgabe der KHM von 1812 haben die Grimms das Märchen ordentlich überarbeitet und die Fassung, die wir kennen, aus vier sich ergänzenden Erzählungen zusammengesetzt. Die Urfassungsversion ist eine weitere, die aber schließlich verworfen wurde. Das Motiv des Sichentzweireißens stammt wohl aus einer von Dortchen Wild erzählten Version.

In den Anmerkungen bringen Jacob und Wilhelm das Märchen mit der Geschichte von Fenia und Menja in Zusammenhang. Die nordische Dichtung wird der Lieder-Edda zugerechnet und handelt von zwei Riesinnen, die als Sklavinnen verkauft und gezwungen werden, eine Mühle zu bedienen, die mahlen kann, was immer der Besitzer sich wünscht. Für den König, der sie gekauft hat, sollen sie unermüdlich Gold mahlen, können aber schließlich mit Hilfe ihres Volkes Rache für die Schmach nehmen. Als sie für einen anderen Herrscher Salz herstellen sollen (das ja ebenso so kostbar ist, wie Gold), bekommt der Auftraggeber nicht genug und die Mühlsteine versinken vollkommen überladen im Meer. Im so entstandenen Strudel mahlen die beiden weiter und daher, so wird erklärt, ist die See salzig.

Eine eng mit Rumpelstilzchen verwandte französische Fassung, in der das Männchen Ricdin-Ricdon heißt, ist aus dem Jahr 1705 überliefert. In der Tat finden sich einzelne Motive, wie zum Beispiel der Pakt um das erste Kind, in vielen anderen Märchen.

Was aber hat das nun alles mit Kobolden zu tun? Die Figur des kleinen Männchens, das Wünsche erfüllt und Gold herstellen kann, trägt koboldhafte Züge. Per definitionem sind die kleinen Biester im Volks- und Aberglauben unter den Hausgeistern anzusiedeln und können durchaus als Helfer auftreten. Im Gegensatz zu den Wichteln oder Heinzelmännchen sind sie jedoch mit Vorsicht zu genießen. Genauso gern wie sie helfen, treiben sie nämlich Schabernack und können, wenn man sie verärgert oder einfach wenn sie Lust darauf haben, richtig unangenehm werden.

Eng verwandt sind die hiesigen Kobolde mit den irischen Leprechauns und haben es damit sogar in die Welt der trashigen Horrorfilme geschafft. Der amerikanische Film *Leprechaun* aus dem Jahr 1993 bringt es inzwischen auf eine erstaunliche Zahl von Fortsetzungen.

Das Thema Gold und übernatürliche (und dämonische) Wesen zieht sich ebenfalls wie ein roter Faden durch die Märchenlandschaft. Es fällt an dieser Stelle leicht, das Motiv auf die bis zur Aufklärung populäre Alchemie zurückzuführen, deren oberstes Ziel ja die Verwandlung von unedlen Stoffen in Gold war. Nicht selten kommt die Alchemie in der Rezeptionsgeschichte zusammen mit teuflischen und gefährlichen Machenschaften daher, deutlich wird das vor allem an der Figur des Faust. Die literarische Figur hat wohl ein historisches Vorbild, über das man allerdings nicht allzuviel weiß. Johann Georg Faust (wohl 1480-1541) war, wenn man die wenigen überlieferten Quellen auf ein und dieselbe Person vereinigt, ein ziemlicher Scharlatan und Hallodri, der ein recht spektakuläres Ende nahm. Frühe Berichte besagen, dass der Astrologe und Alchemist nach einem langen Leben voller Sünde von einem bösen Geist umgebracht worden sein soll. Dieses Ende wurde im Laufe der Zeit ordentlich weiter ausgeschmückt und der Fauststoff ein fester Bestandteil der Literatur.

Die Welt der Geister und Dämonen ist eine tückische, aber manchmal trifft es eben auch die kleinen Bösewichte – zumindest im Märchen.

Kleines Arschloch – ich mag dich

*I*ch gestehe, ich war ein Fanboy, bevor ich wusste, was ein Fanboy ist[1]. Dieses Märchen ist mein Lieblingsmärchen. Über kein anderes Märchen habe ich als Kind, als Jugendlicher und als Erwachsener so oft nachgedacht, wie über diese Geschichte von dem kleinen Wicht mit besonderen Kräften, der leider kein gutes Ende nimmt.

In der Unterstufe hatten wir in unserem Lesebuch einen Text, der sinngemäß hieß *Das Rumpelstilzchen tat mir leid* – und ich weiß noch, wie überrascht ich war, dass ich nicht der einzige war, der diese Sicht hatte. Deswegen wird es hier wohl im Folgenden weniger originär psychologische Gedanken geben, als vielmehr ein buntes Sammelsurium verschiedener Gedanken, die ich mir zu diesem Märchen gemacht habe, auch abgeleitet aus manch einer Sekundärquelle, die ich zu diesem Märchen verschlungen habe. Ich befürchte hier mitunter Alexa ein wenig in die Quere zu kommen, aber verraten Sie mich bitte nicht!

Was mich an diesem Märchen fasziniert ist die völlige Andersheit dieses Märchens. Es fängt schon damit an, dass das ganze Konzept der Ehe, das hier vertreten wird, keines ist, das mit dem in Einklang zu bringen ist, was wir in unseren Breitengraden als guten Grund für eine Ehe ansehen. Die Ehe ist arrangiert, nicht die Müllerstochter entscheidet sich für den König oder eine zarte Liaison oder gar ein verstecktes Techtelmechtel führt zu der Absicht die Ehe zu schließen, sondern vielmehr kühle wirtschaftliche Erwägung des Müllers und ebensolche beim König gepaart mit einem schönen Aussehen der Tochter.

Anders als in anderen Märchen erscheint mir die Schönheit der Müllerstochter allerdings kein Spiegel eines guten Charakters, geschweige denn hinreichend zu sein, um den König von sich einzunehmen. Vielmehr baut die ganze Sache auf einer Lüge auf, nämlich der Behauptung des Müllers, dass die Tochter Stroh zu Gold spinnen könne. Man mag sich Fragen, wes Geistes Kind eigentlich der König ist, der einwilligt dies zu prüfen. An sich ist nichts falsch daran, Menschen zu prüfen, die ungewöhnliche oder paranormale Fähigkeiten zu haben behaupten[2]. Allerdings schockt es dann doch, dass der König nicht etwa den Müller mit dem Tod bedroht, der doch das Versprechen abgegeben hat, sondern dessen Tochter. Ich empfand diese Drohung des Königs nie passend zu einem gerechten und weisen König.

---

[1] Bevor das Wort Fanboy überhaupt in Deutschland benutzt wurde.
[2] Und in meiner Vereinstätigkeit bin ich manch so einer Behauptung nachgegangen, zum Beispiel zu Konzepten, die ebenso überzeugend waren, wie die Goldspinnerei, nämlich das Wünschelrutengehen oder das Auspendeln.

Und dann sitzt da also die Müllerstochter nachts in der Kammer und soll das Stroh zu Gold spinnen. Nun kommt dieses irgendwie übernatürliche Wesen und hilft. Spannend finde ich daran, dass es nicht etwa einfach erscheint oder da ist, nein, es schmeißt die Tür zum Kämmerlein der Müllerstochter auf – wo ist es eigentlich hergekommen? – und hat so ein noch dramatischeren Auftritt.

Seit ich Walter Moers' *Kleines Arschloch* kenne, stelle ich mir immer vor, wie der kleine Rumpelwicht die Tür aufschmeißt, die Müllerstochter anstarrt, „Mahlzeit" ruft und mit Händen in der Tasche auf diese zustapft, fröhlich flötend und dann fragt, „naaaa, sieht scheiße aus für dich, oder?" Man muss diesen kleinen Schelm einfach mögen. Ist er doch bereit, der Müllerstochter den bald königlichen Allerwertesten zu retten. Als Gegenleistung verlangt er ... nichts. Zumindest nichts Konkretes. Er bittet die Müllerstochter ein Angebot zu machen, woraufhin diese ihm ihre Halskette anbietet. Ich hatte immer das Gefühl, dass es bei der Halskette und bei dem Ring dem Männchen eher darum ging, irgendetwas zu bekommen, als genau diese beiden Gegenstände.

So macht es sich dann daran, das Stroh zu Gold zu spinnen. Die Parallele zum „Stein der Weisen", also der Fähigkeit Blei zu Gold zu machen, war für mich immer augenfällig. Das kleine Rumpelstilzchen hat also Geheimwissen, das es bereit ist, mit der Müllerstochter zu teilen. Damit wäre es eigentlich gut, wenn nicht der König ein geldgieriger Typ wäre, der noch zweimal beschließt, mehr Gold haben zu wollen, bevor er die Müllerin heiratet. Auch hier wieder: ein monetärer Anreiz zur Hochzeit ist nicht das, was ich mir als Grundlage für eine funktionierende Ehe vorstelle – und zum emotionalen Erleben von König und Königin erfährt man nicht viel, vielmehr habe ich aus heutiger Sicht das Gefühl, dass wir es hier mit einer klassischen Zweckehe zu tun haben.

Und so spinnt das Männchen noch zweimal Stroh zu Gold, wobei es in der dritten Nacht von der Königin das zukünftige Neugeborene fordert. Die Königin in spé willigt ein! Sicher, was Elterngefühle sind, kann man erst wissen, wenn man selbst Vater oder Mutter ist[3]. Vielleicht ist hier die Warnung versteckt, nichts versprechen zu sollen, was man sich selbst nicht vorstellen kann. Das bringt aber das Problem mit sich, dass man nicht wissen kann, was man nicht weiß und auch sich nicht vorstellen kann, was man sich nicht vorstellen kann, insofern ist dieser Ratschlag nur geht-so-gut.

Das Märchen macht dann einen Sprung von mindestens zehn Monaten. Das Kind ist da und das Männchen will seinen ihm vertraglich zustehenden Lohn, doch die Kindesmutter ziert sich. Sie bietet ihm alle Reichtümer an, ohne sich

---

[3] Ich selbst bin Vater. In unserer Ehe haben wir uns für eine klassische Rollenaufteilung entschieden: meine Frau ist die Mutter und ich der Vater des Kindes.

auch nur einmal zu fragen, wieso eigentlich ein Männchen, das Stroh zu Gold spinnen kann, auf Goldgeschenke angewiesen sein sollte, und bricht schließlich in Tränen aus, als das Männchen sich auf keinen Deal einlässt. Obwohl es einen gültigen Vertrag hat, dessen Sittenwidrigkeit man sicherlich kritisieren kann, wobei wir aus Märchen da schon ganz andere Handel gewohnt sind, lässt sich das Männchen erweichen und bietet der Kindesmutter den Rücktritt vom Vertrag, so sie seinen Namen kenne.

Verschiedene Autoren (irgendein Nachname, Jahreszahl) weisen daraufhin, dass die Kenntnis des Namens einer Person in älteren Kulturen etwas Magisches hatte. Wer den Namen einer Wesenheit wusste, der hatte Macht über sie. Wir finden diese Vorstellung in manch einer Beschwörungsformel und auch Faust verhandelt mit Mephistopheles lange darüber, wer er denn nun eigentlich sei. Dass in Rumpelstilzchen vorchristliche Glaubensüberzeugungen symbolhaft versteckt sind, kann man auch daran ablesen, dass die ersten drei Namen die die Königin benennt, Kaspar, Melchior und Balthasar sind, also eben jene Namen, die der Überlieferung nach die heiligen drei Könige getragen hatten und die nach christlichem Aberglaube als Bann- und Schutzformel an Häuser geschrieben werden. Dieser christliche „Exorzismus" hat keine Macht über Rumpelstilzchen, es muss also aus einem anderen Hintergrund kommen.

Unterm Strich kommt der Königin aka Ex-Müllerstochter, der Zufall zu Hilfe, ebenso wie die ungestüme Art des Rumpelstilzchens, die vielleicht tatsächlich noch eine Referenz an den „primitiven Wilden" sein könnte, da es sich schließlich selbst verrät, wobei es einen urtümlichen Tanz um einen Kessel aufführt. Der Kessel spielt dabei nicht nur eine Bedeutung in so ziemlich jedem Kannibalen- und Missionarenwitz, sondern hatte zumindest in der Glaubensvorstellung der alten Kelten eine zentrale Bedeutung, nämlich in Form desjenigen Kessels, in den tote Krieger geworfen wurden, um dann als eine Art Zombiekrieger wieder aufzuerstehen[4].

Mich hat auch tatsächlich das, was das Rumpelstilzchen singt, immer in leichtes Erstaunen versetzt. Soll das Sprechen über das Backen und Brauen dazu dienen, es als genusssüchtigen kleinen Hutzel zu verunglimpfen? Eine Message, die wir hier vielleicht rausziehen können ist: wenn du schon etwas zu verbergen hast, dann verbirg es auch und posaune es nicht laut raus, denn irgendjemand wird es schon mitbekommen. So wie hier der Jäger.

Die Überheblichkeit und Genüsslichkeit, mit der die Königin dann die Kenntnis des Namens zelebriert und sogar zunächst zwei falsche Namen sagt, finde ich

---

[4] Eine filmische Umsetzung, die mich als Kind sehr beeindruckte, findet sich in Walt Disneys *Tarran und der Zauberkessel*.

bis heute abstoßend. Das Männchen hat ihr bis zu diesem Zeitpunkt gar nichts getan, im Gegenteil, es hat ihr erst ermöglicht, die Privilegien einer Königin zu erhalten.

Was wir im Übrigen nicht wissen, ist, was das Rumpelstilzchen mit dem Kind vorgehabt hatte. Hatte es vor, das Kind zu kochen und zu verspeisen, wie wir dies aus dem Märchen DER RÄUBERBRÄUTIGAM kennen? Hatte es vor, sich das Kind als Dienstmagd oder -knecht verdingen zu lassen, wie bei „Hänsel und Gretel"? Ich habe beides nie geglaubt, ich hatte mir schlicht vorgestellt, dass das Rumpelstilzchen das Kind annehmen und als sein eigenes Kind aufziehen wollte. Heute sehe ich Parallelen zu Geschichten aus Irland, wo das Wechselbalg oder das Feenvolk Eltern ihre Kinder wegnimmt, was man als Hinweis auf plötzlichen Kindestod oder frühkindliche Entwicklungsstörung betrachten kann.

Aber wie gesagt, soweit kommt es in unserem Märchen erst gar nicht, da das Rumpelstilzchen, als es gewahr wird, dass seine Identität aufgeflogen ist, sich vor Wut selbst zerreißt. Die Aussage „das hat dir der Teufel gesagt", fand ich immer wenig authentisch. Dies gilt heute umso mehr, da mir bewusst ist, dass es sich beim Teufel um ein zutiefst christliches Konzept handelt und das Rumpelstilzchen mit eben jenen Kulturkräften weniger am Hut hat. Das Selbstzerreißen des Rumpelstilzchens macht aber zweierlei klar. Zum einen, dass es ein ganz schöner Choleriker ist, was mich in dieser radikalen Form immer etwas befremdet hat, zum anderen, dass der Verlust dieses Geheimnisses seines Namens für das Rumpelstilzchen ein Verlust ist, der seinesgleichen sucht – anders kann man sich nicht erklären, wie radikal das Männchen reagiert. Ein Psychoanalytiker würde hier vielleicht etwas von einer maximal narzisstischen Kränkung erzählen, und das Rumpelstilzchen als Sinnbild dafür sehen, dass in uns allen etwas steckt, das uns selbst wie Gold erscheint, bei näherem Hinweis jedoch von außen entzaubert werden und uns dann kränken kann. Wie gesagt, ein Freudianer würde so etwas sagen. Ich nicht. Ich halte fest, dass das Märchen mich mit der Frage zurücklässt, was eigentlich geschehen wäre, wenn das Rumpelstilzchen ein gefühlsloser Bänker gewesen wäre, der sich von den Tränen der Königin nicht hätte erweichen lassen …

17. Die zwölf Jäger

Es war einmal ein Königssohn, der hatte eine Braut und hatte sie sehr lieb. Als er nun bei ihr saß und ganz vergnügt war, da kam die Nachricht daß sein Vater todt krank läge und ihn noch vor seinem Ende zu sehen verlangte. Da sprach er zu seiner Liebsten „ich muß nun fort und muß dich verlassen, da geb ich dir einen Ring zu meinem Andenken. Wann ich König bin, komm ich wieder und hol dich heim." Da ritt er fort, und als er bei seinem Vater anlangte, war dieser sterbenskrank und dem Tode nah. Er sprach zu ihm „liebster Sohn, ich habe dich vor meinem Ende noch einmal sehen wollen, versprich mir nach meinem Willen dich zu verheirathen," und nannte ihm eine gewisse Königstochter, die sollte seine Gemahlin werden. Der Sohn war so betrübt, daß er sich gar nicht bedachte, sondern sprach „ja lieber Vater, was euer Wille ist, soll geschehen," und darauf schloß der König die Augen und starb.

Als nun der Sohn zum König ausgerufen und die Trauerzeit verflossen war, mußte er das Versprechen halten, das er seinem Vater gegeben hatte, und ließ um die Königstochter werben, und sie ward ihm auch zugesagt. Das hörte seine erste Braut und grämte sich über die Untreue so sehr, daß sie fast vergieng. Da sprach ihr Vater zu ihr „liebstes Kind, warum bist du so traurig? was du dir wünschest, das sollst du haben." Sie bedachte sich einen Augenblick, dann sprach sie „lieber Vater, ich wünsche mir elf Mädchen, von Angesicht Gestalt und Wuchs mir völlig gleich." Sprach der König „wenns möglich ist, soll dein Wunsch erfüllt werden," und ließ in seinem ganzen Reich so lange suchen, bis elf Jungfrauen gefunden waren, seiner Tochter von Angesicht Gestalt und Wuchs völlig gleich.

Als sie zu der Königstochter kamen, ließ diese zwölf Jägerkleider machen, eins wie das andere, und die elf Jungfrauen mußten die Jägerkleider anziehen, und sie selber zog das zwölfte an. Darauf nahm sie Abschied von ihrem Vater und ritt mit ihnen fort und ritt an den Hof ihres ehemaligen Bräutigams, den sie so sehr liebte. Da fragte sie ihn ob er Jäger brauchte und ob er sie nicht alle zusammen in seinen Dienst nehmen wollte. Der König sah sie an und erkannte sie nicht; weil es aber so schöne Leute waren, sprach er ja, er wollte sie gerne nehmen; und da waren sie die zwölf Jäger des Königs.

Die zwölf Jäger – 181

Der König aber hatte einen Löwen, das war ein wunderliches Thier, denn er wußte alles Verborgene und Heimliche. Es trug sich zu, daß er eines Abends zum König sprach „du meinst du hättest da zwölf Jäger?" „Ja," sagte der König, „zwölf Jäger sinds." Sprach der Löwe weiter „du irrst dich, das sind zwölf Mädchen." Antwortete der König „das ist nimmermehr wahr, wie willst du mir das beweisen?" „O, laß nur Erbsen in dein Vorzimmer streuen," antwortete der Löwe, „da wirst dus gleich sehen. Männer haben einen festen Tritt, wenn die über Erbsen hingehen, regt sich keine, aber Mädchen, die trippeln und trappeln und schlurfeln, und die Erbsen rollen." Dem König gefiel der Rath wohl, und er ließ die Erbsen streuen.

Es war aber ein Diener des Königs, der war den Jägern gut, und wie er hörte daß sie sollten auf die Probe gestellt werden, gieng er hin und erzählte ihnen alles wieder, und sprach „der Löwe will dem König weis machen ihr wärt Mädchen." Da dankte ihm die Königstochter und sprach hernach zu ihren Jungfrauen „thut euch Gewalt an und tretet fest auf die Erbsen." Als nun der König am andern Morgen die zwölf Jäger zu sich rufen ließ, und sie ins Vorzimmer kamen, wo die Erbsen lagen, so traten sie so fest darauf und hatten einen so sichern starken Gang, daß auch nicht eine rollte, oder sich bewegte. Da giengen sie wieder fort, und der König sprach zum Löwen „du hast mich belogen, sie gehen ja wie Männer." Antwortete der Löwe „sie habens gewußt, daß sie sollten auf die Probe gestellt werden, und haben sich Gewalt angethan. Laß nur einmal zwölf Spinnräder ins Vorzimmer bringen, so werden sie herzukommen und werden sich daran freuen, und das thut kein Mann." Dem König gefiel der Rath, und er ließ die Spinnräder ins Vorzimmer stellen.

Der Diener aber, ders redlich mit den Jägern meinte, gieng hin und entdeckte ihnen den Anschlag. Da sprach die Königstochter, als sie allein waren, zu ihren elf Mädchen „thut euch Gewalt an und blickt euch nicht um nach den Spinnrädern." Wie nun der König am andern Morgen seine zwölf Jäger rufen ließ, so kamen sie durch das Vorzimmer und sahen die Spinnräder gar nicht an. Da sprach der König wiederum zum Löwen „du hast mich belogen, es sind Männer, denn sie haben die Spinnräder nicht angesehen." Der Löwe antwortete „sie habens gewußt, daß sie sollten auf die Probe gestellt werden, und haben sich Gewalt angethan." Der König aber wollte dem Löwen nicht mehr glauben.

Die zwölf Jäger folgten dem König beständig zur Jagd, und er hatte sie je länger je lieber. Nun geschah es, daß, als sie einmal auf der Jagd waren, Nachricht kam, die Braut des Königs wäre im Anzug. Wie die rechte Braut das hörte, thats ihr so weh, daß es ihr fast das Herz abstieß, und sie ohnmächtig auf die Erde fiel. Der König meinte seinem lieben Jäger sei etwas begegnet, lief hinzu und wollte ihm helfen, und zog ihm den Handschuh aus. Da erblickte er den Ring, den er seiner ersten Braut gegeben, und als er ihr in das Gesicht sah, erkannte er sie. Da ward sein Herz so gerührt, daß er sie küßte, und als sie die Augen aufschlug, sprach er „du bist mein und *ich bin dein, und kein Mensch auf der Welt kann das ändern." Zu der andern Braut aber schickte er einen Boten, und ließ sie bitten in ihr Reich zurückzukehren, denn er habe schon eine Gemahlin, und wer einen alten Schlüssel wiedergefunden habe, brauche den neuen nicht. Darauf ward die Hochzeit gefeiert, und der Löwe kam wieder in Gnade, weil er doch die Wahrheit gesagt hatte.*

Der letzte Wille eines Sterbenden ist heilig

*D*as Märchen mit der Nummer 67 in den Kinder- und Hausmärchen hieß in der ersten Ausgabe von 1812 noch *Der König mit dem Löwen* und stammt wohl von Jeanette Hassenpflug. Es gehört in der Systematik des ATU zu den „Novellenartigen Märchen" und stellt das Motiv der rechten, bzw. vergessenen ersten Braut in den Mittelpunkt.

Eben das ist nicht nur aus anderen Märchen bekannt, sondern kommt auch in der isländischen *Völsunga saga* aus dem 13. Jh. vor, in der Grimhild Sigurd einen Trank verabreicht, damit er Brynhild vergisst und statt ihrer Grimhilds Tochter Gudrun heiratet.

Das Märchen lebt von den zwei Polen, zwischen denen sich der junge Prinz, bzw. König, bewegt. Zum einen ist er an sein Wort gebunden, das er seinem Vater auf dem Totenbett gegeben hat. Der Wunsch eines Sterbenden ist von so starker Bedeutung, dass es neben dem Versprechen noch eine zusätzliche Bürde darstellt. Der andere Pol ist die „wahre Liebe" zur rechten Braut, die am Ende das Versprechen ablöst.

Das Bindeglied zwischen den beiden Extremen ist der Löwe, der die Funktion des Beraters einnimmt. In der Heraldik steht der Löwe für Mut und Königlichkeit, im biblischen Kontext stellt er ein durchaus ambivalentes Symbol dar. Zum einen wird er metaphorisch mit dem Teufel assoziiert, zum anderen steht er aber auch für die Auferstehung. Es mag gewagt erscheinen, aber man könnte die Figur des Löwen in diesem Märchen auch als Stimme des Vaters deuten, die über den Tod hinaus als Ratgeber bestehen bleibt und mehr Lebenserfahrung und Weitblick besitzt, als der junge König.

Ehefrau x 12 > Königvater

*E*in sprechender Löwe, zwölf wie geklonte Jungfrauen, die sich als Männer verkleiden und ein König, der erst seinem Vater ein Versprechen gibt, mit dem er ein anderes Versprechen bricht, dass er dann doch wieder bricht, um das andere Versprechen nicht zu brechen. Ich finde das surreal, wie in einem Traum. Traumdeutung ist aber eine Domäne der Psychoanalyse oder Tiefenpsychologie und mit der habe ich wenig am Hut. Versuchen wir also einen andere Deutungsebene bei diesem Märchen zu finden.

Was da ins Auge springt, ist die Frage, wie sich Männer und Frauen unterscheiden. Der Ansatz, den der sprechende Löwe dabei favorisiert, ist dabei ein so genannter behavioristischer[1]. Der Behaviorismus geht davon aus, dass entscheidend ist, was beobachtbares Verhalten ist. Der Behaviorist schaut also genau, was eine Person macht, um seine Schlüsse zu ziehen, ja, radikale Vertreter dieser Denkschule propagieren sogar, dass es nicht sinnvoll ist, von einem inneren Erleben auszugehen, da dieses ja nicht beobachtet werden kann. Dem folgend besteht die Welt aus dieser Perspektive aus lauter Reiz-Reaktions-Abläufen. Diese Abläufe können sich wiederum zwischen Personen systematisch unterscheiden, im Märchen aufgrund des Geschlechtes. Was uns dann da entgegen schlägt sind klassische Mann-Frau-Stereotype: Die Jagd ist eine Männersache, Spindeln sind was für Frauen, und auch die Bewegungsabläufe unterscheiden sich. Es hat eine gewisse komische Komponente, dass der Löwe mit seinen Geschlechtsklischees scheitert und in Ungnade fällt. Vielleicht erleben wir hier eine Mahnung, dass es eben nicht ganz so einfach ist, was typisch männlich – oder typisch weiblich ist. Wir dürfen aber nicht vergessen: Vorurteile entwickeln sich auch, weil sie eben oft stimmen. Aber eben nur oft, und wie immer – die Statistik der Mehrheit hat keine Bedeutung für den konkreten Einzelfall.

Unter uns: ich verstehe diese ganze Nummer der ursprünglichen Braut nicht. Was soll diese Aktion mit den 11 anderen gleich aussehenden Frauen? Wieso diese Verkleidung als Jäger? Dann diese zufällige Entdeckung des Ringes. Wahrscheinlich sind da hochkomplexe psychologische Hintergründe verpackt, und der Leser denkt sich: „Hallo? Wieso sieht der das nicht?" Aber wie gesagt – ich verstehe diese Scharade nicht.

Aber ich sehe das Dilemma, in dem sich der Königssohn befindet: was wiegt mehr – das Eheversprechen oder das Versprechen, das er seinem sterbendem

---

[1] Eine gewisse Ironie liegt darin, dass der Behaviorismus gerne mit Tieren im Versuch arbeitet – bevorzugt Tauben oder Ratten. Löwen passen einfach schlecht zu Dutzenden in ein psychologisches Labor.

Vater gab. Das ist eigentlich der Stoff aus dem Tragödien sind. In griechischen Dramen hätte sich der Königssohn die Augen ausgestoßen und weit, weit weg auf Wanderung begeben. Mindestens[2]. Doch hier scheint der Königssohn stattdessen auf Zeit zu spielen. Am Ende entscheidet er sich dann doch sein Versprechen seiner geliebten Braut gegenüber einzulösen, und damit de facto das Wort zu brechen, das er seinem Vater gab.

Die Message dahinter ist bis heute zeitlos aktuell: was zählt, ist das Leben – nicht das Jenseits. An dieser Stelle bin ich dann mehr Humanist als Psychologe, obwohl ich finde dass sich beides wunderbar ergänzt. Ich bin davon überzeugt, dass es dieser Welt – und den Menschen auf dieser – deutlich besser ginge, wenn alle darauf fokussieren würden, das hier und jetzt mit ihren Mitmenschen schön zu gestalten, statt auf irgendwelche jenseitigen Welten Rücksicht zu nehmen.

Haben wir in diesem Märchen versteckte Religions- oder gar Kirchenkritik? Das erscheint auf den ersten Blick doch unwahrscheinlich, oder? Aber ich weise auf eine interessante Formulierung hin, die der Königssohn gegenüber seinem sterbenden Vater benutzt: „Ja lieber Vater, was euer Wille ist, soll geschehen." Die Ähnlichkeit zu der bekannten Textzeile aus dem „Vater unser" ist verblüffend.

Ich möchte für mich glauben, dass der Märchenerzähler hier sagen wollte, dass es ab und an egal ist, was die Religion sagt, wenn das Gefühl, die Liebe zwischen Menschen, stärker ist. Oder wie es die Hippies sagten: make love – not war!

---

[2] Am Ende hätte er dann entweder a) seine Mutter geheiratet oder b) die Freier seiner Mutter getötet.

18. Jorinde und Joringel

Es war einmal ein altes Schloß mitten in einem großen dicken Wald, darinnen wohnte eine alte Frau ganz allein, das war eine Erzzauberin. Am Tage machte sie sich zur Katze oder zur Nachteule, des Abends aber wurde sie wieder ordentlich wie ein Mensch gestaltet. Sie konnte das Wild und die Vögel herbei locken, und dann schlachtete sie, kochte und briet es. Wenn Jemand auf hundert Schritte dem Schloß nahe kam, so mußte er stille stehen und konnte sich nicht von der Stelle bewegen, bis sie ihn los sprach: wenn aber eine keusche Jungfrau in diesen Kreiß kam, so verwandelte sie dieselbe in einen Vogel, und sperrte sie dann in einen Korb ein, und trug den Korb in eine Kammer des Schlosses. Sie hatte wohl sieben tausend solcher Körbe mit so raren Vögeln im Schlosse.

Nun war einmal eine Jungfrau, die hieß Jorinde: sie war schöner als alle andere Mädchen. Die, und dann ein gar schöner Jüngling, Namens Joringel, hatten sich zusammen versprochen. Sie waren in den Brauttagen und sie hatten ihr größtes Vergnügen eins am andern. Damit sie nun einsmalen vertraut zusammen reden könnten, giengen sie in den Wald spazieren. „Hüte dich," sagte Joringel, „daß du nicht so nahe ans Schloß kommst." Es war ein schöner Abend, die Sonne schien zwischen den Stämmen der Bäume hell ins dunkle Grün des Waldes, und die Turteltaube sang kläglich auf den alten Maibuchen.

Jorinde weinte zuweilen, setzte sich hin im Sonnenschein und klagte; Joringel klagte auch. Sie waren so bestürzt, als wenn sie hätten sterben sollen: sie sahen sich um, waren irre und wußten nicht wohin sie nach Hause gehen sollten. Noch halb stand die Sonne über dem Berg und halb war sie unter. Joringel sah durchs Gebüsch und sah die alte Mauer des Schlosses nah bei sich; er erschrack und wurde todtbang. Jorinde sang

„mein Vöglein mit dem Ringlein roth
singt Leide, Leide, Leide:
es singt dem Täubelein seinen Tod,
singt Leide, Lei– zucküth, zicküth, zicküth."

Joringel sah nach Jorinde. Jorinde war in eine Nachtigall verwandelt, die sang

„zicküth, zicküth."

Eine Nachteule mit glühenden Augen flog dreimal um sie herum und schrie dreimal

„schu, hu, hu, hu."

Joringel konnte sich nicht regen: er stand da wie ein Stein, konnte nicht weinen, nicht reden, nicht Hand noch Fuß regen. Nun war die Sonne unter: die Eule flog in einen Strauch, und gleich darauf kam eine alte krumme Frau aus diesem hervor, gelb und mager: große rothe Augen, krumme Nase, die mit der Spitze ans Kinn reichte. Sie murmelte, fieng die Nachtigall und trug sie auf der Hand fort. Joringel konnte nichts sagen, nicht von der Stelle kommen; die Nachtigall war fort. Endlich kam das Weib wieder und sagte mit dumpfer Stimme „grüß dich, Zachiel, wenns Möndel ins Körbel scheint, bind los, Zachiel, zu guter Stund." Da wurde Joringel los. Er fiel vor dem Weib auf die Knie und bat sie möchte ihm seine Jorinde wieder geben, aber sie sagte er sollte sie nie wieder haben, und gieng fort. Er rief, er weinte, er jammerte, aber alles umsonst. „Uu, was soll mir geschehen?" Joringel gieng fort und kam endlich in ein fremdes Dorf: da hütete er die Schafe lange Zeit. Oft gieng er rund um das Schloß herum, aber nicht zu nahe dabei. Endlich träumte er einmal des Nachts er fände eine blutrothe Blume, in deren Mitte eine schöne große Perle war. Die Blume brach er ab, gieng damit zum Schlosse: alles, was er mit der Blume berührte, ward von der Zauberei frei: auch träumte er, er hätte seine Jorinde dadurch wieder bekommen. Des Morgens, als er erwachte, fieng er an durch Berg und Thal zu suchen ob er eine solche Blume fände: er suchte bis an den neunten Tag, da fand er die blutrothe Blume am Morgen früh. In der Mitte war ein großer Thautropfe, so groß wie die schönste Perle. Diese Blume trug er Tag und Nacht bis zum Schloß. Wie er auf hundert Schritt nahe bis zum Schloß kam, da ward er nicht fest, sondern gieng fort bis ans Thor. Joringel freute sich hoch, berührte die Pforte mit der Blume, und sie sprang auf. Er gieng hinein, durch den Hof, horchte wo er die vielen Vögel vernähme: endlich hörte ers. Er gieng und fand den Saal, darauf war die Zauberin und fütterte die Vögel in den sieben tausend Körben. Wie sie den Joringel sah, ward sie bös, sehr bös, schalt, spie Gift und Galle gegen ihn aus, aber sie konnte auf zwei Schritte nicht an ihn kommen. Er kehrte sich nicht an sie und gieng, besah die Körbe mit den Vögeln; da waren aber viele hundert Nachtigallen, wie sollte er nun seine Jorinde wieder finden? Indem er so zusah, daß die Alte heimlich ein Körbchen mit einem Vogel wegnahm und damit nach der Thüre gieng. Flugs sprang er hinzu, berührte das Körbchen mit der Blume *und auch das alte Weib: nun konnte sie nichts mehr zaubern, und Jorinde stand da, hatte ihn um den Hals gefaßt, so schön wie sie ehemals war. Da machte er auch alle die andern Vögel wieder zu Jungfrauen, und da gieng er mit seiner Jorinde nach Hause, und sie lebten lange vergnügt zusammen.*

Vögeln ist nicht zweideutig

*D*ieses schon fast mystisch angehauchte Märchen mit der KHM Nummer 69 sticht unter den Übrigen hervor. Der Ton ist hier ein anderer, der Umgang mit und die Darstellung einer Hexe und der von ihr praktizierten Magie ungewöhnlich für ein Volksmärchen.

Die Quelle ist hier für die Brüder Grimm dann auch keine Erzählung, sondern die Autobiographie des Arztes, Schriftstellers und Freimaurers Johann Heinrich Jung (1740-1817), die kein Geringerer als Johann Wolfgang Goethe unter dem Titel *Heinrich Stillings Jugend. Eine wahrhafte Geschichte* veröffentlichte. Schnell wurde trotz geänderter Namen bekannt, dass es sich um die Lebenserinnerungen von Jung handelte, der fortan unter dem Doppelnamen Jung-Stilling agierte.

Das Märchen ist mit nur wenigen Änderungen in die KHM übernommen worden. Bei Jung-Stilling ist es eingebunden als Erzählung seiner Tante „Mariechen". Allerdings kommen Vögel als Symbole und Metaphern in der gesamten Lebenserzählung immer wieder vor.

Die Geschichte von Jorinde und Joringel passt zum zutiefst vom christlichen Glauben geprägten und zugleich melancholischen Stil, der für Jung-Stilling typisch ist. Der Mediziner ist einer der einflussreichsten religiösen Schriftsteller überhaupt.

Die Frage, ob es sich um ein Kunst- oder um ein Volksmärchen handelt, ist nicht leicht zu beantworten. Jacob und Wilhelm Grimm erwähnen zumindest neben der schriftlichen Quelle noch eine ähnliche Erzählung aus „den Schwalmgegenden". Sie schreiben dazu:

> Es sind zwei Kinder die in einen großen Wald gehen, der Junge geräth in das Schloß einer Zauberin, sie rührt ihn mit einer Gerte an, worauf er sich in einen Vogel verwandelt. Das Mädchen träumt von der Blume und gibt ihm damit seine menschliche Gestalt wieder. Es hält die Blume auch an die Hexe, die wird dadurch in eine Rabe verwandelt. Die Kinder gehen heim, einmal spielen sie im Garten, da kommt die Rabe geflogen, setzt sich auf einen Baum und das Mädchen holt die Blume, berührt sie damit und gibt ihr dadurch die rechte Gestalt wieder.

Der ATU stuft JORINDE UND JORINGEL nicht weiter verwunderlich mit der Nummer 405 als Zaubermärchen mit dem Motiv „Übernatürliche oder verzauberte Verwandte" und hier „Ehefrau" ein.

Das Märchen steckt voller merkwürdiger Beschreibungen, Verse, Bannsprüche. Die Hexe wird hier nicht nur, wie so oft im Volksmärchen, als böse oder alt beschrieben. Hier hat sie auch rote Augen und eine krumme Nase, ist gelb und mager. Auch die Magie, die die „Erzzauberin" wirkt, ist klar beschrieben, bis hin zu den Zaubersprüchen.

Die Darstellung ist fest verwurzelt im Hexenglauben des Spätmittelalters und der frühen Neuzeit, d. h. einem Zeitraum vom frühen 16. bis ungefähr zur Mitte des 18. Jahrhunderts.[1] Die Tierverwandlung, die hier der Erzzauberin zugeschrieben wird, spielt in den Geständnissen angeblicher Hexen tatsächlich eine Rolle. So wollen sich Frauen, die die „schwarze Kunst" praktizierten, mit Hilfe einer Salbe in eine Katze verwandelt haben. Das wird allerdings schon zur Zeit der Hexenprozesse selbst kritisch hinterfragt und diskutiert. Es gibt sogar ziemlichen Gegenwind zu den Verfolgungen und Zaubereivorwürfen. Aber einige glaubten eben doch an die sogenannten „Hexenkatzen". Und die wiederum, standen im Ruf, kleine Kinder zu verschleppen.[2]

Die Katze wird trotz ihrer Nützlichkeit als Haustier und vor allem Mäusefänger im mittelalterlichen Europa mit negativen Eigenschaften verbunden. Sie wird als unkeusch, listig und unrein dargestellt, Attribute, die auch in der stark christlich geprägten Gesellschaft der Frau zugeschrieben werden.[3] Frau und Katze werden schließlich gleichermaßen dämonisiert, was sich wiederum im Hexenglauben niederschlägt.

In der Jung-Stilling-Version des Märchens wird zusätzlich zu Katze und Nachteule noch der Hase als Gestalt der Erzzauberin erwähnt. Auch dieses Tier kommt in den Prozessen als Hexentier vor.

Die Eule hat nicht erst bei *Harry Potter* ihren Platz unter den Hexentieren gefunden. Viel mehr wird sie schon in der Antike als Totenvogel und Unheilsverkünder dargestellt. Beim Hexensabbat leisten sie den Zauberinnen Botendienste und begleiten sie. Als Abwehrzauber werden sie sogar getötet und mit ausgebreiteten Flügeln an Haus oder Scheune geheftet, so beschreibt es Rutilius Taurus Aemilianus Palladius in einem Werk über Ackerbau aus dem 4./5. Jahrhundert.[4]

---

[1] Die Hexenverfolgung hat nichts, aber auch gar nichts mit einer Verfolgung weiser, heilkundiger Frauen durch die böse Zunft der Mediziner zu tun – das ist eine Erfindung der Siebziger Jahre des 20. Jahrhundert und hält keiner geschichtswissenschaftlichen Überprüfung stand.

[2] Vgl. Voltmer, Rita: Von Werwölfen und Hexenkatzen. Tierverwandlungen in der europäischen Geschichte, Bericht der Fachtagung der Akademie der Diözese Rottenburg-Stuttgart mit dem Arbeitskreis Interdisziplinäre Hexenforschung (AKIH) vom 01. bis 03. März 2001 in Stuttgart-Hohenheim

[3] Vgl. Blaschitz, Gertrud: Die Katze, in: G. Blaschitz, H. Hundsbichler, G. Jaritz, E. Vavra (Hrsg.), Symbole des Alltags – Alltag der Symbole. Festschrift für Harry Kühnel zum 65. Geburtstag. Graz 1992, 589-616

[4] Vgl. Harmening, Dieter: Wörterbuch des Aberglaubens, 2. durchgesehene und erweiterte Auflage, Reclam 2009

Eine traurige Tradition, die leider noch lange nachwirkte.

Die gängigen Interpretationen dieses merkwürdigen Märchens stellen die sexuellen Anspielungen in den Vordergrund – das liegt auch nahe, denn es geht um ein Liebespaar kurz vor der Hochzeitsnacht und die Angst vor dem Vollzug der Ehe, die schließlich besiegt wird – oder stürzen sich auf die Darstellung magischer Symbole und Motive, die schon in der Antike zu finden sind, wie zum Beispiel die Geliebte als gefangener Vogel. Das Traumartige, Geheimnisvolle, das in diesem Märchen noch mehr als in den anderen KHM zum Ausdruck kommt, bietet auch jede Menge Möglichkeiten der Deutung.

Seltsamerweise gehört es zu den weniger bekannten Märchen der Brüder Grimm und ist auch längst nicht so oft verfilmt worden oder in Romane eingeflossen. Aber – und jetzt wird es kurz mal persönlich – mich hat ein gewisser australischer Spielfilm aus dem Jahr 1975 immer an die versponnene Atmosphäre und die Beschreibung des Bannkreises der Hexe erinnert. *Picknick am Valentinstag* (Originaltitel: Picnic at Hanging Rock) von Peter Weir basiert auf einer Romanvorlage von Joan Lindsey (1896-1984). In der Geschichte verschwinden am Valentinstag 1900 drei Schülerinnen eines Mädchenpensionats am Hanging Rock in der Nähe von Melbourne. Eines der Mädchen wird schließlich wiedergefunden, hat jedoch keinerlei Erinnerungen an die Geschehnisse. Tragische Ereignisse nehmen ihren Lauf und am Ende stehen das College und seine Direktorin vor dem Abgrund.

In diesem Film nimmt die Felsformation, wie im Märchen der Wald, eine mystische Rolle ein, man kann fast sagen, sie wird zu einer handelnden Figur. Auch der Einfluss, den sie auf die Stimmung der Mädchen hat, ist ganz ähnlich der tiefen Traurigkeit, die Jorinde und Joringel in der nähe des Schlosses der Hexe im Wald verspüren, obwohl es eigentlich ein schöner sonniger Tag ist. Auch das Motiv unterdrückter, bzw. angstbesetzter Sexualität findet sich im Film wieder. Peter Weirs Werk ist jedem Freund von subtilem Horror und außergewöhnlichem Kino zu empfehlen. Und das Märchen von Jorinde und Joringel wird sicher immer mein persönlicher Liebling bleiben.

Milch, Sex und eine Nachtigall

Schon wieder Sex?
Ich glaube schon.
Denn entweder habe ich beim Niederschreiben dieser Zeilen aus unerklärlichen Gründen und aus heiterem Himmel in meinem Hirn das semantische Gedächtnis aktiviert, das sich um das Thema Sex gruppiert oder es wurde tatsächlich durch einige Hinweisreize in diesem Märchen ausgelöst. Solche auslösenden Reize nennen wir in der Psychologie „Trigger". Von ihnen zu unterscheiden sind sogenannte „Prime-Reize", die auch einem eigentlichen Reiz vorweg gehen und oft nur kurz präsentiert werden. Solche Prime-Reize werden beispielsweise in Wahrnehmungsversuchen präsentiert, wenn kurz bevor auf der linken oder rechten Hälfte des Bildschirms ein Kreuz erscheint, das den eigentlichen Reiz darstellt. Der Prime-Reiz ist dann beispielsweise ein knapp unterhalb der bewussten Wahrnehmungsschwelle aufblitzender Pfeil nach rechts oder links. Auch wenn dieser Reiz nicht bewusst wahrgenommen wird (und erst recht, wenn er bewusst wahrgenommen wird), ist die Person in der Lage, ausgehend von dem Pfeil, ihre Reaktionszeiten merklich zu verbessern, indem sie ihre Aufmerksamkeit vor dem Zeigen des eigentlichen Kreuzes auf die richtige Bildschirmhälfte lenkt. Um einen deutschen Begriff zu benutzen, sei gesagt, dass man diese Prime-Reize im Deutschen als Bahnung bezeichnet. Der Prime-Reiz bahnt damit die folgende Reaktion. Prime-Reiz und Trigger können zusammenfallen, beispielsweise dann, wenn semantische Netzwerke ausgelöst werden, ohne dass man sich derer bewusst ist. Beantworten Sie zum Beispiel bitte laut möglichst schnell nachfolgende Fragen:

1. Welche Farbe hat der Schnee?
2. Welche Farbe hat der Schnee?
3. Welche Farbe hat der Schnee?
4. Welche Farbe hat der Schnee?
5. Was trinkt die Kuh?

Klassischerweise werden Sie versucht gewesen sein, bei der letzten Frage Milch zu antworten oder haben zumindest deutlich länger gebraucht, mit Wasser zu antworten als Ihnen lieb gewesen ist. Dies liegt daran, dass durch die Antwort „weiß" auf die Frage nach der Farbe des Schnees das sogenannte semantische Netzwerk zu weiß ausgebreitet wird, das heißt, die Neigung alle Sachen zu benennen, die weiß sind, wird deutlich herabgesetzt. Dies macht Sinn, da wir es im Alltag viel seltener mit völligen Gedankenbrüchen zu tun haben, als man glauben mag. Im generellen versuchen wir nämlich unsere Wahrnehmung in einen sinnvollen Gesamtzusammenhang zu setzen und erleben Kontinuität in unserer Außenwelt. Dies erlaubt uns auch, aus einer Vielzahl von Andeutungen einen Kontext zu erschließen, der auf den ersten Blick gar nicht vorhanden ist. Und damit sind wir wieder bei JORINDE UND JORINGEL angekommen[5].

An keiner Stelle finden wir eine explizite Beschreibung von Sex oder Sexualität und trotzdem öffnete sich bei mir und vielleicht auch bei Ihnen, zumindest in Teilen, dieses semantische Netzwerk. Wieso? Da ist zunächst die überschwängliche Betonung des Aspekts der Jungfrau. Jungfrauen haben als Wesensmerkmal die Reinheit und Abwesenheit von Geschlechtsverkehr. Eine Jungfrau, und möge sie von Herz und Seele[6] rein und gut sein, wird in dem Moment, in dem der Prinz mit ihr den Geschlechtsakt ausgeübt hat, zwangsläufig keine Jungfrau mehr sein. Bis heute tradiert sich, dass es für Männer eine besonders begehrenswerte Erfahrung sein soll, derjenige zu sein, der mit einer Jungfrau den Geschlechtsverkehr ausübt. Hier ist eines der wenigen Forschungsfelder, in denen ich den Feminismusforschern zugestehe, sich munter austoben zu können, um der Frage nach dem Grund für dieses Verlangen nachzugehen. Aus meiner psychologisch unaufgeregten Sicht, ist es so, dass hier einige Sachen zusammenfallen. Da ist zum einen der Wunsch, der erste zu sein, der eine Frau entjungfert. Schlicht deswegen, um der erste zu sein. Männer mögen so etwas oft, der Beste, Schnellste[7], der Größte und so weiter zu sein. Dann ist da natürlich so etwas, wie ein Besitzanspruch, der in früheren Zeiten aus dem ersten Geschlechtsakt mit einer Frau resultierte. Evolutionspsychologisch sei darauf hingewiesen, dass der Entjungfernde derjenige ist, der als erster die Möglichkeit bekommt, seinen Samen und somit seine Nachkommenschaft mit der Jungfrau zu gestalten. Dem ganzen klingen auch Konnotation von Jugendlichkeit und biologischer Frische mit an, denn kaum jemand denkt bei dem Begriff „Jungfrau" als erstes an eine Anfang 40-jährige Dame. Nicht ganz ernst gemeint soll trotzdem angemerkt werden, dass ein Mann bei einer Jungfrau auch nicht befürchten muss, schlechter abzuschneiden, als irgendein Mann vor ihm, schlicht, weil der jungen Dame die Vergleichsmöglichkeiten fehlen. Also 7000 Jungfrauen als Vögel verwandelt in Käfigen.

Dann die Verwandlung in eine Nachtigall. „Die Nachtigall singen lassen" ist nicht erst seit Boccaccios Decamerone eine gängige Formulierung für „Sex haben". Und wird sicherlich den älteren Hörern dieses Märchens teilweise geläufig

---

[5] Ich finde übrigens diese Namensgebung heute nicht mehr zeitgemäß, vielleicht sollte man das Märchen doch in „Kevin und Jaqueline" oder „Brandon und Brandine" umbenennen.

[6] Um es mit pathetisch klingenden Märchenbegriffen zu sagen.

[7] Wenn auch nicht im Geschlechtsaktkontext

sein. Und dann gibt es da noch die Beschreibung der erlösenden Blume: rot mit einer Perle in der Mitte. Es gehört wenig Fantasie dazu, zumindest aus meiner Sicht, darin eine Beschreibung der primären weiblichen Geschlechtsorgane zu finden. Wobei der Autor dieses Märchens gnädigerweise der Frau zumindest die Perle, sprich den Kitzler, als Lustzentrum zugesteht – dies ist ja nicht in allen Kulturen so. In der Kombination ergeben sich somit viele Hinweisreize, die sexuell konnotiert verstanden werden können, aber nicht müssen.

In ähnlicher Weise funktionieren übrigens heute Filme von Disney, bei denen es allerdings oft weniger um Sex geht, sondern viel öfter gerade Seitencharaktere Witze machen, die sich nur Erwachsenen erschließen, über die Kinder aber trotzdem lachen können, da sie die gesamte Tiefe von Wortspielen nicht begreifen. Haben wir es bei Jorinde und Joringel also mit einem jungen Mann zu tun, der mit tausenden von Jungfrauen Sex hat und somit den Traum eines jeden selbstmordattentäterischen Jihaddisten erfüllt? Offen gesprochen, weiß ich es nicht.

Dafür konnte ich Ihnen hier erklären, was ein semantisches Netzwerk ist, und das ist zwar nicht so schön wie Sex, aber doch auch etwas wert.

19. Die Wassernixe

Ein Brüderchen und ein Schwesterchen spielten an einem Brunnen, und wie sie so spielten, plumpten sie beide hinein. Da war unten eine Wassernixe, die sprach „jetzt hab ich euch, jetzt sollt ihr mir brav arbeiten," und führte sie mit sich fort. Dem Mädchen gab sie verwirrten garstigen Flachs zu spinnen, und es mußte Wasser in ein hohles Faß schleppen, der Junge aber sollte einen Baum mit einer stumpfen Axt hauen; und nichts zu essen bekamen sie als steinharte Klöße. Da wurden zuletzt die Kinder so ungeduldig, daß sie warteten, bis eines Sonntags die Nixe in der Kirche war, da entflohen sie. Und als die Kirche vorbei war, sah die Nixe daß die Vögel ausgeflogen waren, und setzte ihnen mit großen Sprüngen nach. Die Kinder erblickten sie aber von weitem, und das Mädchen warf eine Bürste hinter sich, das gab einen großen Bürstenberg, mit tausend und tausend Stacheln, über den die Nixe mit großer Müh klettern mußte; endlich aber kam sie doch hinüber. Wie das die Kinder sahen, warf der Knabe einen Kamm hinter sich, das gab einen großen Kammberg mit tausendmal tausend Zinken, aber die Nixe wußte sich daran fest zu halten und kam zuletzt doch drüber. Da warf das Mädchen einen Spiegel hinterwärts, welches einen Spiegelberg gab, der war so glatt, so glatt, daß sie unmöglich drüber konnte. Da dachte sie „ich will geschwind nach Haus gehen und meine Axt holen und den Spiegelberg entzwei hauen." Bis sie aber wieder kam, und das Glas aufgehauen hatte, waren die Kinder längst weit entflohen, und die Wassernixe mußte sich wieder in ihren Brunnen trollen.

Kurz, aber gefährlich

Schön aber gefährlich, so kennt man sie, die Meerjungfrauen und -männer. Das ist auch in KHM 79 nicht anders. Da ist das Kind buchstäblich schon in den Brunnen gefallen. Und ebenfalls nicht weiter überraschend ist der Umstand, dass es sich bei der Wassernixe um einen „Übernatürlichen Gegenspieler" (ATU 313) handelt.

Das Märchen ist, was Sprache und Aufbau angeht, ein Klassiker. Der Stil ist pures Understatement mit nur rudimentären Beschreibungen und die Flucht der Kinder vor der Nixe weist die beliebte Dreiteilung auf. Und es wird noch etwas deutlich, das man häufig im Volksmärchen findet: Die ganze Geschichte trägt die Züge einer (Alb-)Traumsequenz. Die abstrusesten Dinge und Vorgänge, sprich das Übernatürliche der Handlung, wird nicht hinterfragt, sondern als selbstverständlich hingenommen.

Die Nixe als tückischer Wassergeist, der Tod und Verderben bringt, ist nicht zu verwechseln mit Wasserfrauen, die den Menschen eher wohl gesonnen sind und den Undinen, die sich mit Menschen vermählen müssen, um eine Seele zu erhalten bzw. erlöst zu werden (ähnlich den Meerjungfrauen). Die Abgrenzung ist allerdings nicht immer ganz leicht.

Die Gegenstände, die die Kinder auf der Flucht hinter sich werfen, erinnern an eine versponnene Form von Analogiezauber, dessen Wirksamkeit auf dem magischen Zusammenhang äußerlich ähnlicher Objekte beruht.

Die Wassernixe ist ein schönes kleines Märchen, an dem man die stilistischen Prinzipien des Volksmärchens ganz gut ablesen kann, obwohl es sicher zu den unbekannteren Geschichten der Brüder Grimm gehört.

Das war wohl nix, Nixe!

*I*rgendwie ist mir die Hexe bei HÄNSEL UND GRETHEL lieber. Denn die ist einfach nur böse. Wieso aber hier der kinderraubenden Nixe zugeschrieben wird, Sonntags in die Kirche zu gehen, erschließt sich hingegen nicht. Ist die Kirche, das Wort Gottes, nicht den Guten vorbehalten? Oder steht zu hoffen, dass die Nixe vielleicht nach einer hinreichenden Anzahl von Kirchbesuchen doch noch zu einer guten Person wird? Darf eine Brunnennixe beichten? Denn wenn dies so wäre, würden ihr nach christlicher, zumindest nach katholischer Lehrmeinung all ihre Sünden verziehen werden. Sicherlich kann ein katholischer Theologe hierüber dezidiert Auskunft geben – denn auch Nixen sind ja Kinder Gottes – oder so. Aber, und der aufmerksame Leser wird es mittlerweile wissen, ich bin kein Religionswissenschaftler[1], sondern Psychologe.

Was kann ich als solcher hier finden? Nicht viel. Auffällig ist, dass die beiden Flüchtenden Objekte hinter sich schmeißen, die direkt mit der Pflege des Äußeren zu tun haben. Zwei Deutungsideen habe ich. Erstens: sei nicht zu eitel, sei bereit auf einer Flucht[2] bzw. wenn es darauf ankommt, dein Aussehen hinter Dir zu lassen, und alles zu tun, um davon zu kommen. Zweitens: egal, wohin es Dich verschlägt, selbst wenn Du Zwangsarbeit bei einer Brunnennixe leisten musst, lass dich nicht gehen, habe immer etwas bei Dir, um auf Dein Äußeres zu achten – im Zweifel kannst Du es dann ja auch als Waffe benutzen. Offen gesprochen, überzeugt mich keine der beiden Deutungen so wirklich.

Dafür fällt mir beim nochmaligen Lesen des Märchens auf, dass die beiden Geschwister als Vögel bezeichnet werden – und die Nixe ihnen mit Sprüngen nachsetzt. Ich frage mich, dann, nochmal bezogen auf den Kirchenbesuch, ob die Nixe auch dorthin gesprungen ist, und ob dies ihrem Nixenfischschwanz geschuldet ist, ob sie in der Kirche hierfür gemobbt wurde, ob sie deswegen ihre Schlechtheit entwickelte – oder ob wir es hier mit einem wirklich vorbildlichen Fall christlicher Inklusion zu tun haben, zumindest in der Kirche.

Auch bleiben die Fragen offen, wieso die Nixe eigentlich den Kindern fehlerhaftes Werkzeug zum Verrichten von Arbeiten gibt, die ja auch ihr zugute kommen, wobei es mich schon irritiert, dass eine Nixe, die in einem Brunnen wohnt, ein Fass mit Wasser füllen lässt.

Fragen über Fragen. Auch das gehört zur menschlichen Psyche: ertragen zu können, dass manche Fragen schlicht unbeantwortet bleiben und dass es manchmal besser ist, unvermittelt einen Text zu beenden, als sich zwanghaft etwas aus den Fingern zu saugen.

---

[1] Irgendwie klemmte meine Tastatur bei dem zweiten Teil dieses Wortes.
[2] Zumal vor einer übellaunigen Nixe nach einem Kirchbesuch

20. Hans im Glück

Hans hatte sieben Jahre bei seinem Herrn gedient, da sprach er zu ihm „Herr, meine Zeit ist herum, nun wollte ich gerne wieder heim zu meiner Mutter, gebt mir meinen Lohn." Der Herr antwortete „du hast mir treu und ehrlich gedient, wie der Dienst war, so soll der Lohn sein," und gab ihm ein Stück Gold, das so groß als Hansens Kopf war. Hans zog sein Tüchlein aus der Tasche, wickelte den Klumpen hinein, setzte ihn auf die Schulter und machte sich auf den Weg nach Haus. Wie er so dahin gieng und immer ein Bein vor das andere setzte, kam ihm ein Reiter in die Augen, der frisch und fröhlich auf einem muntern Pferd vorbei trabte. „Ach," sprach Hans ganz laut, „was ist das Reiten ein schönes Ding! da sitzt einer wie auf einem Stuhl, stößt sich an keinen Stein, spart die Schuh, und kommt fort, er weiß nicht wie." Der Reiter, der das gehört hatte, hielt an und rief „ei, Hans, warum laufst du auch zu Fuß?" „Ich muß ja wohl," antwortete er, „da habe ich einen Klumpen heim zu tragen: es ist zwar Gold, aber ich kann den Kopf dabei nicht gerad halten, auch drückt mirs auf die Schulter." „Weißt du was," sagte der Reiter, „wir wollen tauschen: ich gebe dir mein Pferd, und du gibst mir deinen Klumpen." „Von Herzen gern," sprach Hans, „aber ich sage euch ihr müßt euch damit schleppen." Der Reiter stieg ab, nahm das Gold und half dem Hans hinauf, gab ihm die Zügel fest in die Hände und sprach „wenns nun recht geschwind soll gehen, so mußt du mit der Zunge schnalzen, und hopp hopp rufen."

Hans war seelenfroh, als er auf dem Pferde saß und so frank und frei dahin ritt. Über ein Weilchen fiels ihm ein, es sollte noch schneller gehen, und fieng an mit der Zunge zu schnalzen und hopp hopp zu rufen. Das Pferd setzte sich in starken Trab, und ehe sichs Hans versah, war er abgeworfen und lag in einem Graben, der die Äcker von der Landstraße trennte. Das Pferd wäre auch durchgegangen, wenn es nicht ein Bauer aufgehalten hätte, der des Weges kam und eine Kuh vor sich her trieb. Hans suchte seine Glieder zusammen und machte sich wieder auf die Beine. Er war aber verdrießlich und sprach zu dem Bauer „es ist ein schlechter Spaß, das Reiten, zumal, wenn man auf so eine Mähre geräth wie diese, die stößt und einen herabwirft, daß man den Hals brechen kann; ich setze mich nun und nimmer-

mehr wieder auf. Da lob ich mir eure Kuh, da kann einer mit Gemächlichkeit hinter her gehen und hat obendrein seine Milch, Butter und Käse jeden Tag gewiß. Was gäb ich darum, wenn ich so eine Kuh hätte!" „Nun," sprach der Bauer, „geschieht euch so ein großer Gefallen, so will ich euch wohl die Kuh für das Pferd vertauschen." Hans willigte mit tausend Freuden ein: der Bauer schwang sich aufs Pferd und ritt eilig davon.

Hans trieb seine Kuh ruhig vor sich her und bedachte den glücklichen Handel. „Hab ich nur ein Stück Brot, und daran wird mirs doch nicht fehlen, so kann ich, so oft mirs beliebt, Butter und Käse dazu essen; hab ich Durst, so melk ich meine Kuh und trinke Milch. Herz, was verlangst du mehr?" Als er zu einem Wirthshaus kam, machte er Halt, aß in der großen Freude alles, was er bei sich hatte, sein Mittags- und Abendbrot, rein auf, und ließ sich für seine letzten paar Heller ein halbes Glas Bier einschenken. Dann trieb er seine Kuh weiter, immer nach dem Dorfe seiner Mutter zu. Die Hitze ward drückender, je näher der Mittag kam, und Hans befand sich in einer Heide, die wohl noch eine Stunde dauerte. Da ward es ihm ganz heiß, so daß ihm vor Durst die Zunge am Gaumen klebte. „Dem Ding ist zu helfen," dachte Hans, „jetzt will ich meine Kuh melken und mich an der Milch laben." Er band sie an einen dürren Baum, und da er keinen Eimer hatte, so stellte er seine Ledermütze unter, aber wie er sich auch bemühte, es kam kein Tropfen Milch zum Vorschein. Und weil er sich ungeschickt dabei anstellte, so gab ihm das ungeduldige Thier endlich mit einem der Hinterfüße einen solchen Schlag vor den Kopf, daß er zu Boden taumelte und eine zeitlang sich gar nicht besinnen konnte wo er war. Glücklicherweise kam gerade ein Metzger des Weges, der auf einem Schubkarren ein junges Schwein liegen hatte. „Was sind das für Streiche!" rief er und half dem guten Hans auf. Hans erzählte was vorgefallen war. Der Metzger reichte ihm seine Flasche und sprach „da trinkt einmal und erholt euch. Die Kuh will wohl keine Milch geben, das ist ein altes Thier, das höchstens noch zum Ziehen taugt oder zum Schlachten." „Ei, ei," sprach Hans, und strich sich die Haare über den Kopf, „wer hätte das gedacht! es ist freilich gut, wenn man so ein Thier ins Haus abschlachten kann, was gibts für Fleisch! aber ich mache mir aus dem Kuhfleisch nicht viel, es ist mir nicht saftig genug. Ja, wer so ein junges Schwein hätte! das schmeckt anders, dabei noch die Würste." „Hört, Hans," sprach da der Metzger, „euch zu Liebe will ich tauschen und will euch das Schwein für die Kuh lassen." „Gott lohn euch eure Freundschaft" sprach Hans, übergab ihm die Kuh, ließ sich das Schweinchen vom Karren losmachen und den Strick, woran es gebunden war, in die Hand geben.

Hans zog weiter und überdachte wie ihm doch alles nach Wunsch gienge, begegnete ihm ja eine Verdrießlichkeit, so würde sie doch gleich wieder gut gemacht. Es gesellte sich danach ein Bursch zu ihm, der trug eine schöne weiße Gans unter dem Arm. Sie boten einander die Zeit, und Hans fieng an von seinem Glück zu erzählen und wie er immer so vortheilhaft getauscht hätte. Der Bursch erzählte ihm daß er die Gans zu einem Kindtaufschmaus brächte. „Hebt einmal," fuhr er fort, und packte sie bei den Flügeln, „wie schwer sie ist, die ist aber auch acht Wochen lang genudelt worden. Wer in den Braten beißt, muß sich das Fett von beiden Seiten abwischen." „Ja," sprach Hans, und wog sie mit der einen Hand, „die hat ihr Gewicht, aber mein Schwein ist auch keine Sau." Indessen sah sich der Bursch nach allen Seiten ganz bedenklich um, schüttelte auch wohl mit dem Kopf. „Hört," fieng er darauf an, „mit eurem Schweine mags nicht ganz richtig sein. In dem Dorfe, durch das ich gekommen bin, ist eben dem Schulzen eins aus dem Stall gestohlen worden. Ich fürchte, ich fürchte, ihr habts da in der Hand. Sie haben Leute ausgeschickt, und es wäre ein schlimmer Handel, wenn sie euch mit dem Schwein erwischten: das geringste ist, daß ihr ins finstere Loch gesteckt werdet." Dem guten Hans ward bang, „ach Gott," sprach er, „helft mir aus der Noth, ihr wißt hier herum bessern Bescheid, nehmt mein Schwein da und laßt mir eure Gans." „Ich muß schon etwas aufs Spiel setzen," antwortete der Bursche, „aber ich will doch nicht Schuld sein daß ihr ins Unglück gerathet." Er nahm also das Seil in die Hand und trieb das Schwein schnell auf einen Seitenweg fort: der gute Hans aber gieng, seiner Sorgen entledigt, mit der Gans unter dem Arme der Heimath zu. „Wenn ichs recht überlege," sprach er mit sich selbst, „habe ich noch Vortheil bei dem Tausch: erstlich den guten Braten, hernach die Menge von Fett, die herausträufeln wird, das gibt Gänsefettbrot auf ein Vierteljahr: und endlich die schönen weißen Federn, die laß ich mir in mein Kopfkissen stopfen, und darauf will ich wohl ungewiegt einschlafen. Was wird meine Mutter eine Freude haben!"

Als er durch das letzte Dorf gekommen war, stand da ein Scheerenschleifer mit seinem Karren, sein Rad schnurrte, und er sang dazu
„ich schleife die Scheere und drehe geschwind,
und hänge mein Mäntelchen nach dem Wind."
Hans blieb stehen und sah ihm zu; endlich redete er ihn an, und sprach „euch gehts wohl, weil ihr so lustig bei eurem Schleifen seid." „Ja," antwortete der Scheerenschleifer, „das Handwerk hat einen güldenen Boden. Ein rechter Schleifer ist ein Mann, der, so oft er in die Tasche greift, auch Geld darin findet. Aber wo habt ihr die schöne Gans gekauft?" „Die hab ich nicht gekauft, sondern für mein Schwein eingetauscht." „Und das Schwein?" „Das hab ich für eine Kuh gekriegt." „Und die Kuh?" „Die hab ich für ein Pferd bekommen." „Und das Pferd?" „Dafür hab ich einen Klumpen Gold, so groß als mein Kopf, gegeben." „Und das Gold?" „Ei, das war mein Lohn für sieben Jahre Dienst." „Ihr habt euch jederzeit zu helfen gewußt," sprach der Schleifer, „könnt ihrs nun dahin bringen, daß ihr das Geld in der Tasche springen hört, wenn ihr aufsteht, so habt ihr euer Glück gemacht." „Wie soll ich das anfangen?" sprach Hans „Ihr müßt ein Schleifer werden, wie ich; dazu gehört eigentlich

nichts, als ein Wetzstein, das andere findet sich schon von selbst. Da hab ich einen, der ist zwar ein wenig schadhaft, dafür sollt ihr mir aber auch weiter nichts als eure Gans geben; wollt ihr das?" „Wie könnt ihr noch fragen," antwortete Hans, „ich werde ja zum glücklichsten Menschen auf Erden; habe ich Geld, so oft ich in die Tasche greife, was brauche ich da länger zu sorgen?" reichte ihm die Gans hin, und nahm den Wetzstein in Empfang. „Nun," sprach der Schleifer, und hob einen gewöhnlichen schweren Feldstein, der neben ihm lag, auf, „da habt ihr noch einen tüchtigen Stein dazu, auf dem sichs gut schlagen läßt, und ihr eure alten Nägel gerade klopfen könnt. Nehmt hin und hebt ihn ordentlich auf."

Hans lud den Stein auf und gieng mit vergnügtem Herzen weiter; seine Augen leuchteten vor Freude, „ich muß in einer Glückshaut geboren sein," rief er aus, „alles was ich wünsche trifft mir ein, wie einem Sonntagskind." Indessen, weil er seit Tagesanbruch auf den Beinen gewesen war, begann er müde zu werden; auch plagte ihn der Hunger, da er allen Vorrath auf einmal in der Freude über die erhandelte Kuh aufgezehrt hatte. Er konnte endlich nur mit Mühe weiter gehen und mußte jeden Augenblick Halt machen; dabei drückten ihn die Steine ganz erbärmlich. Da konnte er sich des Gedankens nicht erwehren, wie gut es wäre, wenn er sie gerade jetzt nicht zu tragen brauchte. Wie eine Schnecke kam er zu einem Feldbrunnen geschlichen, wollte da ruhen und sich mit einem frischen Trunk laben: damit er aber die Steine im Niedersitzen nicht beschädigte, legte er sie bedächtig neben sich auf den Rand des Brunnens. Darauf setzte er sich nieder und wollte sich zum Trinken bücken, da versah ers, stieß ein klein wenig an, und beide Steine plumpten hinab. Hans, als er sie mit seinen Augen in die Tiefe hatte versinken sehen, sprang vor Freuden auf, kniete dann nieder und dankte Gott mit Thränen in den Augen daß er ihm auch diese Gnade noch erwiesen und ihn auf eine so gute Art und ohne daß er sich einen Vorwurf zu machen brauchte, von den schweren Steinen befreit hätte, die ihm allein noch hinderlich gewesen wären. „So glücklich wie ich," rief er aus, „gibt es keinen Menschen unter der Sonne." Mit leichtem Herzen und frei von aller Last sprang er nun fort, bis er daheim bei seiner Mutter war.

Ein Märchen ist etwas anderes

Zu allererst sei festzustellen, dass wir es bei HANS IM GLÜCK nicht mit einem Märchen zu tun haben. Das Ganze ist, wenn man es erzählforscherisch genau betrachtet, ein Schwank, eine lustige, volksnahe Erzählung. Dass es sich bei der Geschichte nicht um ein Zaubermärchen handelt, fällt natürlich auch schnell auf. Im ATU ist sie daher auch mit der Nummer 1415 entsprechend eingeordnet.

KHM 83 folgt aber auch sonst eher nicht der Regel, denn es stammt nicht aus mündlicher Überlieferung, sondern aus einer Veröffentlichung aus dem Jahr 1818, respektive aus der Zeitschrift *Wünschelruthe*. Das Göttinger Blatt konnte auf so namhafte Beiträger wie Clemens Brentano und Achim von Arnim stolz sein und war natürlich auch Jacob und Wilhelm Grimm wohlbekannt. Die Clique fand sich also auch unter dieser Flagge zusammen.

Dementsprechend ist HANS IM GLÜCK auch erst seit der zweiten Ausgabe von 1819 mit dabei, gehört aber inzwischen zu den bekannteren „Märchen" der Brüder Grimm.

Die Situation des Helden zu Beginn der Geschichte könnte ein Hinweis auf eine Anstellung als Knecht sein, der seinem Herrn sieben Jahre lang gedient hat. Wobei die Beschaffenheit des Metiers offenbleibt. Als Knecht hätte Hans in jedem Fall jedoch einen Platz recht weit unten in der Hierarchie und einen entsprechenden Bildungsgrad gehabt. Dem Protagonisten der Geschichte mangelt es allerdings nicht nur an Bildung, sondern auch an Lebenserfahrung. Hans ist die Naivität in Person, wenn man so will.

Interessant ist die Darstellung des „Fahrenden Volks", die in der Person des Scherenschleifers zum Ausdruck kommt. Der Beruf ist ein Reisegewerbe, der Scherenschleifer zieht mit seinem Karren und dem Wetzstein (z. B. einem runden Stein, der in ein Wasserbecken hineinragt und mit dem Fuß gekurbelt werden kann) von Dorf zu Dorf und bietet seine Dienste an. Manchmal hat er zur Belustigung der Umstehenden ein Äffchen dabei, daher der Ausdruck „wie ein Affe uf dem Schleifstein". Scherenschleifer galten als durchtrieben und an der Schwelle zu einem Tunichtgut, sie waren also – im Gegensatz zu den Handwerkern, die in Zünften organisiert waren – alles andere als angesehen. Der Satz

> „ich schleife die Scheere und drehe geschwind,
> und hänge mein Mäntelchen nach dem Wind."

spiegelt diesen Eindruck wider. Von einem windigen Scherenschleifer erwartet man durchaus, dass er den armen Hans übervorteilen möchte.

Der ehemalige Knecht Hans steht also am Ende der Geschichte nach sieben Jahren Dienstzeit mit leeren Händen bei seiner Mutter vor der Tür, man kann nur ahnen, welch ein Donnerwetter ihn erwartet.

Gut ist, wenn es dir gefällt

Bereits an anderer Stelle hatte ich ausgeführt, dass es nicht so ist, dass Reichtum Menschen glücklich macht. Vielmehr kann Reichtum einen Menschen auch belasten, auch wenn sich diejenigen, die keinen Reichtum haben, ebendies eher selten vorstellen können.[1] Deswegen soll dieser Aspekt hier nicht noch einmal beleuchtet werden. Stattdessen etwas, das von Seiten der katholischen Kirche als Sancta Simplicitas bezeichnet wurde, übersetzt heilige Einfachheit. Im Allgemeinen tendieren wir dazu, diese lateinische Phrase durch die deutsche Phrase „das Glück ist mit den Dummen" etwas knackiger zu umschreiben. Doch ist Hans wirklich dumm?

Auf den ersten Blick ja, da er immer weiter einen schlechten Tausch nach dem anderen macht, bis er am Ende ohne irgendetwas da steht, nachdem er zu Beginn einen kopfgroßen Goldklumpen gehabt hatte. Das hat fast schon etwas von der „Kaspar, das Krokodil!"-Szene aus dem Kinderpuppenspiel, wenn Hans auf eine neue Person trifft und wir schon ahnen, dass auch diese ihn übervorteilen wird. Doch ist diese Sicht nur dann zutreffend, wenn man davon ausgeht, dass Dinge einen objektiven Wert haben, den Hans ignoriert. Er folgt hingegen einem Ansatz, der sich weniger darum kümmert, welchen Wert die Mehrheit einer Sache zuschreiben würde und stattdessen fragt, welche persönliche Nützlichkeit eine Sache für ihn hat.

Die Zuschreibung als dumm oder naiv erfährt Hans nur, da für die Mehrheit der Zuhörer nicht vorstellbar ist, dass es eine andere Betrachtungsweise auf die Wertigkeiten gibt, als diejenige, die sie favorisieren. Man könnte aber auch ein anderes Bild von Hans zeichnen, als das eines naiven Tölpels, nämlich einer Person, die sich wenig von der Meinung anderer abhängig macht und viel mehr darauf gibt, wie sie persönlich eine Situation wahrnimmt, empfindet und bewertet. Aus dieser Perspektive betrachtet, ist Hans ein Held des Individualismus und des Unabhängigmachens von der Moral der herrschenden Klasse. Ja, die letzten Worte des vorhergehenden Satzes sind bewusst gewählt, da sie eine Deutung nahelegen, die Hans als eine Art kommunistisches Ideal skizzieren. Indem der Wert einer Sache nicht durch ihren monetären Wert definiert wird, sondern dadurch, welchen praktischen Nutzen er hat. Eleganter und deutlich weniger kommunistisch formulierte diesen Gedanken Oscar Wilde in dem Zitat: „Die Menschen kennen heute von allem den Preis, aber von wenig den Wert". Das

---

[1] Auch ich wäre bereit, die Erfahrung, dass übermäßiger Reichtum nicht glücklich macht, selbst zu machen.

Zusammenleben in einer kapitalistischen Gesellschaft[2] basiert darauf, dass Wertigkeiten von Gegenständen verhandelt werden. Selten wird uns dabei aber klar, dass die Zuordnung von Geldbetrag zu Objekt letztlich eine reine psychologische Aufladung ist und keinem objektiven Wert entspricht. Die mangelnde Bewusstheit für diesen künstlichen Zuordnungsakt führt dazu, dass einige Debatten so hart in unserer Gesellschaft geführt werden, wie sie geführt werden. Allen voran sehe ich dabei die Debatte um „faire Gehälter". Stundensätze sind letztlich rein sozial konstruierte Konstrukte, ohne objektivierbaren Gegenwert. Letztlich steht allein dahinter die Fähigkeit einen Käufer zu finden, der einem die Arbeitsstunde zu einem bestimmten Satz x Euro abkauft. Das wiederum ist aber natürlich davon abhängig, über welche finanziellen Ressourcen der Abnehmer der Arbeit verfügt. So kommt es, dass ich in meiner Haupttätigkeit als Psychologe schon mal dieselbe Beratung für einige wenige Euro pro Stunde bis hin zu hohen Eurobeträge die Stunde verkaufen kann. Ich bilde mir dabei nicht ein, dass die Beratung, die ich für sagen wir einmal 90 Euro die Stunde verkaufe qualitativ besser ist, als die, die ich für 20 Euro an einen gemeinnützigen Verein verkaufe oder aus unterschiedlichen Gründen Einzelpersonen umsonst zukommen lasse. Viele Selbstständige kennen dieses Problem. Die gewerkschaftliche Parole „Gleicher Lohn für gleiche Arbeit" ist deswegen für mich genau dies: eine Parole – nicht mehr und nicht weniger.

Aber noch etwas anderes fällt bei unserem Hans auf. Es ist die Fähigkeit rückblickend auch für ihn ungute Ereignisse sinnvoll in sein Leben zu integrieren und auch rückblickend eine positive Sicht auf das Erlebte zu kommunizieren. Ericson und auch aktuelle Altersforscher nennen dieses Phänomen Integration. Eine Person wird dann als altersweise und alterszufrieden erlebt, wenn sie eben jenes hinbekommt, nämlich all die Sachen, die ihr im Leben widerfahren sind mit einem positiven Sinn zu belegen. Und so kommt es, dass Menschen dazu in der Lage sind selbst schlimme Krankheiten oder Gewalterfahrungen im Rückblick auf ihr Leben irgendwie als sinnvoll und gut zu benennen. Diese Leistung von Hans ist ganz und gar nicht dumm oder naiv, sondern ein hochkomplexer kognitiver Vorgang, der viel mit Dissonanzreduktion und dem Finden vom Sinn im Leben zu tun hat. Und so schauen wir fast schon ein wenig neidisch auf unseren Hans im Glück, wenn er am Ende zwar mit leeren Händen, aber voll der Freude bei seiner Mutter ankommt.

---

[2] Damit wir uns nicht falsch verstehen, ich halte dies für die beste Möglichkeit in einer großen Gruppe Menschen zusammenzuleben.

21. Die Gänsemagd

Es lebte einmal eine alte Königin, der war ihr Gemahl schon lange Jahre gestorben, und sie hatte eine schöne Tochter. Wie die erwuchs, wurde sie weit über Feld an einen Königssohn versprochen. Als nun die Zeit kam, wo sie vermählt werden sollten und das Kind in das fremde Reich abreisen mußte, packte ihr die Alte gar viel köstliches Geräth und Geschmeide ein, Gold und Silber, Becher und Kleinode, kurz alles, was nur zu einem königlichen Brautschatz gehörte, denn sie hatte ihr Kind von Herzen lieb. Auch gab sie ihr eine Kammerjungfer bei, welche mitreiten und die Braut in die Hände des Bräutigams überliefern sollte, und jede bekam ein Pferd zur Reise, aber das Pferd der Königstochter hieß Falada und konnte sprechen. Wie nun die Abschiedsstunde da war, begab sich die alte Mutter in ihre Schlafkammer, nahm ein Messerlein und schnitt damit in ihre Finger, daß sie bluteten: darauf hielt sie ein weißes Läppchen unter und ließ drei Tropfen Blut hineinfallen, gab sie der Tochter und sprach „liebes Kind, verwahre sie wohl, sie werden dir unterweges Noth thun."

Also nahmen beide von einander betrübten Abschied: das Läppchen steckte die Königstochter in ihren Busen vor sich, setzte sich aufs Pferd und zog nun fort zu ihrem Bräutigam. Da sie eine Stunde geritten waren, empfand sie heißen Durst und sprach zu ihrer Kammerjungfer „steig ab, und schöpfe mir mit meinem Becher, den du für mich mitgenommen hast, Wasser aus dem Bache, ich möchte gern einmal trinken." „Wenn ihr Durst habt," sprach die Kammerjungfer, „so steigt selber ab, legt euch ans Wasser und trinkt, ich mag eure Magd nicht sein." Da stieg die Königstochter vor großem Durst herunter, neigte sich über das Wasser im Bach und trank, und durfte nicht aus dem goldnen Becher trinken. Da sprach sie „ach Gott!" da antworteten die drei Blutstropfen „wenn das deine Mutter wüßte, das Herz im Leibe thät ihr zerspringen." Aber die Königsbraut war demüthig, sagte nichts und stieg wieder zu Pferd. So ritten sie etliche Meilen weiter fort, aber der Tag war warm, die Sonne stach, und sie durstete bald von neuem. Da sie nun an einen Wasserfluß kamen, rief sie noch einmal ihrer Kammerjungfer „steig ab und gib mir aus meinem Goldbecher zu trinken," denn sie hatte aller bösen Worte längst vergessen.

Die Kammerjungfer sprach aber noch hochmüthiger, "wollt ihr trinken, so trinkt allein, ich mag nicht eure Magd sein." Da stieg die Königstochter hernieder vor großem Durst, legte sich über das fließende Wasser, weinte und sprach "ach Gott!" und die Blutstropfen antworteten wiederum "wenn das deine Mutter wüßte, das Herz im Leibe thät ihr zerspringen." Und wie sie so trank und sich recht überlehnte, fiel ihr das Läppchen, worin die drei Tropfen waren, aus dem Busen und floß mit dem Wasser fort ohne daß sie es in ihrer großen Angst merkte. Die Kammerjungfer hatte aber zugesehen und freute sich daß sie Gewalt über die Braut bekäme: denn damit, daß diese die Blutstropfen verloren hatte, war sie schwach und machtlos geworden. Als sie nun wieder auf ihr Pferd steigen wollte, das da hieß Falada, sagte die Kammerfrau "auf Falada gehör ich, und auf meinen Gaul gehörst du;" und das mußte sie sich gefallen lassen. Dann befahl ihr die Kammerfrau mit harten Worten die königlichen Kleider auszuziehen und ihre schlechten anzulegen, und endlich mußte sie sich unter freiem Himmel verschwören daß sie am königlichen Hof keinem Menschen etwas davon sprechen wollte; und wenn sie diesen Eid nicht abgelegt hätte, wäre sie auf der Stelle umgebracht worden. Aber Falada sah das alles an und nahms wohl in Acht.

Die Kammerfrau stieg nun auf Falada und die wahre Braut auf das schlechte Roß, und so zogen sie weiter, bis sie endlich in dem königlichen Schloß eintrafen. Da war große Freude über ihre Ankunft, und der Königssohn sprang ihnen entgegen, hob die Kammerfrau vom Pferde und meinte sie wäre seine Gemahlin: sie ward die Treppe hinaufgeführt, die wahre Königstochter aber mußte unten stehen bleiben. Da schaute der alte König am Fenster, und sah sie im Hof halten und sah wie sie fein war, zart und gar schön: gieng alsbald hin ins königliche Gemach und fragte die Braut nach der, die sie bei sich hätte und da unten im Hofe stände, und wer sie wäre? "Die hab ich mir unterwegs mitgenommen zur Gesellschaft; gebt der Magd was zu arbeiten, daß sie nicht müßig steht." Aber der alte König hatte keine Arbeit für sie und wußte nichts, als daß er sagte "da hab ich so einen kleinen Jungen, der hütet die Gänse, dem mag sie helfen." Der Junge hieß Kürdchen (Conrädchen), dem mußte die wahre Braut helfen Gänse hüten.

Bald aber sprach die falsche Braut zu dem jungen König "liebster Gemahl, ich bitte euch thut mir einen Gefallen." Er antwortete "das will ich gerne thun." "Nun so laßt den Schinder rufen und da dem Pferde, worauf ich hergeritten bin, den Hals abhauen, weil es mich unterweges geärgert hat." Eigentlich aber fürchtete sie daß das Pferd sprechen möchte wie sie mit der Königstochter umgegangen war. Nun war das so weit gerathen, daß es geschehen und der treue Falada sterben sollte, da kam es auch der rechten Königstochter zu Ohr, und sie versprach dem Schinder heimlich ein Stück Geld, das sie ihm bezahlen wollte, wenn er ihr einen kleinen Dienst erwiese. In der Stadt war ein großes finsteres Thor, wo sie Abends und Morgens mit den Gänsen durch mußte, "unter das finstere Thor möchte er dem Falada seinen Kopf hinnageln, *daß sie ihn doch noch mehr als einmal sehen könnte." Also versprach das der Schindersknecht zu thun, hieb den Kopf ab und nagelte ihn unter das finstere Thor fest.*

Des Morgens früh, da sie und Kürdchen unterm Thor hinaus trieben, sprach sie im Vorbeigehen

> *„o du Falada, da du hangest,"*

da antwortete der Kopf

> *„o du Jungfer Königin, da du gangest,*
> *wenn das deine Mutter wüßte,*
> *ihr Herz thät ihr zerspringen."*

Da zog sie still weiter zur Stadt hinaus, und sie trieben die Gänse aufs Feld. Und wenn sie auf der Wiese angekommen war, saß sie nieder und machte ihre Haare auf, die waren eitel Gold, und Kürdchen sah sie und freute sich wie sie glänzten, und wollte ihr ein paar ausraufen. Da sprach sie

> *„weh, weh, Windchen,*
> *nimm Kürdchen sein Hütchen,*
> *und laß'n sich mit jagen,*
> *bis ich mich geflochten und geschnatzt,*
> *und wieder aufgesatzt."*

Und da kam ein so starker Wind, daß er dem Kürdchen sein Hütchen weg wehte über alle Land, und es mußte ihm nachlaufen. Bis es wieder kam war sie mit dem Kämmen und Aufsetzen fertig, und er konnte keine Haare kriegen. Da war Kürdchen bös und sprach nicht mit ihr; und so hüteten sie die Gänse bis daß es Abend ward, dann giengen sie nach Haus.

Den andern Morgen, wie sie unter dem finstern Thor hinaus trieben, sprach die Jungfrau

> *„o du Falada, da du hangest,"*

Falada antwortete

> *„o du Jungfer Königin, da du gangest,*
> *wenn das deine Mutter wüßte,*
> *das Herz thät ihr zerspringen."*

Und in dem Feld setzte sie sich wieder auf die Wiese und fieng an ihr Haar auszukämmen, und Kürdchen lief und wollte danach greifen, da sprach sie schnell

> *"weh, weh, Windchen,*
> *nimm Kürdchen sein Hütchen,*
> *und laß'n sich mit jagen,*
> *bis ich mich geflochten und geschnatzt,*
> *und wieder aufgesatzt."*

Da wehte der Wind und wehte ihm das Hütchen vom Kopf weit weg, daß Kürdchen nachlaufen mußte; und als es wieder kam, hatte sie längst ihr Haar zurecht, und es konnte keins davon erwischen; und so hüteten sie die Gänse bis es Abend ward.

Abends aber, nachdem sie heim gekommen waren, gieng Kürdchen vor den alten König und sagte "mit dem Mädchen will ich nicht länger Gänse hüten." "Warum denn?" fragte der alte König. "Ei, das ärgert mich den ganzen Tag." Da befahl ihm der alte König zu erzählen wies ihm denn mit ihr gienge. Da sagte Kürdchen "Morgens, wenn wir unter dem finstern Thor mit der Heerde durchkommen, so ist da ein Gaulskopf an der Wand, zu dem redet sie

> *"Falada, da du hangest,"*

da antwortet der Kopf

> *"o du Königsjungfer, da du gangest,*
> *wenn das deine Mutter wüßte,*
> *das Herz thät ihr zerspringen."*

Und so erzählte Kürdchen weiter was auf der Gänsewiese geschähe, und wie es da dem Hut im Winde nachlaufen müßte.

Der alte König befahl ihm den nächsten Tag wieder hinaus zu treiben, und er selbst, wie es Morgen war, setzte sich hinter das finstere Thor und hörte da wie sie mit dem Haupt des Falada sprach: und dann gieng er ihr auch nach in das Feld und barg sich in einem Busch auf der Wiese. Da sah er nun bald mit seinen eigenen Augen wie die Gänsemagd und der Gänsejunge die Heerde getrieben brachte, und wie nach einer Weile sie sich setzte und ihre Haare losflocht, die strahlten von Glanz. Gleich sprach sie wieder

„weh, weh, Windchen,
faß Kürdchen sein Hütchen,
und laß'n sich mit jagen,
bis daß ich mich geflochten und geschnatzt,
und wieder aufgesatzt."

Da kam ein Windstoß und fuhr mit Kürdchens Hut weg, daß es weit zu laufen hatte, und die Magd kämmte und flocht ihre Locken still fort, welches der alte König alles beobachtete. Darauf gieng er unbemerkt zurück, und als Abends die Gänsemagd heim kam, rief er sie bei Seite, und fragte warum sie dem allem so thäte? „Das darf ich euch nicht sagen, und darf auch keinem Menschen mein Leid klagen, denn so hab ich mich unter freiem Himmel verschworen, weil ich sonst um mein Leben gekommen wäre." Er drang in sie und ließ ihr keinen Frieden, aber er konnte nichts aus ihr herausbringen. Da sprach er „wenn du mir nichts sagen willst, so klag dem Eisenofen da dein Leid," und gieng fort. Da kroch sie in den Eisenofen, fieng an zu jammern und zu weinen, schüttete ihr Herz aus und sprach „da sitze ich nun von aller Welt verlassen, und bin doch eine Königstochter, und eine falsche Kammerjungfer hat mich mit Gewalt dahin gebracht daß ich meine königlichen Kleider habe ablegen müssen, und hat meinen Platz bei meinem Bräutigam eingenommen, und ich muß als Gänsemagd gemeine Dienste thun. Wenn das meine Mutter wüßte, das Herz im Leib thät ihr zerspringen." Der alte König stand aber außen an der Ofenröhre, lauerte ihr zu und hörte was sie sprach. Da kam er wieder herein und hieß sie aus dem Ofen gehen. Da wurden ihr königliche Kleider angethan, und es schien ein Wunder wie sie so schön war. Der alte König rief seinen Sohn und offenbarte ihm daß er die falsche Braut hätte: die wäre bloß ein Kammermädchen, die wahre aber ständ hier, als die gewesene Gänsemagd. Der junge König war herzensfroh, als er ihre Schönheit und Tugend erblickte, und ein großes Mahl wurde angestellt, zu dem alle Leute und guten Freunde gebeten wurden. Obenan saß der Bräutigam, die Königstochter zur einen Seite und die Kammerjungfer zur andern, aber die Kammerjungfer war verblendet und erkannte jene nicht mehr in dem glänzenden Schmuck. Als sie nun gegessen und getrunken hatten, und gutes Muths waren, gab der alte König der Kammerfrau ein Räthsel auf, was eine solche werth wäre, die den Herrn so und so betrogen hätte, erzählte damit den ganzen Verlauf und fragte „welches Urtheils ist diese würdig?" Da sprach die falsche Braut „die ist nichts besseres werth, als daß sie splitternackt ausgezogen und in ein Faß gesteckt wird, das inwendig mit spitzen Nägeln beschlagen ist: und zwei weiße Pferde müssen vorgespannt werden, die sie Gasse auf Gasse ab zu Tode schleifen." „Das bist du," sprach der alte König, „und hast dein eigen Urtheil gefunden, und danach soll dir wiederfahren." Und als das Urtheil vollzogen war, vermählte sich der junge König mit seiner rechten Gemahlin, und beide beherrschten ihr Reich in Frieden und Seligkeit.

Germanische Pferdeköpfe, Blutmagie und Wetterzauber

*G*ermanische Pferdeköpfe, Blutmagie und Wetterzauber. Es ist schon klar, warum Jacob und Wilhelm Grimm so interessiert an der Erzählung aus Zwehrn waren. Die Nummer 89 der Kinder- und Hausmärchen findet sich in Band zwei der Großen Ausgabe und wurde somit 1815 veröffentlicht. Falada, das sprechende Pferd, ist ein übernatürlicher Helfer und damit steht das Märchen in der entsprechenden ATU-Gruppe (Nummer 533).

Sprechendes Blut gibt es auch in anderen Märchen, z. B. in *Der liebste Roland* und *Rotkäppchen* (jedenfalls in der französischen Variante). Magisches Blut, das im Sinne eines Sympathiezaubers (also einer magischen Handlung, die auf der äußerlichen Ähnlichkeit von Gegenständen beruht) gebraucht wird, ist als Motiv natürlich in SCHNEEWITTCHEN von zentraler Bedeutung.

Hier in diesem Fall ist das Blut jedoch eher auf die adelige Herkunft bezogen, deren Schutz die Prinzessin so lange genießt, bis sie das Tuch mit den Blutstropfen verliert. Sie ist allein in einem fremden Land, nur in Begleitung der missgünstigen Zofe und niemand ist da, der ihre Herkunft zu erkennen vermag. Nur so gelingt es der Magd, den Rollentausch zu vollziehen.

Eine der Hauptrollen wird in der düsteren Geschichte von einem (toten) Pferd übernommen, dessen Kopf über einem Tor angenagelt wird. Ein Umstand, der die Grimms – und vor allem Jacob – dazu veranlasst hat, sich in den Anmerkungen in die Religionspraxis vorchristlicher Zeit zu vertiefen. Es sei gängige Praxis bei den „alten Norden" gewesen, Pferdeköpfe auf Stangen zu stecken, um Feinde abzuhalten, schreibt Jacob Grimm und nennt den Historiker Publius Cornelius Tacitus (58-120 n. Chr.) als Quelle. Bei anderen Völkern, namentlich den Wenden (West- oder Elbslawen, die ab dem siebten Jahrhundert Teile Nord- und Ostdeutschlands besiedelten) hätten die Pferdeköpfe die Funktion gehabt, auch Seuchen abzuwehren.

Es liegt, wenn wir uns beim Thema Brauchtum der Germanen befinden, nahe, das Pferd symbolisch mit Wodan (südgermanisch) bzw. Odin (nordgermanisch) in Zusammenhang zu bringen. Einer der Begleiter des Gottes ist der achtbeinige Hengst Sleipnir, auf dessen Rücken er die Welt(en) erkundet.

Archäologische Funde zeigen, dass die Germanen mitunter Pferde zusammen mit Verstorbenen bestatteten. Pferdebestattungen sind beispielsweise aus Dänemark und Niedersachsen, dem Kanton Basel und den österreichischen Gebieten des Limes bekannt.

Im Jahr 2004 legte Verena Freiin von Babo an der Tierärztlichen Hochschule Hannover eine Dissertation vor, die sich mit den „Pferdebestattungen auf dem frühmittelalterlichen Gräberfeld Drantumer Mühle (Gemeinde Emstek, Kreis

Cloppenburg, Niedersachsen)" beschäftigt. Sie bringt die Bestattung von Pferden mit dem germanischen Jenseitsglauben in Verbindung, nach dem das Tier dem Toten nicht nur in der Nachwelt weiterhin zur Verfügung stehen, sondern ihn auch nach Walhall – der Götterhalle und Ruheort verstorbener Krieger – tragen sollte.

Im Volks- und Aberglauben ist das Pferd auch nach der Christianisierung noch tief verwurzelt. Es kann die Zukunft voraussagen und bringt Glück. Es ist verführerisch, im Giebelschmuck deutscher Bauernhäuser eine Fortsetzung genau dieser Vorstellung zu sehen, quasi eine vereinfachte und entschärfte Fassung der Pferdeköpfe auf dem Stecken. Das Problem ist allerdings, solche Vermutungen auch zu belegen. Die meisten Befunde, die man in diesem Zusammenhang wirklich nachprüfen kann, sind wesentlich jünger als sie sein müssten, um die These einer ungebrochenen Tradition zu stützen.

Es mutet etwas merkwürdig an, dass die Prinzessin als Gänsemagd selbst magische Fähigkeiten besitzt und das Wetter beeinflussen kann. Es gibt zahlreiche Sagen um sogenannte Wetterhexen, die Gewitter, Hagel und Sturm herbeirufen können, doch die Märchengestalt passt nicht so recht ins Bild. Es scheint eher so, als ob sie übernatürliche Hilfe der Elemente erhält, damit ihre Identität weiterhin verborgen bleibt.

Der Trick, mit dem es der alte König dem Mädchen ermöglicht, ihre Geschichte zu erzählen, deutet zum einen auf die Vorliebe von Volksmärchen für Metallisches hin, zeigt aber zum anderen vielleicht auch die Verwendung von Eisen als Abwehrmittel gegen Zauber und Übernatürliches, das den Bann des Eides brechen kann.

Die böse Zofe spricht am Ende ihr eigenes (grausames) Urteil, auch das ist sowohl in Märchen als auch im Volksglauben ein durchaus wiederkehrendes Motiv.

Können Pferde cheaten?

Starten wir mit einer Erkenntnis, die den einen oder anderen Leser vielleicht überraschen mag: Pferde können nicht sprechen. Dabei ist es irrelevant, ob der Kopf eines Pferdes an einem Pferd gewissermaßen fest montiert ist oder ob er nach dem Tod des Pferdes an ein Hoftor genagelt wird. Pferde können nicht sprechen. Sie können auch nicht erbrechen, umgangssprachlich kotzen, weswegen das Thema Ernährung und Magenprobleme von Pferden ein immer gern genommenes Dialogthema bei Pferdewirten ist[1]. Wieso spricht Falada also in diesem Märchen?

Die Antwort ist überraschend einfach: weil die Königstochter es nicht tut. Aus heutiger Sicht ist das Verhalten derselben nicht wirklich nachvollziehbar, denn der von ihr geschlossene Vertrag mit der Magd, denn dabei handelt es letztlich, rein rechtlich gesehen, hätte in unserer Gesellschaft keine Gültigkeit, da er gewissermaßen erzwungen wurde und mit der expliziten Drohung nach sonstiger Tötung herbeigeführt wurde. Dies war früher anders und Legionen von alten und enttäuschten Männern und Frauen, die treukonservative Parteien wählen, werden nicht müde zu betonen, dass es besser war, als ein Wort noch etwas galt. Es gibt sogar Menschen, die mich eben jenen Leuten zuordnen, weil für mich das Einhalten eines gegebenen Wortes ein hohes Gut ist. Zu welchen bizarren Situationen es aber führen kann, wenn ein gegebenes Wort zu halten ist, gleich unter welchen Bedingungen es gegeben wurde, sehen wir im hier gegenständlichen Märchen. Die Königstochter erleidet jede Menge Unrecht, bis der König schließlich einen kreativen Weg findet, das gegebene Versprechen zu umgehen. Letztlich tut er etwas, was in der Gamer-Sprache „Cheaten" weniger wohlklingend einfach „Betrügen" genannt wird[2]. Deswegen gehen wir zurecht heute davon aus, dass eine Willenserklärung oder ein Vertrag nur dann einzuhalten sind, wenn er nicht sittenwidrig ist und auch nicht unter Ausnutzung einer Notsituation geschlossen wurde. Und das ist gut so!

Wem diese Deutung des Märchens bisher deutlich zu politisch und juristisch war, dem tue ich nun den Gefallen, auf einen anderen Aspekt des Märchens abzuzielen, nämlich auf die drei Tropfen Blut. Blut ist ein ganz besonderer Saft

---

[1] Und ich spreche hier aus eigener leidvoller Erfahrung eines fast einstündigen Monologs zu dem Thema, der mir zuteil wurde, als ich auf die Floskel mit den erbrechenden Pferde vor Arzneimittelfachgeschäften unvorsichtigerweise in Anwesenheit eines Pferdewirtes hantierte.

[2] Juristen würden hier von einer kreativen Auslegung eines Vertrages sprechen – ebensolche Gedanken kenne ich von orthodoxen Juden, die alle möglichen Tricks bemühen, um die Shabbatruhe zwar nicht zu brechen, trotzdem aber nicht auf ihr warm zubereitetes Essen verzichten zu müssen.

– schon seit früher Zeit haben Menschen erkannt, dass in dieser Flüssigkeit irgendetwas sein muss, dass den Menschen befähigt zu leben. Sehr spät erst haben wir verstanden, dass nicht das Blut im eigentlichen Sinne, sondern die Desoxyribonukleinsäure, kurz: DNS, dasjenige ist, was einen Menschen von seinen Eltern vererbt wird und diese mit ihnen rein biologisch verbindet. Die Bedeutung des Blutes wird durch die Entdeckung der DNS aber natürlich nicht geschmälert. Ebenso wie die triviale Weisheit gilt, dass abgeschlagene Pferdeköpfe nicht sprechen können gilt ebenso, dass der Mensch ohne Blut nicht leben kann. Diese bereits historisch verankerte Bedeutung des Blutes finden wir in vielen magischen Vorstellungen konserviert. So auch die Vorstellung, dass Magie besonders erfolgreich zu sein verspricht, wenn sie im Zusammenhang mit Blut steht. Insofern haben wir es im vorliegenden Märchen mit einer Variante blutmagischer Vorstellungen zu tun, die aber in einen deutlich harmloseren Rahmen gebettet werden.

Wer noch etwas religiös erbauliches aus diesem Märchen mitnehmen möchte, der findet ganz zu Ende des Märchens eine weitere Variante der goldenen Regel des Neuen Testamentes vor sich, die ein gewisser Zimmermannssohn schön mit den Worten, „was du nicht willst, was man dir tu, das füg' auch keinem ander'n zu" umschrieben hat[3]. Die Magd erleidet schließlich genau das Schicksal, das sie einer anderen Person zugedacht hatte, eine implizite Message, die dazu ermutigt, generös und verzeihend seinem Gegenüber aufzutreten. Ob diese zeitlose Erkenntnis aber tatsächlich eines sprechenden, abgehackten Pferdekopfes bedurft hätte, kann bezweifelt werden.

---

[3] Es gibt eine deutlich komplexer klingende Version von Imanuel Kant, die ich mich aber weigere zu zitieren, da sie weder griffig noch gut geschrieben ist.

22. Die zertanzten Schuhe

Es war einmal ein König, der hatte zwölf Töchter, eine immer schöner als die andere. Sie schliefen zusammen in einem Saal, wo ihre Betten neben einander standen, und Abends, wenn sie darin lagen, schloß der König die Thür zu und verriegelte sie. Wenn er aber am Morgen die Thüre aufschloß, so sah er daß ihre Schuhe zertanzt waren, und niemand konnte herausbringen wie das zugegangen war. Da ließ der König ausrufen wers könnte ausfindig machen, wo sie in der Nacht tanzten, der sollte sich eine davon zur Frau wählen und nach seinem Tod König sein: wer sich aber meldete und es nach drei Tagen und Nächten nicht heraus brächte, der hätte sein Leben verwirkt. Nicht lange, so meldete sich ein Königssohn und erbot sich das Wagnis zu unternehmen. Er ward wohl aufgenommen, und Abends in ein Zimmer geführt, das an den Schlafsaal stieß. Sein Bett war da aufgeschlagen und er sollte Acht haben wo sie hingiengen und tanzten; und damit sie nichts heimlich treiben konnten oder zu einem andern Ort hinaus giengen, war auch die Saalthüre offen gelassen. Dem Königssohn fiels aber wie Blei auf die Augen und er schlief ein, und als er am Morgen aufwachte waren alle zwölfe zum Tanz gewesen, denn ihre Schuhe standen da und hatten Löcher in den Sohlen. Den zweiten und dritten Abend giengs nicht anders, und da ward ihm sein Haupt ohne Barmherzigkeit abgeschlagen. Es kamen hernach noch viele und meldeten sich zu dem Wagestück, sie mußten aber alle ihr Leben lassen.

Nun trugs sichs zu, daß ein armer Soldat, der eine Wunde hatte und nicht mehr dienen konnte, sich auf dem Weg nach der Stadt befand, wo der König wohnte. Da begegnete ihm eine alte Frau, die fragte ihn wo er hin wollte. „Ich weiß selber nicht recht," sprach er, und setzte im Scherz hinzu „ich hätte wohl Lust ausfindig zu machen wo die Königstöchter ihre Schuhe vertanzen, und darnach König zu werden." „Das ist so schwer nicht," sagte die Alte, „du mußt den Wein nicht trinken, der dir Abends gebracht wird, und mußt thun als wärst du fest eingeschlafen." Darauf gab sie ihm ein Mäntelchen und sprach „wenn du das umhängst, so bist du unsichtbar und kannst den zwölfen dann nachschleichen." Wie der Soldat den guten Rath bekommen hatte, wards Ernst bei ihm, so daß er ein Herz faßte, vor den

König gieng und sich als Freier meldete. Er ward so gut aufgenommen wie die andern auch, und wurden ihm königliche Kleider angethan. Abends zur Schlafenszeit ward er in das Vorzimmer geführt, und als er zu Bette gehen wollte, kam die älteste und brachte ihm einen Becher Wein: aber er hatte sich einen Schwamm unter das Kinn gebunden, ließ den Wein da hineinlaufen, und trank keinen Tropfen. Dann legte er sich nieder, und als er ein Weilchen gelegen hatte, fieng er an zu schnarchen wie im tiefsten Schlaf. Das hörten die zwölf Königstöchter, lachten, und die älteste sprach „der hätte auch sein Leben sparen können." Danach standen sie auf, öffneten Schränke, Kisten und Kasten, und holten prächtige Kleider heraus: putzten sich vor den Spiegeln, sprangen herum und freuten sich auf den Tanz. Nur die jüngste sagte „ich weiß nicht, ihr freut euch, aber mir ist so wunderlich zu Muthe: gewiß widerfährt uns ein Unglück." „Du bist eine Schneegans," sagte die älteste, „die sich immer fürchtet. Hast du vergessen wie viel Königssöhne schon umsonst dagewesen sind? dem Soldaten hätt ich nicht einmal brauchen einen Schlaftrunk zu geben, der Lümmel wäre doch nicht aufgewacht."

Wie sie alle fertig waren, sahen sie erst nach dem Soldaten, aber der hatte die Augen zugethan, rührte und regte sich nicht, und sie glaubten nun ganz sicher zu sein. Da gieng die älteste an ihr Bett und klopfte daran: alsbald sank es in die Erde, und sie stiegen durch die Öffnung hinab, eine nach der andern, die älteste voran. Der Soldat, der alles mit angesehen hatte, zauderte nicht lange, hieng sein Mäntelchen um und stieg hinter der jüngsten mit hinab. Mitten auf der Treppe trat er ihr ein wenig aufs Kleid, da erschrack sie und rief „was ist das? wer hält mich am Kleid?" „Sei nicht so einfältig," sagte die älteste, „du bist an einem Haken hängen geblieben." Da giengen sie vollends hinab, und wie sie unten waren, standen sie in einem wunderprächtigen Baumgang, da waren alle Blätter von Silber, und schimmerten und glänzten. Der Soldat dachte „du willst dir ein Wahrzeichen mitnehmen," und brach einen Zweig davon ab: da fuhr ein gewaltiger Krach aus dem Baume. Die jüngste rief wieder „es ist nicht richtig, habt ihr den Knall gehört?" Die älteste aber sprach „das sind Freudenschüsse, weil wir unsere Prinzen bald erlöst haben." Sie kamen darauf in einen Baumgang, wo alle Blätter von Gold, und endlich in einen dritten, wo sie klarer Demant waren: von beiden brach er einen Zweig ab, wobei es jedesmal krachte, daß die jüngste vor Schrecken zusammenfuhr: aber die älteste blieb dabei, es wären Freudenschüsse. Sie giengen weiter und kamen zu einem großen Wasser, darauf standen zwölf Schifflein, und in jedem Schifflein saß ein schöner Prinz, die hatten auf die zwölfe gewartet, und jeder nahm eine zu sich, der Soldat aber setzte sich mit der jüngsten ein. Da sprach der Prinz „ich weiß nicht das Schiff ist heute viel schwerer und ich muß aus allen Kräften rudern, wenn ich es fortbringen soll." „Wovon sollte das kommen," sprach die jüngste, „als vom warmen Wetter, es ist mir auch so heiß zu Muth." Jenseits des Wassers aber stand ein schönes hellerleuchtetes Schloß, woraus eine lustige Musik erschallte von Pauken und Trompeten. Sie ruderten hinüber, traten ein, und jeder Prinz tanzte mit seiner Liebsten; der Soldat tanzte aber unsichtbar mit, und wenn eine einen Becher mit Wein hielt, so trank er ihn aus, daß er leer war, wenn sie ihn an den Mund brachte; und der jüngsten ward auch angst darüber, aber die älteste brachte sie immer zum Schweigen. Sie tanzten da bis drei Uhr am andern Morgen, wo alle Schuhe durchgetanzt waren und sie aufhören mußten. Die Prinzen fuhren sie über das Wasser wieder zurück, und der Soldat setzte sich diesmal vornen hin zur ältesten. Am Ufer nahmen sie von ihren Prinzen Abschied und versprachen in der folgenden Nacht wieder zu kommen. Als sie an der Treppe waren, lief der Soldat voraus und legte sich in sein Bett, und als die Zwölf langsam und müde herauf getrippelt kamen, schnarchte er schon wieder so laut, daß sies alle hören konnten, und sie sprachen „vor dem sind wir sicher." Da thaten sie ihre schönen Kleider aus, brachten sie weg, stellten die zertanzten Schuhe unter das Bett und legten sich nieder.

Am andern Morgen wollte der Soldat nichts sagen, sondern das wunderliche Wesen noch mit ansehen, und gieng die zweite und die dritte Nacht wieder mit. Da war alles wie das erstemal, und sie tanzten jedesmal bis die Schuhe entzwei waren. Das drittemal aber nahm er zum Wahrzeichen einen Becher mit. Als die Stunde gekommen war, wo er antworten sollte, steckte er die drei Zweige und den Becher zu sich und gieng vor den König, die Zwölfe aber standen hinter der Thüre und horchten was er sagen würde. Als der König die Frage that „wo haben meine zwölf Töchter ihre Schuhe in der Nacht vertanzt?" so antwortete er „mit zwölf Prinzen in einem unterirdischen Schloß," berichtete wie es zugegangen war, und holte die Wahrzeichen hervor. Da ließ der König seine Töchter kommen und fragte sie ob der Soldat die Wahrheit gesagt hätte, und da sie sahen daß sie verrathen waren und Läugnen nichts half, so mußten sie alles eingestehen. Darauf fragte ihn der König welche er zur Frau haben wollte. Er antwortete „ich bin nicht mehr jung, so gebt mir die älteste." Da ward noch an selbigem Tage die Hochzeit gehalten und ihm das Reich nach des Königs Tode versprochen. Aber die Prinzen wurden auf so viel Tage wieder verwünscht, als sie Nächte mit den Zwölfen getanzt hatten.

Toll treiben es die Prinzessinnen

Toll treiben es die Prinzessinnen, wenn der königliche Herr Papa nicht aufpasst. Es ist sicher auch für einen Herrscher nicht immer leicht, sich von seinen Töchtern nicht auf der Nase herumtanzen zu lassen. Wie auch immer, in diesem Märchen hier, das 1815 im zweiten Band der KHM erschienen ist und die Nummer 133 trägt, braucht der Vater Verstärkung. Das Ganze läuft im Aarne-Thompson-Uther-Index unter der Fahne „Übernatürliche Gegenspieler" (Nummer 306), wobei diese Einordnung sich auf das Verhältnis zwischen dem Helden, dem alten Soldaten, und den verzauberten Prinzen beziehen muss.

Eigentlich ist der Ausgang dieses Märchens, das wohl von Jenny von Droste zu Hülshoff stammt, nicht wirklich ein Happy-End. Es hätte so schön gepasst, wenn die zwölf Prinzessinnen weiter die Nächte durchtanzten und damit ihre verwunschenen Prinzen erlöst hätten. Die Zahl zwölf könnte man hier als Symbol für Vollkommenheit deuten. Diese Vollkommenheit wird durch den Soldaten gestört, ähnlich der Fee Nummer dreizehn in Dornröschen.

Es gibt allerdings auch eine Variante, in der eine Prinzessin zwölf Paar Schuhe durchtanzt. Ein Schuster mit zwölf Gesellen muss immer neue Schuhe anfertigen, der jüngste Geselle will herausfinden, was es mit der Sache auf sich hat. Doch auch hier kommen in der Nacht elf weitere Damen hinzu und es geht auf zum Tanz. Wenigstens bekommt der junge Schustergesell am Ende die jüngste, erste Prinzessin, die sich offenbar in ihn verliebt hat.

Die Grimms erwähnen in ihren Anmerkungen, dass in einer Variante aus dem „Paderbörnischen" das Motiv des unsichtbar machenden Mantels fehlt. Und genau dieses ist besonders interessant, weil es ein Gegenstand ist, der bereits im *Nibelungenlied* vorkommt. Siegfried nimmt dem Zwergenkönig Alberich die Tarnkappe ab (das Wort „Kappe" kommt eigentlich vom althochdeutschen „kappa" und meint einen Mantel mit Kapuze) und gewinnt so den Kampf, die Treue der Nibelungen und deren Schatz.

Wen Vater hasst, den liebe ich

*I*ch verstehe dieses Märchen nicht. Wo ist denn das Problem? Prinzen tanzen mit Prinzessinnen, aber das heimlich, so dass der Vater das Ganze nicht mitbekommt. Sie stehlen sich hierfür nachts weg. Okay, dies ist sicherlich ein Verhalten, was kein Vater gut findet und aus heutiger Sicht könnte man daraus die Geschichte machen, dass es Vätern schwer fällt zu akzeptieren, wenn aus ihren kleinen Mädchen Frauen werden, die sich für Jungs interessieren. Dahinter steht aber ein Konzept von Kindheit, das es in dieser Form wohl erst seit der Industrialisierung gibt. Auch wenn wir heute so tun, als sei Kindheit eine psychologisch-pädagogische Selbstverständlichkeit, quasi naturgegeben, gab es vor gar nicht allzu langer Zeit und auch heute noch in eher ländlichen Gebieten Deutschlands[1] durchaus Gesellschaftsbereiche, in denen Kinder schon sehr früh mit Erwachsenenaufgaben bedacht und als solche behandelt werden. Insofern kann der zentrale Konflikt in diesem Märchen nicht durch die Weigerung des Vaters beschrieben werden, zu akzeptieren, dass seine Töchter erwachsen werden. Wodurch denn dann?

Vielleicht dadurch, dass die Töchter sich selbst ihre Tanzpartner suchen und nicht, wie es sich für Prinzessinnen gehört, mit vom Vater ausgesuchten Männern vermählen lassen. Hört sich gut an, betrifft die Frage von Autorität in der Erziehung, greift nur leider bei diesem Märchen zu kurz, da die Töchter den Vater gar nicht erst mit den Prinzen konfrontieren, sondern aus irgendeinem Grunde von vornherein davon ausgehen, dass der Vater hiermit unzufrieden sein würde. Es muss also etwas geben in der Beschreibung, das uns einen Hinweis darauf liefert, was eigentlich an diesen zwölf Prinzen so abstoßend ist. An dieser Stelle möchte ich zu meinem Lieblingsmärchen zurückkommen[2]. Auch bei Rumpelstilzchen weisen, wie gesagt, viele Autoren darauf hin, dass es sich hierbei letztlich um den Konflikt zwischen zwei Bevölkerungsschichten handeln könnte, im Falle des kleinen Männleins, das Stroh zu Gold spinnen kann, um eine vorchristliche Gesellschaft, die auf eine christianisierte trifft. Möglicherweise erleben wir hier einen ähnlichen Kontakt, zwischen zwei sehr unterschiedlichen Bevölkerungsgruppen, ohne dass wir jedoch genau erfahren, was diese Unterschiedlichkeit genau begründet. Der einzige Hinweis ist der Weg, den die zwölf Schwestern auf sich nehmen müssen, nämlich zunächst nach unten in die Erde fahrend und dann

---

[1] Ich werde hier nicht meine Sauerlandklischees, ich werde hier nicht meine Sauerlandklischees, ich werde hier nicht meine Sauerlandklischees ausrollen...
[2] Wenn Sie dieses Buch von vorne nach hinten linear durchgelesen haben, wird Ihnen bekannt sein, worum es sich hierbei handelt, wenn nicht empfehle ich Ihnen schlicht das Lesen des nächsten Satzes.

durch einen Baumgang und über ein großes Wasser. Die Tatsache, dass die Bäume gleichsam zu schreien seinen, als ihnen Zweige abgerissen werden, lassen an germanische Traditionen denken, die animistische Religionen pflegten, sprich solche, die die Beseeltheit von unbeseelten Gegenständen postulieren. Bekannt ist dabei zum Beispiel das Motiv der Donnereiche, einer Eiche, die stellvertretend für den Gott Donner angesehen wurde und der dieselben Attribute, wie dem Gott, zugeschrieben wurden. Ich gebe zu, dies ist eine auf den ersten Blick weit hergeholte Deutung, doch glaube ich, dass tatsächlich in der Entfernung zwischen den Königstöchtern und den zwölf Prinzen und der Beschreibung derselben der Schlüssel zum Verstehen des Missfallens des Königs liegt. Vielleicht geht es hier auch gar nicht um einen im Kern religiösen Konflikt, sondern um Xenophobie, die dem Menschen von Geburt an gegebene Furcht vor allem Fremden.

Es wäre nicht überraschend und aus unserer Sicht auch nicht unzeitgemäß, wenn ein Vater Sorge bekommt, weil seine Töchter sich mit Männern umgeben, deren Herkunftskultur er weder kennt, noch gutheißt. Dass solche Beziehungen dann oft im Verborgenen ablaufen ist ebenso zeitlos, wie der Umstand, dass gerade aus dem Verbot dieser Beziehung ein gewisser Reiz und eine Verbindung innerhalb eines Paares entstehen kann – Sozialpsychologen nennen so was tatsächlich den Romeo-und-Julia-Effekt.

So richtig überzeugt mich meine Deutung aber trotzdem nicht und ich habe das Gefühl, dass mir irgendein Detail, irgendeine Deutungsebene dieses Märchens entgangen ist und hoffe, dass der Leser nun mit einem seligen Grinsen dasitzt, weil Alexa in ihrem Teil bereits erklärt hat, was ich irgendwie nicht zu erfassen in der Lage bin.

23. Die Sternthaler

Es war einmal ein kleines Mädchen, dem war Vater und Mutter gestorben, und es war so arm, daß es kein Kämmerchen mehr hatte darin zu wohnen und kein Bettchen mehr darin zu schlafen und endlich gar nichts mehr als die Kleider auf dem Leib und ein Stückchen Brot in der Hand, das ihm ein mitleidiges Herz geschenkt hatte. Es war aber gut und fromm. Und weil es so von aller Welt verlassen war, gieng es im Vertrauen auf den lieben Gott hinaus ins Feld. Da begegnete ihm ein armer Mann, der sprach „ach, gib mir etwas zu essen, ich bin so hungerig." Es reichte ihm das ganze Stückchen Brot und sagte „Gott segne dirs" und gieng weiter. Da kam ein Kind das jammerte und sprach „es friert mich so an meinem Kopfe, schenk mir etwas, womit ich ihn bedecken kann." Da that es seine Mütze ab und gab sie ihm. Und als es noch eine Weile gegangen war, kam wieder ein Kind und hatte kein Leibchen an und fror: da gab es ihm seins: und noch weiter, da bat eins um ein Röcklein, das gab es auch von sich hin. Endlich gelangte es in einen Wald, und es war schon dunkel geworden, da kam noch eins und bat um ein Hemdlein, und das fromme Mädchen dachte „es ist dunkle Nacht, da sieht dich niemand du kannst wohl dein Hemd weg geben," und zog das Hemd ab und gab es auch noch hin. Und wie es so stand und gar nichts mehr hatte, fielen auf einmal die Sterne vom Himmel, und waren lauter harte blanke Thaler: und ob es gleich sein Hemdlein weg gegeben, so hatte es ein neues an und das war vom allerfeinsten Linnen. Da sammelte es sich die Thaler hinein und war reich für sein Lebtag.

Aus dunkler Erinnerung

*D*as Märchen DIE STERNTHALER ist ab 1819, der zweiten Ausgabe also, als Nummer 153 in den KHM enthalten. Es gehört zu den legendenartigen Märchen und ist auch entsprechend mit der Nummer 779 in den ATU eingeordnet.

Obwohl es viele Züge aufweist, die typisch für den Stil eines Volksmärchens sind, die starke Vereinfachung der Beschreibung, das mehrstufige Fortschreiten der Handlung und eine versponnene, fast traumartige Atmosphäre, ist die Herkunft der kurzen Erzählung unklar. In den Anmerkungen der Grimms heißt es, sie hätten es aus „dunkler Erinnerung" aufgeschrieben. Das Motiv eines Mädchens, das kaum mehr etwas auf der Welt besitzt, aber „so oft ein Stern sich putzte, unten einen hübschen Taler fand", hat es schon in die kleine Sammlung geschafft, die 1810 an von Arnim ging.

Achim von Arnim ist es auch, der es in seiner Novelle *Die drei liebreichen Schwestern und der glückliche Färber,* die 1812 erschien, verwand. Die schöne Lene möchte den Lehrling eines Färbers heiraten, der sich jedoch durch eine Intrige eines Rivalen vertreiben lässt. Sie gibt ihm, als er den Meister verlassen muss einhundert „Harzgulden" mit (Silbermünzen, die auch Andreastaler genannt werden, da sie mit dem Bild des Hl. Andreas am Kreuz geprägt wurden). Sie behauptet, als er sie nicht annehmen möchte, sie seien ihr in einer Nacht in einem dunklen Wald in den Schoß gefallen.

Auch Jean Paul (1763-1825) erwähnt das Märchen, wenn es denn eines ist, im siebzehnten Sektor seines 1793 erschienenen Romans *Die unsichtbare Loge.* Dort heißt es:

> Ein elendes blutjunges Mädchen – Kinder wollen in der Geschichte am liebsten Kinder – malte er vor, eines ohne Abendbrot, ohne Eltern, ohne Bett, ohne Haube und ohne Sünden, das aber, wenn ein Stern sich putzte und herunterfuhr, unten einen hübschen Taler fand, auf dem ein silberner Engel aufgesetzt war, welcher Engel immer glänzender und breiter wurde, bis er gar die Flügel aufmachte und vom Taler aufflog gen Himmel und dann der Kleinen droben aus den vielen Sternen alles holte, was sie nur haben wollte, und zwar herrliche Sachen, worauf der Engel sich wieder auf das Silber setzte und sehr nett da sich zusammenschmiegte.

Im Motiv der Sternthaler steckt nicht zuletzt ein Hinweis auf einen ganz besonderen Reichtum, der vom Himmel fällt. Die Rede ist von Meteoriten und hier besonders den Eisenmeteoriten, die den Menschen ein seltenes Material lieferten, das schon vor der eigentlichen Eisenzeit verarbeitet wurde.

Psychologen wissen nichts von Liebe!

Vielleicht mehr als jedes andere Märchen erklärt die Sternthaler, was aus Sicht der einfachen Menschen ein gottgefälliges Leben ausmacht, nämlich die Bereitschaft bedingungslos denjenigen etwas zu geben, die selbst nichts haben, aber brauchen. Diese zutiefst christliche Haltung, die wir in der Bibel schon bei Jesus sehen, und dessen theologische Implikationen im Streit zwischen den großen Mönchsorden gipfelte, die Umberto Ecco so wunderbar in *Der Name der Rose* beschreibt, wurde leider durch die Kirchenfürsten absolut konterkariert und erscheint uns nicht vereinbar mit den großen Mengen an Reichtümern, die insbesondere die katholische Kirche angehäuft und in ihren Prunkbauten für die Ewigkeit sich hat manifestieren lassen.

Und wieder bin ich aus meinem eigentlichen Kernkompetenzbereich, der Psychologie, abgeschweift in andere Bereiche, diesmal die Theologie und die Religionsgeschichte. Die dargestellte Selbstlosigkeit beim Geben konkurriert mit Erkenntnis aus dem Bereich der sogenannten „Equity-Theorie", die versucht zu beschreiben, wann man in einer Liebesbeziehung Zufriedenheit erlangen wird. Mit eben jener Frage beschäftigen sich unterschiedliche Theorien der Sozialpsychologie. Eine davon, die Attributionstheorie erklärt zum Beispiel, dass Beziehungen dann langfristig erfolgreich zu sein versprechen, wenn beide Partner sich auf von ihnen als relevant erlebten Merkmalen ähneln oder sogar gleichen.

Bei der Equity-Theorie geht es aber um die Frage, wie das Verhältnis von Geben und Nehmen in einer Beziehung sein muss, damit beide Partner sich wohlfühlen. In der Forschung stellte sich dabei heraus, dass im Mittel am belastbarsten diejenigen Beziehungen sind, in denen beide Partner das Gefühl haben, etwa genau soviel zu geben, wie sie aus der Beziehung ziehen können. Dabei gibt es nur ein Problem, nämlich dass es ebenso Befunde gibt, die zeigen, dass wenn die beiden Einzelpersonen einer Paarbeziehung gefragt werden, wie groß ihr Anteil (von 100%) am Gelingen einer Beziehung ist, beide im Durchschnitt mehr als 50% angeben, und somit beide immer das Gefühl haben müssen, etwas mehr zu geben, als sie herausbekommen. Wozu wiederum der Evolutionspsychologe sagt, dass genau dies sinnvoll ist, da eine Bindung dann am stärksten ist, wenn man das Gefühl hat, stark in diese investiert zu haben. Wie unmittelbar ersichtlich ist, können die beiden letzteren Theorien nicht miteinander in Einklang gebracht werden.

Ein gänzlich anderes Bild von Liebe und Vertrauen vermittelt DIE STERNTHALER und das nicht nur gegenüber einer konkreten Person, sondern aus einem Pflichtgefühl heraus, schlicht helfen zu müssen und das Gute tun zu müssen, ohne zu fragen, ob es eine Gegenleistung hierfür geben wird. Diese Sichtweise ist uns, zumal in diesem Ausmaß, fremd, da Kernziel individualistischer Gesellschaften, wie der unseren gemäß der Bedürfnishierarchie von Abraham Maslow, die Selbstverwirklichung ist, zu der so gar nicht das Handeln der Sternthaler zu passen scheint.

In seinen Büchern zur Evolution und in Teilen auch zur Evolutionspsychologie versucht der britische Biologe Richard Dawkins nachzuweisen, dass jedes altruistische Verhalten letztlich im Kern eine egoistische Motivation hat. Die meisten Psychologen, mich eingeschlossen, würden Dawkins dabei beipflichten, hätten aber ein großes Problem ihre These am Beispiel dieses konkreten Märchens aufrecht zu erhalten. Insofern hat die Sternthaler etwas übermenschliches, fast schon engelgleiches, in der Güte ihres Handelns.

Und wahrscheinlich ist dieses Märchen genau so zu verstehen, nämlich weniger als ein Bericht, der wahre Erlebnisse verklausuliert beschreibt, wie wir dies bei vielen anderen Märchen gesehen haben, sondern vielmehr als Beispiel dafür, wie ein gelebtes Ideal aussehen könnte. Dabei wollen wir uns gar nicht im Detail vergegenwärtigen, dass „der Lohn", den die Sternthaler am Ende des Märchens erhält, den meisten anderen Personen, die in Armut aufwachsen und trotzdem zu teilen bereit sind, zumindest in dieser Welt, vorenthalten wird.

Manchmal wünschte man sich eben doch, dass das ein oder andere in der Realität so enden würde, wie im Märchen.

24. Schneeweißchen und Rosenroth

Eine arme Wittwe, die lebte einsam in einem Hüttchen, und vor dem Hüttchen war ein Garten, darin standen zwei Rosenbäumchen, davon trug das eine weiße, das andere rothe Rosen: und sie hatte zwei Kinder, die glichen den beiden Rosenbäumchen, und das eine hieß Schneeweißchen, das andere Rosenroth. Sie waren aber so fromm und gut, so arbeitsam und unverdrossen, als je zwei Kinder auf der Welt gewesen sind: Schneeweißchen war nur stiller und sanfter als Rosenroth. Rosenroth sprang lieber in den Wiesen und Feldern umher, suchte Blumen und fieng Sommervögel: Schneeweißchen aber saß daheim bei der Mutter, half ihr im Hauswesen, oder las ihr vor, wenn nichts zu thun war. Die beiden Kinder hatten einander so lieb, daß sie sich immer an den Händen faßten, so oft sie zusammen ausgiengen: und wenn Schneeweißchen sagte „wir wollen uns nicht verlassen," so antwortete Rosenroth „so lange wir leben nicht," und die Mutter setzte hinzu „was das eine hat solls mit dem andern theilen." Oft liefen sie im Walde allein umher und sammelten rothe Beeren, aber kein Thier that ihnen etwas zu leid, sondern sie kamen vertraulich herbei: das Häschen fraß ein Kohlblatt aus ihren Händen, das Reh graste an ihrer Seite, der Hirsch sprang ganz lustig vorbei und die Vögel blieben auf den Ästen sitzen und sangen was sie nur wußten. Kein Unfall traf sie: wenn sie sich im Walde verspätet hatten und die Nacht sie überfiel, so legten sie sich nebeneinander auf das Moos und schliefen bis der Morgen kam, und die Mutter wußte das und hatte ihrentwegen keine Sorge. Einmal, als sie im Walde übernachtet hatten und das Morgenroth sie aufweckte, da sahen sie ein schönes Kind in einem weißen glänzenden Kleidchen neben ihrem Lager sitzen. Es stand auf und blickte sie ganz freundlich an, sprach aber nichts und gieng in den Wald hinein. Und als sie sich umsahen, so hatten sie ganz nahe bei einem Abgrunde geschlafen, und wären gewis hinein gefallen, wenn sie in der Dunkelheit noch ein paar Schritte weiter gegangen wären. Die Mutter aber sagte ihnen das müßte der Engel gewesen sein, der gute Kinder bewache.

Schneeweißchen und Rosenroth hielten das Hüttchen der Mutter so reinlich, daß es eine Freude war hinein zu schauen. Im Sommer besorgte Rosenroth das Haus und stellte der

Mutter jeden Morgen, ehe sie aufwachte, einen Blumenstrauß vors Bett, darin war von jedem Bäumchen eine Rose. Im Winter zündete Schneeweißchen das Feuer an und hieng den Kessel an den Feuerhaken, und der Kessel war von Messing, glänzte aber wie Gold, so rein war er gescheuert. Abends, wenn die Flocken fielen, sagte die Mutter „geh, Schneeweißchen, und schieb den Riegel vor," und dann setzten sie sich an den Herd, und die Mutter nahm die Brille und las aus einem großen Buche vor, und die beiden Mädchen hörten zu, saßen und spannen; neben ihnen lag ein Lämmchen auf dem Boden, und hinter ihnen auf einer Stange saß ein weißes Täubchen und hatte seinen Kopf unter den Flügel gesteckt.

Eines Abends, als sie so vertraulich beisammen saßen, klopfte jemand an die Thüre, als wollte er eingelassen sein. Die Mutter sprach „geschwind, Rosenroth, mach auf, es wird ein Wanderer sein, der Obdach sucht." Rosenroth gieng und schob den Riegel weg und dachte es wäre ein armer Mann, aber der war es nicht, es war ein Bär, der seinen dicken schwarzen Kopf zur Thüre herein streckte. Rosenroth schrie laut und sprang zurück: das Lämmchen blöckte, das Täubchen flatterte auf und Schneeweißchen versteckte sich hinter der Mutter Bett. Der Bär aber fieng an zu sprechen und sagte „fürchtet euch nicht, ich thue euch nichts zu leid, ich bin halb erfroren und will mich nur ein wenig bei euch wärmen." „Du armer Bär," sprach die Mutter, „leg dich ans Feuer, und gib nur acht daß dir dein Pelz nicht brennt." Dann rief sie „Schneeweißchen, Rosenroth, kommt hervor, der Bär thut euch nichts, er meints ehrlich." Da kamen sie beide heran, und nach und nach näherten sich auch das Lämmchen und Täubchen und hatten keine Furcht vor ihm. Der Bär sprach „ihr Kinder, klopft mir den Schnee ein wenig aus dem Pelzwerk," und sie holten den Besen und kehrten dem Bär das Fell rein: er aber streckte sich ans Feuer und brummte ganz vergnügt und behaglich. Nicht lange, so wurden sie ganz vertraut und trieben Muthwillen mit dem unbeholfenen Gast. Sie zausten ihm das Fell mit den Händen, setzten ihre Füßchen auf seinen Rücken und walgerten ihn hin und her, oder sie nahmen eine Haselruthe und schlugen auf ihn los, und wenn er brummte, so lachten sie. Der Bär ließ sichs aber gerne gefallen, nur wenn sies gar zu arg machten, rief er

„laßt mich am Leben, ihr Kinder:
Schneeweißchen, Rosenroth,
schlägst dir den Freier todt."

Als Schlafenszeit war und die andern zu Bett giengen, sagte die Mutter zu dem Bär „du kannst in Gottes Namen da am Herde liegen bleiben, so bist du vor der Kälte und dem bösen Wetter geschützt." Sobald der Tag graute, ließen ihn die beiden Kinder hinaus, und er trabte über den Schnee in den Wald hinein. Von nun an kam der Bär jeden Abend zu der bestimmten Stunde, legte sich an den Herd und erlaubte den

Kindern Kurzweil mit ihm zu treiben, so viel sie wollten; und sie waren so gewöhnt an ihn, daß die Thüre nicht eher zugeriegelt ward, als bis der schwarze Gesell angelangt war.

Als das Frühjahr herangekommen und draußen alles grün war, sagte der Bär eines Morgens zu Schneeweißchen „nun muß ich fort und darf den ganzen Sommer nicht wieder kommen." „Wo gehst du denn hin, lieber Bär?" fragte Schneeweißchen. „Ich muß in den Wald und meine Schätze vor den bösen Zwergen hüten: im Winter, wenn die Erde hart gefroren ist, müssen sie wohl unten bleiben und können sich nicht durcharbeiten, aber jetzt, wenn die Sonne die Erde aufgethaut und erwärmt hat, da brechen sie durch, steigen herauf, suchen und stehlen; was einmal in ihren Händen ist und in ihren Höhlen liegt, das kommt so leicht nicht wieder an des Tages Licht." Schneeweißchen war ganz traurig über den Abschied und als es ihm die Thüre aufriegelte, und der Bär sich hinaus drängte, blieb er an dem Thürhaken hängen und ein Stück seiner Haut riß auf, und da war es Schneeweißchen, als hätte es Gold durchschimmern gesehen: aber es war seiner Sache nicht gewis. Der Bär lief eilig fort und war bald hinter den Bäumen verschwunden.

Nach einiger Zeit schickte die Mutter die Kinder in den Wald, Reisig zu sammeln. Da fanden sie draußen einen großen Baum, der lag gefällt auf dem Boden, und an dem Stamme sprang zwischen dem Gras etwas auf und ab, sie konnten aber nicht unterscheiden was es war. Als sie näher kamen, sahen sie einen Zwerg mit einem alten verwelkten Gesicht und einem ellenlangen schneeweißen Bart. Das Ende des Bartes war in eine Spalte des Baums eingeklemmt, und der Kleine sprang hin und her wie ein Hündchen an einem Seil und wußte nicht wie er sich helfen sollte. Er glotzte die Mädchen mit seinen rothen feurigen Augen an und schrie „was steht ihr da! könnt ihr nicht herbei gehen und mir Beistand leisten?" „Was hast du angefangen, kleines Männchen?" fragte Rosenroth. „Dumme neugierige Gans," antwortete der Zwerg, „den Baum habe ich mir spalten wollen, um kleines Holz in der Küche zu haben; bei den dicken Klötzen verbrennt gleich das bischen Speise, das unser einer braucht, der nicht so viel hinunter schlingt als ihr, grobes, gieriges Volk. Ich hatte den Keil schon glücklich hinein getrieben, und es wäre alles nach Wunsch gegangen, aber das verwünschte Holz war zu glatt und sprang unversehens heraus, und der Baum fuhr so geschwind zusammen, daß ich meinen schönen weißen Bart nicht mehr herausziehen konnte; nun steckt er drinn, und ich kann nicht fort. Da lachen die albernen glatten Milchgesichter! pfui, was seid ihr garstig!" Die Kinder gaben sich alle Mühe, aber sie konnten den Bart nicht heraus ziehen, er steckte zu fest. „Ich will laufen und Leute herbei holen" sagte Rosenroth. „Wahnsinnige Schafsköpfe," schnarrte der Zwerg, „wer wird gleich Leute herbeirufen, ihr seid mir schon um zwei zu viel; fällt euch nicht besseres ein?" „Sei nur nicht ungeduldig," sagte Schneeweißchen, „ich will schon Rath schaffen," holte sein Scheerchen aus der Tasche und schnitt das

Ende des Bartes ab. Sobald der Zwerg sich frei fühlte, griff er nach einem Sack, der zwischen den Wurzeln des Baums steckte und mit Gold gefüllt war, hob ihn heraus und brummte vor sich hin „ungehobeltes Volk, schneidet mir ein Stück von meinem stolzen Barte ab! lohns euch der Guckuck!" damit schwang er seinen Sack auf den Rücken und gieng fort ohne die Kinder nur noch einmal anzusehen.

Einige Zeit danach wollten Schneeweißchen und Rosenroth ein Gericht Fische angeln. Als sie nahe bei dem Bach waren, sahen sie daß etwas wie eine große Heuschrecke nach dem Wasser zu hüpfte, als wollte es hinein springen. Sie liefen heran und erkannten den Zwerg. „Wo willst du hin?" sagte Rosenroth, „du willst doch nicht ins Wasser?" „Solch ein Narr bin ich nicht," schrie der Zwerg, „seht ihr nicht, der verwünschte Fisch will mich hinein ziehen?" Der Kleine hatte da gesessen und geangelt, und unglücklicher Weise hatte der Wind seinen Bart mit der Angelschnur verflochten: als gleich darauf ein großer Fisch anbiß, fehlten dem schwachen Geschöpf die Kräfte ihn herauszuziehen: der Fisch behielt die Oberhand und riß den Zwerg zu sich hin. Zwar hielt er sich an allen Halmen und Binsen, aber das half nicht viel, er mußte den Bewegungen des Fisches folgen, und war in beständiger Gefahr ins Wasser gezogen zu werden. Die Mädchen kamen zu rechter Zeit, hielten ihn fest und versuchten den Bart von der Schnur loszumachen, aber vergebens, Bart und Schnur waren fest in einander verwirrt. Es blieb nichts übrig als das Scheerchen hervor zu holen und den Bart abzuschneiden, wobei ein kleiner Theil desselben verloren gieng. Als der Zwerg das sah, schrie er sie an, „ist das Manier, ihr Lorche, einem das Gesicht zu schänden? nicht genug, daß ihr mir den Bart unten abgestutzt habt, jetzt schneidet ihr mir den besten Theil davon ab: ich darf mich vor den Meinigen gar nicht sehen lassen. Daß ihr laufen müßtet und die Schuhsohlen verloren hättet!" Dann holte er einen Sack Perlen, der im Schilfe lag, und ohne ein Wort weiter zu sagen, schleppte er ihn fort und verschwand hinter einem Stein.

Es trug sich zu, daß bald hernach die Mutter die beiden Mädchen nach der Stadt schickte, Zwirn Nadeln Schnüre und Bänder einzukaufen. Der Weg führte sie über eine Heide, auf der hier und da mächtige Felsenstücke zerstreut lagen. Da sahen sie einen großen Vogel in der Luft schweben, der langsam über ihnen kreiste, sich immer tiefer herab senkte und endlich nicht weit bei einem Felsen niederstieß. Gleich darauf hörten sie einen durchdringenden, jämmerlichen Schrei. Sie liefen herzu und sahen mit Schrecken daß der Adler ihren alten Bekannten, den Zwerg, gepackt hatte und ihn forttragen wollte. Die mitleidigen Kinder hielten gleich das Männchen fest und zerrten sich so lange mit dem Adler herum, bis er seine Beute fahren ließ. Als der Zwerg sich von dem ersten Schrecken erholt hatte, schrie er mit seiner kreischenden Stimme „konntet ihr nicht säuberlicher mit mir umgehen? gerissen habt ihr an meinem dünnen Röckchen daß es überall zerfetzt und durchlöchert ist, unbeholfenes und täppisches Gesindel, das ihr seid!" Dann nahm er einen Sack mit Edelsteinen und schlüpfte wieder unter den Felsen in seine Höhle. Die Mädchen waren an seinen Undank schon gewöhnt, setzten ihren Weg fort und verrichteten ihr Geschäft in der Stadt. Als sie beim Heimweg wieder auf die Heide kamen, überraschten sie den Zwerg, der auf einem reinlichen Plätzchen seinen Sack mit Edelsteinen ausgeschüttet und nicht gedacht hatte daß so spät noch jemand daher kommen würde. Die Abendsonne schien über die glänzenden Steine, sie schimmerten und leuchteten so prächtig in allen Farben, daß die Kinder stehenblieben und sie betrachteten. „Was steht ihr da und habt Maulaffen feil!" schrie der Zwerg, und sein aschgraues Gesicht ward zinnoberroth vor Zorn. Er wollte mit seinen Scheltworten fortfahren, als sich ein lautes Brummen hören ließ und ein schwarzer Bär aus dem Walde herbei trabte. Erschrocken sprang der Zwerg auf, aber er konnte nicht mehr zu seinem Schlupfwinkel gelangen, der Bär war schon in seiner Nähe. Da rief er in Herzensangst „lieber Herr Bär, verschont mich, ich will euch alle meine Schätze geben, sehet, die schönen Edelsteine, die da liegen. Schenkt mir das Leben, was habt ihr an mir kleinen schmächtigen Kerl? ihr spürt mich nicht zwischen den Zähnen: da, die beiden gottlosen Mädchen packt, das sind für euch zarte Bissen, fett wie junge Wachteln, die freßt in Gottes Namen." Der Bär kümmerte sich um seine Worte nicht, gab dem boshaften Geschöpf einen einzigen Schlag mit der Tatze, und es regte sich nicht mehr.

Die Mädchen waren fortgesprungen, aber der Bär rief ihnen nach „Schneeweißchen und Rosenroth, fürchtet euch nicht, wartet ich will mit euch gehen." Da erkannten sie seine Stimme und blieben stehen, und als der Bär bei ihnen war, fiel plötzlich die Bärenhaut ab, und er stand da als ein schöner Mann, und war ganz in Gold gekleidet. „Ich bin eines Königs Sohn," sprach er, „und war von dem gottlosen Zwerg, der mir meine Schätze gestohlen hatte, verwünscht als ein wilder Bär in dem Walde zu laufen, bis ich durch seinen Tod erlöst würde. Jetzt hat er seine wohlverdiente Strafe empfangen."

Schneeweißchen ward mit ihm vermählt und Rosenroth mit seinem Bruder und sie theilten die großen Schätze mit einander, die der Zwerg in seine Höhle zusammen getragen hatte. Die alte Mutter lebte noch lange Jahre ruhig und glücklich bei ihren Kindern. Die zwei Rosenbäumchen aber nahm sie mit, und sie standen vor ihrem Fenster und trugen jedes Jahr die schönsten Rosen, weiß und roth.

Das märchenhafteste aller Märchen

*E*s gibt Märchen, die sind noch märchenhafter als andere. Alles an KHM 161 scheint noch einmal überspitzt und überhöht zu sein. Laut ATU haben wir es hier mit der Gruppe „Verzauberte oder übernatürliche Verwandte", sprich „Ehemann" zu tun und so trägt „Schneeweißchen und Rosenrot" die Nummer 426.

In den Anmerkungen der Brüder Grimm ist herzlich wenig zu anderen Varianten zu finden, die Erzählung basiert wohl auf einer Fassung, die ab 1816 von der Schriftstellerin und Erzählforscherin Karoline Stahl (1776-1837) in der Sammlung *Fabeln, Mährchen und Erzählungen für Kinder* veröffentlicht wurde. In *Der undankbare Zwerg* fehlt das Motiv des verzauberten Bären und Ehemanns, das Tier frisst den bösen Zwerg und die beiden Mädchen (die aus einer armen Familie mit vielen Kindern stammen) erhalten die unermesslichen Reichtümer des Bösewichts.

Die Fassung von Karoline Stahl ist zwar ebenso schön, aber nicht so vollgepackt mit romantischen Klischees, wie die der Grimms. Die Witwe lebt trotz ihrer Einfachheit ein geradezu bürgerliches Ideal, weil ihre Töchter so herzensgut und fromm sind. Die beiden Mädels, die durch ihre verschiedenen Temperamente klar von einander zu unterscheiden sind, tragen aus diesem Grund auch die Fähigkeit in sich, den bösen und gierigen Zwerg zu besiegen, obwohl das noch nicht einmal in ihrer Absicht liegt. Nebenbei brechen sie dadurch noch den Bann, der auf dem verzauberten Königssohn liegt und zur Belohnung dürfen sie in die königliche Familie einheiraten. Dass dieser gesellschaftliche Aufstieg das Ideal des einfachen Lebens nicht verderben kann, zeigt sich an der Figur der Witwe, die die Bäumchen vor dem Haus kurzerhand beim Umzug mitnimmt.

Die Darstellung des Zwergs folgt den im Volksglauben verbreiteten Vorstellungen, konzentriert sich aber gänzlich auf die negativen Eigenschaften dieser Wesen. Bärtig, listig und tückisch ist der Zwerg, der die Züge eines Berggeists trägt und keineswegs – wie in Schneewittchen zum Beispiel – als Helfer taugt. Er ist ein „Untertagedämon", der im Winter nicht aus seinem Reich heraus kann, der Schätze sammelt, bzw. stiehlt und im Gegensatz zu den Kobolden beispielsweise unter Seinesgleichen wohnt.

In einer (übrigens wunderbaren) DDR Verfilmung des Märchens aus dem Jahr 1979 ist das Motiv des Berggeistes bzw. der Bergleute noch weiter ausgebaut. Es gibt einen verwunschenen Stollen, den niemand mehr betreten mag, weil der Berggeist ihn seinem Reich einverleibt hat. Interessanterweise findet in diesem Film auch das Motiv der magischen Quelle Verwendung, das die beiden Brüder, die Prinzen Michael und Andreas in einen Falken und einen Bären verwandelt. Ein ähnliches Motiv ist z. B. in BRÜDERCHEN UND SCHWESTERCHEN zu finden.

Man merkt, als Schneeweisschen und Rosenroth 1837 zum ersten mal in den Kinder- und Hausmärchen erscheint, hat vor allem Wilhelm Grimm bereits viel Erfahrung mit der Bearbeitung von Erzählstoffen gesammelt und hat den Märchenstil der Brüder Grimm zur Perfektion gebracht.

Nochmal ein Kessel Buntes

Tatsächlich ist dieses Märchen zufällig am Ende unserer kleinen Sammlung von Märchen und Interpretationen derselben zu finden. Und der Zufall hätte es kaum besser treffen können[1]. Denn hier kommen sie alle noch einmal vor, tugendhafte junge Damen, sprechende Tiere, Königssöhne, kleine Männchen, die irgendwie böse sind, um die aber trotzdem kein Bogen gemacht werden muss, da der Tugendhafte unterm Strich davon profitiert, sich mit ihnen auseinanderzusetzen, eine gute alleinerziehende Mutter, einander eng verbundene Geschwister und ein Fluch, von dem wir wiedermal nicht erfahren, warum er eigentlich ausgesprochen wurde. Fast schon wie in einer Märchensatire taucht ganz am Ende sogar noch ein im Verlauf des Märchens noch nicht mal angedeuteter Bruder des verwunschenen Prinzen auf und stellt so sicher, dass keines der beiden Mädchen als Single durch sein Leben in der Märchenwelt gehen muss.

Dafür haben wir es hier mit einer Message zu tun, die aus psychologischer Sicht nicht besonders anspruchsvoll ist, vielleicht hat der Märchenerzähler ja tatsächlich seine gesamte Energie darauf verwandt, möglichst viele unterschiedliche Charaktere in diesem Märchen unterzubringen, denn die Quintessenz dieses Märchens ist schlicht: sei freundlich zu jedermann, egal ob Mensch, ob an sich gefährlich aussehender Bär[2] oder griesgrämiger unfreundlicher Zwerg, sei stets freundlich und unterm Strich wird es dir dabei gut ergehen.

An anderer Stelle hatte ich dazu schon ausgeführt, dass eigentlich die ideale Strategie zum kooperativem und unkooperativem Verhalten diejenige ist, zunächst einmal stets freundliches Verhalten zu zeigen und im Folgenden dann das Verhalten des Gegenübers zu kopieren. Spätestens seit dem Sternthaler wissen wir aber, dass diese evolutionspsychologisch sinnvolle Handlungsweise nicht notwendigerweise das ist, was Märchen als Idealbild vertreten. Und auch in diesem Märchen erleben wir einige ungeklärte Fragen.

Wie bereits erwähnt ist da die Frage, wieso eigentlich der schöne Jüngling in einen Bären verwandelt wurde, außerdem erfahren wir nichts darüber, wieso es dem Bären nicht möglich war, den Zwerg früher zu töten. Irgendwie muss das mit der erlösenden Handlung der beiden Jungfrauen zu tun haben und über Jungfrauenmagie haben wir uns ja schon an anderer Stelle unterhalten. Auch erfahren wir nicht, wieso eigentlich die eine der beiden Schwestern, als der Bär

---

[1] Ehrlich gesagt stimmt dies nicht, da ich nicht weiß, wie es sich angefühlt hätte, wenn ein anderes beliebiges Märchen am Ende dieses Buches gestanden hätte, doch Sie haben ja bereits gelernt, wie das mit der Integration von Ereignissen ist.
[2] Der natürlich wieder einmal sprechen kann.

sich ein Stück seiner Haut aufriss, nicht nachfragte, vielleicht kummervoll und besorgt mit einem Hauch von Glitzern in den Augen, was da unter des Bären Fell ist. Möglicherweise soll hier schlicht suggeriert werden „sieh gut aus, hilf allen, aber frag bloß nicht zu viel". Vielleicht wird aber auch ein Psychologe nach all dem Edelmut der Schönen und der Bosheit der Hässlichen zum Ende dieses Buches hin ein wenig ironisch.

Dass wir wieder einmal nicht erfahren, was mit dem anderen Elternteil der Schwestern ist, gehört in einem grimmschen Märchen, wie ich mittlerweile gemerkt habe, fast schon zum guten Ton. Intakte Familien geben offenkundig einen schlechten Stoff für Hausmärchen ab.

Und so bleibt mir denn nun die Couch im Märchenwald abzubauen, von der ich Ihnen bis gerade eben nicht erzählt hatte, dass ich sie überhaupt besitze, in meinen Köfferchen zu verstauen, das mir eine weise alte Frau auf dem Weg in dieses Buch zur Verfügung stellte und weiterzuziehen und zu hoffen, dass ich Sie, lieber Leser, ein wenig interessieren konnte, zum einen dafür, alte Märchen neu zu entdecken und zum anderen dafür, das leider oft immer noch schräge Bild von Psychologie als Wissenschaft ein wenig zu korrigieren.

Psychologische Theorien haben eben doch nicht immer mit Sex oder Tod zu tun, sondern beschäftigen sich mit unterschiedlichen Facetten und Komponenten des menschlichen Lebens. Wenn mir geglückt ist, Sie ein wenig darauf neugierig zu machen, was die moderne Psychologie an Erkenntnissen bereithält, habe ich mein Ziel erreicht. Und wenn nicht?

Dann werde ich in drei aufeinanderfolgenden Büchern wiederkommen und hoffe, spätestens dann erfolgreich zu sein, bevor meine Alma Mater mich in einen einfachen Studiosus verwandelt.

Die Autoren

Alexa Waschkau, geboren 1974, entdeckte schon während ihres Studiums der Europäischen Ethnologie, Anglistik und Germanistik in Münster ihre Liebe zur Erzählforschung. Sie ist Vorstandsmitglied im Verein Wissensdurst e. V. und lebt als Autorin und Journalistin in Hamburg.
Mit ihrem Mann, Alexander Waschkau, veröffentlicht sie unter dem Namen „Hoaxilla" einen wöchentlich erscheinenden, kostenfreien Podcast, der sich mit Modernen Sagen, Verschwörungstheorien, Medien, Kultur und Wissenschaft beschäftigt und auf unterhaltsame Art und Weise das wissenschaftlich kritische Denken fördert.
Zudem liest sie in ihrem Podcast "Black Sweet Stories" einmal pro Woche aus gemeinfreien Werken oder zeitgenössischen Romanen und Kurzgeschichten der düsteren Art vor und führt Interviews mit Autoren und Verlegern.
Unter dem Namen "Lebenslinien Hörbiographien" produziert sie für Privatpersonen von ihnen selbst erzählte Lebensgeschichten als Hörbücher.

Sebastian Bartoschek, Jg. 79, ist Psychologe und freier Journalist mit Lebensmittelpunkt im Ruhrgebiet.
Als Mitglied der *Gesellschaft zur wissenschaftlichen Untersuchung von Parawissenschaften* sowie der *Gesellschaft für Anomalistik* haben es ihm gerade die Grenzen der Wahrnehmung und Denkwelten abseits des Alltäglichen angetan.
Mit dem „Bartocast" betreibt Bartoschek den größten deutschen diskordianischen Podcast, eine wichtige Bindestelle zu anderen Glaubensrichtungen, wie der überzeugte diskordianische Papst selbst glaubt. Dabei verpasst er es nicht, selbst den katholischen Papst durch regelmäßige Kirchensteuerzahlungen zu unterstützen.
Für das humanistische Magazin „diesseits" interviewte Bartoschek verschiedene neuheidnische Persönlichkeiten, was in dem Interviewbuch „Gedankenwelten 2" (jmb-Verlag) nachzulesen ist.

Mark Benecke fragte sich, ob Unsterblichkeit ein erstrebenswertes Ziel der Evolution wäre.

Sechs Jahre lang suchte er nach Antworten, sprach mit einem Russen, der sich zusammen mit Algen in einen Metallkessel einsperren ließ, und mit acht Bionauten, die zwei Jahre lang isoliert unter einer Glaskuppel lebten. Er untersuchte die Totenkulte verschiedenster Völker – von der Einbalsamierung im alten Ägypten bis zu den Baumbestattungen in Neuguinea. Die Ergebnisse hat er in diesem Buch zusammengefasst.

Schon heute gibt es ein großes Repertoire lebensverlängernder Maßnahmen, das die Vorstellungskraft jedes Romanautors sprengen würde. Mark Benecke stellt diese anschaulich vor und dringt dabei immer tiefer zu der Frage vor, welchen Sinn der Tod des Menschen hat und wie eng er mit dem Sinn allen Lebens verbunden ist. Er beleuchtet, was die Wissenschaft an Rezepten und vermeintlichen Rezepten für die Lebensverlängerung zu bieten hat. Altbekannte Empfehlungen – von Sport bis Vitaminen – gehören ebenso dazu wie Zukunftsmethoden – von Klonen bis Gehirnverpflanzung.

Mark Benecke
Memento Mori
Der Traum vom ewigen Leben
264 Seiten, 16 farbige Abbildungen, 14,8 x 21 cm, Broschur
€ 12,00

Anfang der 70er Jahre erwachte das Interesse an den vorchristlichen Religionen Europas wieder zum neuen Leben. 40 Jahre später unterliegen ihre Inhalte, Ausrichtung und Grundidee nach wie vor Mißverständnisse und Fehlurteilen, allem voran dem nordisch-germanischen Glauben, der noch immer fälschlicher Weise in die Rechte Ecke gestellt wird.

Andreas Mang zeigt in diesem gut recherchierten und sehr interessant geschriebenen Buch diese Mißverständinsse und ihre Ursachen auf, ersetzt diese durch Fakten und Einsichten und stellt den Neopaganismus so dar, wie er ist: ein aufgeklärtes Heidentum.

Andreas Mang
Aufgeklärtes Heidentum
Philosophien – Konzepte – Vorstellungen
208 Seiten, 6 Abb., 14,8 x 21 cm, Broschur
14.00 €

Wir befinden uns im Jahre 80 n.d.ZW*. Die ganze Welt ist von den Nazis befreit... Die ganze Welt? Nein! Ein von unbeugsamen Nazis bevölkertes Land hört nicht auf, den rassismusfreien Ideen Widerstand zu leisten. Und das Leben ist nicht leicht für Nationalsozialisten, die als Besatzung in den befestigten Lagern Neuschwabenlands leben ...

Seit unzähligen Jahren behaupten Verschwörungstheoretiker, dass in Neuschwabenland eine Kolonie von Nazis lebe, die auf ihre Rückkehr warte. Sie bewegen sich mit Reichsflugscheiben fort, die von einer kosmischen Kraft namens Vril angetrieben werde. Was wäre, wenn diese Verschwörungstheoretiker Recht hätten, dürfte Mann sich dann über sie lustig machen? Mann darf! Zumindest wenn der Mann Alex Jahnke heißt ...

*nach dem Zweiten Weltkrieg

Alex Jahnke
Neues aus Neuschwabenland
Aus den Tagebüchern
des Führers (Adjutanten)
232 Seiten, 12 x 18 cm, Broschur
9,95 €

Zahlreiche Sagen und Geschichten sind uns über die alten Götter unserer Ahnen überliefert: in den skandinavischen Eddas, den nordischen Sagen oder auch in vielfachen lokalen Bräuchen. Seit dem Ende des Mittelalters scheinen die alten Feuer aber erloschen zu sein.
Dass dies nicht so ist, beweisen die Autoren dieser Anthologie mit ihren Geschichten und Märchen. Auch heute noch sind die Götter präsent und haben manches Abenteuer zu bestehen, sei es in Asgard oder in Midgard, wo sie mit den Menschen von heute ihre Mühe haben.

„Am Brunnen" von Olaf Schulze
„Rex Dildo" von Luci van Org
„Schicksal" von Patricia Becker
„Nichtraucher" von Axel Hildebrand
„Die Schwüre meiner Vorfahren" von Knut Mende
„Die Norne und der Pilz" von Petra Bolte
„Loki und der Bauer Geiz" von Voenix
„Bielefeld" von Sebastian Bartoschek
„Vollversammlung" von Fritz Steinbock
„Hardmors Begegnung" von Elfriede Lack
„Die Lektion" von Christopher McIntosh

Die alten Götter
Kurze Geschichten von Asen,
Vanen & Menschen
160 Seiten, 12 x 18 cm, Broschur
9.95 €

Neuerscheinung 2014

Sebastian Bartoschek

Gedankenwelten
Interviews zwischen
Science und Fiction

162 Seiten, Softcover
ISBN 978.3.944342.39.9
12,95 EUR

Mit einem Vorwort von
Alexa Waschkau.

In diesem Buch finden sich 10 Interviews, die Sebastian Bartoschek im Jahr 2013 mit verschiedenen Menschen führte, darunter Musiker, Hexen und Bundestagspräsidenten. Bartoschek hat das Talent im Dschungel unserer modernen Zeit besondere Themen und Gesprächssituationen zu finden und sich ihnen vorurteilsfrei zu widmen. Er urteilt nicht als Interviewer, sondern ermöglicht dem Leser, sich selbst ein Urteil zu bilden.

Enthält u. a. Interviews mit Christian Anders, Norbert Lammert, Anonymous, Nathan Gray (Boysetsfire), Jörg Kachelmann, und Lars A. Fischinger.

Erhältlich auf **www.jmb-verlag.de**, bei Eingabe des Gutscheincodes **barto23** innerhalb Deutschlands sogar versandkostenfrei!

JMB Verlag Jens Bolm · Hebbelstr. 18 B · 30177 Hannover
www.jmb-verlag.de · info@jmb-verlag.de